本书获中国社会科学院法学研究所法治指数（河南）协

社会主义核心价值观融入法治中国建设研究

李宏伟　著

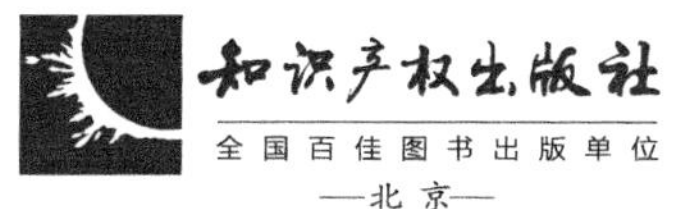

图书在版编目（CIP）数据

社会主义核心价值观融入法治中国建设研究 / 李宏伟著. —北京：知识产权出版社，2019.12（2021.1 重印）

ISBN 978-7-5130-6636-5

Ⅰ.①社… Ⅱ.①李… Ⅲ.①社会主义法治—建设—研究—中国 Ⅳ.①D920.0

中国版本图书馆 CIP 数据核字（2019）第 270531 号

责任编辑：彭小华　　责任校对：王　岩

封面设计：韩建文　　责任印制：孙婷婷

社会主义核心价值观融入法治中国建设研究

李宏伟　著

出版发行：知识产权出版社有限责任公司　　网　　址：http：//www.ipph.cn

社　　址：北京市海淀区气象路 50 号院　　邮　　编：100081

责编电话：010-82000860 转 8115　　责编邮箱：huapxh@sina.com

发行电话：010-82000860 转 8101/8102　　发行传真：010-82000893/82005070/82000270

印　　刷：北京九州迅驰传媒文化有限公司　　经　　销：各大网上书店、新华书店及相关专业书店

开　　本：720mm×1000mm　1/16　　印　　张：15.5

版　　次：2019 年 12 月第 1 版　　印　　次：2021 年 1 月第 2 次印刷

字　　数：287 千字　　定　　价：68.00 元

ISBN 978-7-5130-6636-5

前　言

法律是成文的道德，道德是内心的法律。党的十八大以来，以习近平同志为核心的党中央坚持依法治国和以德治国相结合，高度重视、大力推动把社会主义核心价值观融入法治中国建设工作。把社会主义核心价值观融入法治中国建设，是汲取中华民族传统治国智慧的当代选择，是坚持依法治国和以德治国相结合的必然要求，是推进国家治理体系和治理能力现代化的客观需要，是加强社会主义核心价值观建设的重要途径。

伴随着中国经济的发展和社会的进步，新的职业不断增加，社会结构越来越复杂多变，人们的利益越来越多元化；中国越来越开放，各种思潮都在相互激荡碰撞，人们的精神世界、价值观念越来越多样化。在这种情况下，我们越来越清醒而自觉地认识到：只有经济发展是不够的，必须伴之以主导价值观的崛起，这种价值观是一种具有强大凝聚力、感染力和战斗力的文化认同力量，从而与经济创造力相辅相成。这种居于主导地位的核心价值观要基于民族传统，反映时代要求，代表人类历史的前进方向。有了这种核心价值观，社会才有凝聚力，国家才能有软实力。

2016 年 10 月 11 日，中央全面深化改革领导小组第二十八次会议审议通过《关于进一步把社会主义核心价值观融入法治建设的指导意见》（以下简称《意见》）。这对积极培育、践行社会主义核心价值观并将之贯穿到立法、执法、司法、守法全过程，全面推进依法治国，实现中华民族伟大复兴中国梦，具有深刻的思想特质和战略意义。从本质上讲，融入和践行社会主义核心价值观也是法治中国建设的发展目标、道德准则、核心使命。①

《意见》从顶层设计上确立了运用法治推动社会主义核心价值观建设的基本方略；从具体操作层面确立了社会主义核心价值观融入法治中国建设的行动

① 刘丹编著：《社会主义核心价值观·关键词——敬业》，中国人民大学出版社 2015 年版，第 1 页。

纲领，充分体现了依法治国对法治与德治相结合的必然要求。

《新时代公民道德建设实施纲要》指出，社会主义核心价值观是当代中国精神的集中体现，是凝聚中国力量的思想道德基础。要持续深化社会主义核心价值观宣传教育，增进认知认同、树立鲜明导向、强化示范带动，引导人们把社会主义核心价值观作为明德修身、立德树人的根本遵循。坚持贯穿结合融入、落细落小落实，把社会主义核心价值观要求融入日常生活，使之成为人们日用而自觉的道德规范和行为准则。坚持德法兼治，以道德滋养法治精神，以法治体现道德理念，全面贯彻实施宪法，推动社会主义核心价值观融入法治中国建设，将社会主义核心价值观的要求全面体现到中国特色社会主义法律体系当中，体现到法律法规立改废释、公共政策制定修订、社会治理改进完善当中，为弘扬主流价值理念提供良好的社会环境、法治环境和制度保障。

党的十九大报告明确提出要培育和践行社会主义核心价值观。坚持依法治国和以德治国相结合，使法律的规范作用和道德的教化作用互为补充、互相促进，这是社会治理的一个重要经验。法律和道德皆为行为规范、皆可定分止争，法治和德治各有优势，是不可分割的国家治理方法，即所谓"法安天下、德润人心"。我们要深刻领会党的十九大和习近平总书记关于社会主义核心价值观建设的论述，在新时代，我们要观四海云水，听九州风雷，在实践当中，积极培育和弘扬社会主义核心价值观，正视现实挑战，解决中国问题，心系中国复兴梦！为全面建成小康社会、为实现中华民族的伟大复兴提供强大的精神动力。把社会主义核心价值观融入法治中国建设，是对依法治国与以德治国相结合的具体阐释和落实，对治国安邦平天下有重大的理论价值和实践意义。

李宏伟
2019 年 9 月于郑州

目　录

CONTENTS

第一章

核心价值观建设的历史进程与基本经验

社会主义核心价值观既体现了社会主义的本质要求，继承了中华优秀传统文化，也吸收了世界文明有益的成果，反映了时代精神，代表着当代中国社会发展进步的方向，是实现中华民族伟大复兴中国梦，增强中国人民道路自信、理论自信、制度自信的精神基础和根本保障。①

一、核心价值观建设的历史进程

社会主义核心价值观凝聚了中国共产党几代领导人以及马克思主义信仰者的智慧，是鼓舞全中国人民为实现中国梦而不懈奋斗的力量源泉。社会主义核心价值观在中国共产党的领导下，先后经过了新民主主义革命时期的初步萌芽阶段、社会主义革命和建设时期的正式形成阶段，以及改革开放以来创新发展阶段等三个阶段。②

（一）核心价值观初步萌芽阶段

从1921年中国共产党创立到1949年中华人民共和国成立，中国共产党领导人民进行了艰苦卓绝的新民主主义革命。经过了28年的革命斗争和浴血奋战，新民主主义革命取得了胜利，不仅赶走了日本帝国主义，而且打败了国民党反动派，从而奠定了社会主义核心价值理念初步形成的政治基础和社会基础，影响和规定着中国社会价值观的发展方向和历史进程，社会主义核心价值观初步萌芽。

① 王燕文主编：《社会主义核心价值观研究丛书——总论》，江苏人民出版社2015年版，第2页。

② 王燕文主编：《社会主义核心价值观研究丛书——总论》，江苏人民出版社2015年版，第152页。

1. 民主革命是走向社会主义的必由之路

中国共产党的一大纲领明确提出："推翻资产阶级政权、建立无产阶级专政，消灭资本家私有所有制、实行社会所有制。"① 党的二大制定了党的最高纲领，"用阶级斗争的手段，建立劳农专政，铲除私有财产制度，渐次达到一个共产主义社会"。② 为了实现这一目标，必须进行彻底的反帝反封建的斗争，取得民主革命的胜利。随着革命的深入发展，中同共产党对于中国革命前途的认识越来越清晰。毛泽东在《中国革命和中国共产党》一文中提出："中国革命的终极的前途，不是资本主义的，而是社会主义和共产主义的。"③ "中国资产阶级民主革命的最后结果，避免资本主义的前途，实现社会主义的前途"④。相差无几的论述共同表达了毛泽东坚信社会主义是中国民族革命的必然前途和价值目标。新民主主义革命的实质是无产阶级领导的新式资产阶级革命，其终极目的是通过民主革命逐步实现社会主义和共产主义。这为坚持马克思主义的基本价值原则、坚持中国革命的社会主义方向奠定了认识基础。毛泽东深刻论证了民主主义革命和社会主义革命的关系，"民主主义革命是社会主义革命的必要准备，社会主义革命是民主主义革命的必然趋势"。⑤ 中国共产党的最后目的，就是力争社会主义社会和共产主义社会的实现。

2. 建立一个独立、自由、民主、统一和富强的新中国

独立、自由、民主、统一和富强，不仅是以毛泽东为代表的中国共产党人的社会主义核心价值观，也是新民主主义革命的重要任务。新民主主义革命时期，中华民族面临两大历史任务，一是求得民族独立和人民解放，二是实现国家富强和人民共同富裕。⑥

中国共产党领导中国人民进行新民主主义革命，就是要推翻帝国主义、官僚资本主义和封建主义"三座大山"，建立一个独立、自由、民主、统一和富强的新中国。毛泽东说："我们共产党人从来不隐瞒自己的政治主张。我们的将来纲领或最高纲领，是要将中国推进到社会主义社会和共产主义社会去的，这是确定的和毫无疑义的。"⑦ "建立一个独立、自由、民主、统一

---

① 《建党以来重要文献（第1卷）》，中央文献出版社2011年版，第1页。

② 《建党以来重要文献（第1卷）》，中央文献出版社2011年版，第133页。

③ 《毛泽东选集（第2卷）》，人民出版社1991年版，第650页。

④ 《毛泽东选集（第2卷）》，人民出版社1991年版，第650页。

⑤ 《毛泽东选集（第2卷）》，人民出版社1991年版，第651页。

⑥ 王燕文主编：《社会主义核心价值观研究丛书——总论》，江苏人民出版社2015年版，第154页。

⑦ 《毛泽东选集（第3卷）》，人民出版社1991年版，第1059页。

和富强的新中国”，深刻、集中、高度地体现了中国共产党人的社会主义核心价值观。

3. 以“为人民服务”为价值准则

“为人民服务”是新民主主义革命时期核心价值观的根本内容和精神动力。① 中国共产党的性质决定了党的宗旨是为人民服务，这也构成了中国共产党的基本价值准则。中国共产党区别于其他任何政党的显著特点就在于，“和最广大的人民群众取得最密切的联系。全心全意为人民服务，一刻也不能脱离群众；一切从人民的利益出发，而不是从个人或小集团的利益出发；向人民负责和向党的领导机关负责的一致性。”②

中国共产党在革命战争年代，就坚持“为人民服务”的价值取向，坚持一切从群众利益出发，把满足群众利益作为中国共产党人的价值准则，并将之贯穿到新民主主义革命的全过程，奠定形成社会主义核心价值观的基础。③

4. 探索平等、公正价值观的实现路径

平等、公正是中国共产党人的价值追求。在新民主主义革命的峥嵘岁月中，以毛泽东同志为核心的第一代领导集体，积极追求政治平等保障民主权利、追求经济平等发展经济生产、追求文化平等提高认知能力、追求社会平等实现当家做主，这些实现路径的不断探索，形成了以平等为核心的公正观，为社会主义核心价值观的形成奠定了深厚的基础。④

在苏维埃时期，毛泽东同志强调：“革命战争的激烈发展，要求我们动员群众，立即开展经济战线上的运动，进行各项必要和可能的经济建设事业。”⑤ 早在井冈山时期，毛泽东同志就提出：“关于经济民主，必须使士兵选出的代表有权协助连队首长管理连队的给养和伙食。”⑥ 使士兵参与经济管理工作中，为经济平等的实现创造了条件。早在土地革命时期，毛泽东同志就十分注意军队内部的民主和官兵平等的问题，他认为：“红军的物质生活如此菲薄，战斗如此频繁，仍能维持不敝，除党的作用外，就是靠实行军队内的民主主义。官

---

① 戴木才：“中国共产党积极培育和践行社会主义核心价值观的发展历程”，《光明日报》2013年12月30日，第11版。

② 《毛泽东选集（第3卷）》，人民出版社1991年版，第1094页。

③ 王燕文主编：《社会主义核心价值观研究丛书——总论》，江苏人民出版社2015年版，第158页。

④ 王燕文主编：《社会主义核心价值观研究丛书——总论》，江苏人民出版社2015年版，第158—162页。

⑤ 《毛泽东选集（第1卷）》，人民出版社1991年版，第19页。

⑥ 《毛泽东选集（第4卷）》，人民出版社1991年版，第1275页。

长不打士兵，官兵待遇平等，士兵有开会说话的自由，废除烦琐的礼节。”① 毛泽东同志还强调：“军队政治工作的三大原则：第一是官兵一致，第二是军民一致，第三是瓦解敌军。这些原则要实行有效，都须从尊重士兵、尊重人民和尊重已经放下武器的敌军俘虏的人格这种根本态度出发。”②《陕甘宁边区施政纲领》提出：“继续推行消灭文盲政策，推广新文字教育，健全正规学制，普及国民教育，改善小学教员生活，实施成年补习教育，加强干部教育，推广通俗书报，奖励自由研究，尊重知识分子，提倡科学知识与文艺运动，欢迎科学艺术人才，保护流亡学生与失学青年，允许在学学生以民主自治权利。”③ 教育资源分配的平等，提升了政治素养和文化素质，使社会主义核心价值观逐步萌芽。

（二）核心价值观正式形成阶段

1949 年 10 月 1 日，中华人民共和国的成立标志着我们党胜利地完成了国家独立、民族解放这一历史性任务。我们党的工作重心由新民主主义革命向社会主义革命和建设转变。在以马克思主义为指导思想的社会主义意识形态的引领下，社会主义核心价值观进一步得以培育和践行。④

1. 在政治建设中培育践行民主、法治、公正、平等价值观

中华人民共和国成立后，我党着手构建社会主义政治制度，主要是确立了人民民主专政的国体和人民代表大会制度的政体，建立了中国共产党领导的多党合作和政治协商、民族区域自治、基层民主等基本政治制度，奠定了培育和践行社会主义核心价值观的政治基础。⑤

确立人民民主专政的国体，主要是明确人民民主专政的性质、目标和作用，奠定培育和践行社会主义核心价值观的坚实基础。一是明确人民民主专政的性质。人民民主专政明确中国共产党是人民民主专政的领导力量。实行人民民主专政必须依靠工农联盟。人民性是人民民主专政的本质特征。对人民实行民主，对敌人实行专政，是人民民主专政的实质。二是明确人民民主专政的目标。三

---

① 《毛泽东选集（第 1 卷）》，人民出版社 1991 年版，第 65 页。

② 《毛泽东选集（第 2 卷）》，人民出版社 1991 年版，第 512 页。

③ 《毛泽东文集（第 2 卷）》，人民出版社 1993 年版，第 336 页。

④ 王燕文主编：《社会主义核心价值观研究丛书——总论》，江苏人民出版社 2015 年版，第 165 页。

⑤ 王燕文主编：《社会主义核心价值观研究丛书——总论》，江苏人民出版社 2015 年版，第 165 页。

是明确人民民主专政的作用。①

建立人民代表大会制度的政体，主要是明确了人民代表大会制度是我国的根本政治制度以及明确了人民代表大会制度的基本要素，彰显人民代表大会制度的优势，体现社会主义民主、法治的价值内涵。一是明确了人民代表大会制度是我国的根本政治制度。二是明确了人民代表大会制度的基本要素。三是彰显了人民代表大会制度的优势。人民代表大会制度是我国民主政治发展史上新的里程碑，奠定了中国特色社会主义民主政治制度体系的基础，有利于保证国家权力体现人民的意志，有利于保证中央与地方国家权力的统一，有利于保障我国各民族的平等和团结。从法律上和政治上体现了人民的主体地位，彰显了人民当家做主、国家的一切权力属于人民的制度优势。②

建立社会主义的基本政治制度，主要包括建立中国共产党领导的多党合作和政治协商制度，确立民族区域自治制度，初步建立基层民主制度，保障社会主义价值的实现。一是建立了中国共产党领导的多党合作和政治协商制度。二是确立了民族区域自治制度。中华人民共和国的第一部宪法，明确规定了我国的民族政策和民族区域自治制度，各少数民族聚居的地方实行区域自治。三是初步建立了基层民主制度。中华人民共和国成立后，中国共产党通过民主方式在城乡基层，普遍建立区、乡人民代表会议制度，定期召开人民代表大会，从制度上保障基层民主改革。③

2. 在经济建设中培育践行富强、和谐价值观

构建社会主义经济制度，是建立社会主义国家的重要内容。在建立社会主义经济制度后，中国共产党明确提出实现“四个现代化”的宏伟目标，努力建设富强的社会主义国家，这是社会主义核心价值观的本质要求和体现。

建立生产资料公有制是构建平等社会的制度性基础，是建设富强国家的前提。中华人民共和国成立后，没收地主土地，归农民所有；没收官僚垄断资本，归国家所有。在资本主义商业的改造中，对民族资本实行和平赎买的政策，把民族资本主义经济改造成社会主义全民所有制经济。通过没收官僚资本以及和平赎买民族资本主义经济，建立了社会主义全民所有制的经济基础。对个体农业、手工业进行社会主义改造，建立了社会主义集体所有制经济。生产资料社

---

① 王燕文主编：《社会主义核心价值观研究丛书——总论》，江苏人民出版社2015年版，第166—168页。

② 王燕文主编：《社会主义核心价值观研究丛书——总论》，江苏人民出版社2015年版，第168页。

③ 王燕文主编：《社会主义核心价值观研究丛书——总论》，江苏人民出版社2015年版，第169—170页。

会主义公有制的建立，实现个人占有和利用生产资料上的平等，为解放和发展生产力，从根本上消灭不平等创造条件，也体现了社会主义核心价值观的公平正义，更壮大了国家经济力量。①

1953 年，毛泽东同志提出："现在我们实行这么一种制度，这么一种计划，是可以一年一年走向更富更强的，一年一年可以看到更富更强些。而这个富，是共同的富，这个强，是共同的强，大家都有份。"② 在农业合作化时期，毛泽东同志指出：共产党"领导农民走社会主义道路，使农民群众共同富裕起来，穷的要富裕，所有农民都要富裕"③。

3. 在文化建设中培育践行爱国、自由、文明价值观

在社会主义革命和建设时期，中国共产党更加重视教育、科学和文化建设，在大力繁荣社会主义文化的进程中，宣传社会主义道德、价值理念，增强培育和践行社会主义核心价值观的文化支撑和精神动力，努力践行公民道德价值观，培育共产主义新人。④

为了搞好文化建设，党中央及时提出了社会主义的文化方针，即"百花齐放、百家争鸣"。社会主义主张言论自由，在文化艺术方面提倡百花齐放，在学术思想方面坚持百家争鸣，只有允许不同意见的存在和争鸣，才能推陈出新，才能促进文化的发展和社会主义文化的繁荣。"中国人被人认为不文明的时代已经过去了"，⑤ 只有坚持社会主义道路、党的领导和马克思主义在思想领域的领导地位，才能"帮助人民发展对于各种问题的自由讨论"⑥，体现社会主义核心价值观的深刻意蕴。

爱国主义是中华民族精神核心，在社会主义革命和建设时期，毛泽东强调动员报纸、刊物、学校、社会团体、军队政治机关以及一切可能的力量，宣传和弘扬爱国主义，提高民族觉悟、增强民族自尊心和自信心，建设中华人民共和国。周恩来同志也多次强调加强爱国主义教育。1955 年 6 月，他在《高举五面旗帜，推进世界和平运动》一文中指出要高举爱国主义旗帜，还强调"坚持集体主义，反对个人主义"。⑦

---

① 王燕文主编：《社会主义核心价值观研究丛书——总论》，江苏人民出版社 2015 年版，第 171 页。

② 《毛泽东文集（第 6 卷）》，人民出版社 1999 年版，第 495 页。

③ 《建国以来重要文献选编（第 7 册）》，中央文献出版社 1993 年版，第 308 页。

④ 王燕文主编：《社会主义核心价值观研究丛书——总论》，江苏人民出版社 2015 年版，第 173 页。

⑤ 《毛泽东文集（第 5 卷）》，人民出版社 1996 年版，第 345 页。

⑥ 《毛泽东文集（第 7 卷）》，人民出版社 1999 年版，第 234 页。

⑦ 《周恩来外交文选》，人民出版社 1990 年版，第 55 页。

人的自由全面发展思想是马克思主义的核心和实质。中国共产党人坚持和发展了马克思、恩格斯关于人的全面发展思想，并在实践中为实现和推进人的全面自由发展，进行了积极的探索。毛泽东同志所理解的全面发展的人就是“拿起锤子能做工，拿起锄头犁耙能种田，拿起枪杆子就能打敌人，拿起笔杆子就能写文章”① 的共产主义新人。社会主义制度的建立，破除了束缚人的个性发展的障碍，不仅拓展了人们的实践领域，而且拓宽了每个人自由发展的空间。既丰富和发展了马克思、恩格斯关于人的全面发展理论，又激发和调动了建设社会主义的一切积极因素，彰显了社会主义核心价值观的内在动力。②

4. 在弘扬民族精神时代精神中培育践行诚信、敬业、友善价值观

中华人民共和国成立后，广泛开展宣传马克思主义、毛泽东思想等一系列意识形态建设工作，涌现出了雷锋、王进喜、焦裕禄、“南京路上好八连”等一批社会主义道德的先进典型，培育了独立自主、自力更生、无私奉献、全心全意为人民服务、不怕困难、勇于攀登的精神品质，在全国形成了爱祖国、爱人民、爱劳动、爱科学、爱社会主义和大公无私、服从大局、艰苦奋斗、廉洁奉公等优良社会风气，培育和弘扬了民族精神和时代精神。③

雷锋精神是中华民族传统美德与社会主义核心价值观完美的结合。“铁人”精神是20世纪五六十年代对石油工人王进喜崇高思想和优秀品德的高度概括。焦裕禄精神犹如一座丰碑巍然矗立。习近平同志指出，学习焦裕禄精神，为推进党和人民事业发展、实现中华民族伟大复兴的中国梦提供强大正能量。④

（三）核心价值观创新发展阶段

党的十一届三中全会以来，中国共产党在改革开放和建设中国特色社会主义的伟大实践中，不断加强社会主义意识形态建设，建设社会主义核心价值体系，凝练和升华了社会主义核心价值观，尤其在共同富裕、民主法制、精神文明等问题上形成共同的价值追求，凝练出24字的社会主义核心价值观，并不断升华，内化于心，外化于行。

1. 以共同富裕为目标形成富强、和谐价值观共识

共同富裕是社会主义的本质。邓小平、江泽民、胡锦涛等同志在领导人民

① 王立胜：《晚年毛泽东的艰苦探索》，陕西人民出版社2008年版，第127页。

② 王燕文主编：《社会主义核心价值观研究丛书——总论》，江苏人民出版社2015年版，第176页。

③ 王燕文主编：《社会主义核心价值观研究丛书——总论》，江苏人民出版社2015年版，第176页。

④ 王燕文主编：《社会主义核心价值观研究丛书——总论》，江苏人民出版社2015年版，第177—178页。

建设中国特色社会主义的进程中，始终把共同富裕作为中国共产党执政的出发点和落脚点，体现了以人民群众为本的真挚情怀，凝聚了国家富强、社会和谐的价值共识。①

邓小平同志认为："走社会主义道路，就是要逐步实现共同富裕。共同富裕的构想是这样提出的：一部分地区有条件先发展起来，一部分地区发展慢点，先发展起来的地区带动后发展起来的地区，最终达到共同富裕。如果富的愈来愈富，穷的愈来愈穷，两极分化就会产生，而社会主义制度就应该而且能够避免两极分化。"② "只有社会主义，才能有凝聚力，才能解决大家的两难，才能避免两极分化，逐步实现共同富裕"③。邓小平同志的共同富裕思想正确处理了强国与富民、先富与后富的关系，其目的是为了更好地促进社会的和谐稳定和共同发展，为建设富强的社会主义国家开辟了新的道路。

江泽民同志丰富和发展了邓小平同志的共同富裕思想，他指出："要以邓小平关于让一部分地区一部分人先富起来、逐步实现共同富裕的战略思想来统一全党的认识。实现共同富裕是社会主义的根本原则和本质特征，绝不能动摇。"④ 为了实现以人民群众为本的价值追求，他提出了"发展是执政兴国第一要务"的战略口号，提出了"三个代表"重要思想，把提高人民的生活水平作为根本出发点，维护和实现最广大人民的根本利益。⑤

胡锦涛同志认为，共同富裕是中国特色社会主义的根本原则。他强调："继续提倡和鼓励一部分地区一部分人先富起来，最终达到共同富裕，以更好地发挥社会主义的优越性，这就对各级领导班子和领导干部提出了更高的要求。"⑥ 胡锦涛同志的共同富裕价值观贯穿在其以人为本的执政理念之中，形成了一切发展成果都必须由人民共享的科学发展观。胡锦涛同志"坚持权为民所用、情为民所系、利为民所谋"的思想以及"坚持把实现好、维护好、发展好最广大人民的根本利益作为我们一切工作的根本出发点和落脚点，是我们做好各项工作的保证，任何时候都不能动摇"⑦ 的重要观点，是社会主义核心价值观的本质体现。

---

① 王燕文主编：社会主义核心价值观研究丛书——总论，江苏人民出版社2015年版，第179页。

② 《邓小平文选（第3卷）》，人民出版社1993年版，第373—374页。

③ 《邓小平文选（第3卷）》，人民出版社1993年版，第357页。

④ 《江泽民文选（第1卷）》，人民出版社2006年版，第466页。

⑤ 王燕文主编：《社会主义核心价值观研究丛书——总论》，江苏人民出版社2015年版，第181页。

⑥ 《建国以来重要文献选编（上卷）》，中央文献出版社1996年版，第380页。

⑦ 《十六大以来重要文献选编（中卷）》，中央文献出版社2006年版，第317页。

2. 以民主法制建设为抓手形成公正、法治的价值观共识

民主法制建设是中国特色社会主义民主政治的重要环节。邓小平、江泽民、胡锦涛等同志在领导人民建设中国特色社会主义的进程中，始终把民主法制建设作为民主政治建设的重要内容来抓，体现了保障人民民主权利、健全社会主义法制、实现依法治国、维护社会公平正义的价值追求。

邓小平同志对民主法治建设有许多精辟的论述和深邃的思想。他强调“没有民主就没有社会主义，就没有社会主义的现代化”。[①] 邓小平同志不仅强调实行社会主义民主，而且强调要加强社会主义法制建设。他指出：“社会主义民主和社会主义法制是不可分的。不要社会主义法制的民主，不要党的领导的民主，不要纪律和秩序的民主，绝不是社会主义民主。相反，这只能使我们的国家再一次陷入无政府状态，使国家更难民主化，使国民经济更难发展，使人民生活更难改善。”[②] 为了更好地建设中国特色社会主义，必须使社会主义民主政治建设和法制建设交相辉映，真正做到有法可依、有法必依、执法必严、违法必究。

江泽民同志也十分重视民主法制建设，他强调：“加强社会主义民主法制建设，是我们建设有中国特色社会主义理论和实践的重要组成部分。”[③] 他创造性地提出了依法治国战略，强调：“发展民主必须同健全法制紧密结合，实行依法治国。”[④] 依法治国成为党领导人民治理国家的基本方略。

对于如何更好地加强社会主义民主法制建设，胡锦涛同志强调：必须“积极稳妥地推进政治体制改革，扩大社会主义民主，健全社会主义法制，建设社会主义法治国家，保证人民依法实行民主选举、民主决策、民主管理、民主监督”[⑤]。胡锦涛同志还多次深刻揭示了加强民主法制建设的作用，“对巩固和发展民主团结、生动活泼、安定和谐的政治局面具有重大意义”[⑥]。“社会主义民主政治不断发展，社会主义法制不断健全，为加强和完善对权力运行的制约监督提供了有力的制度保证。”[⑦] 胡锦涛同志的民主法制观的本质是维护社会的公平正义，维护全体人民经济权益、政治权益，使社会不同利益群体各尽其能、各得其所、和谐相处。

---

① 《邓小平文选（第2卷）》，人民出版社1994年版，第168页。
② 《江泽民文选（第1卷）》，人民出版社2006年版，第641页。
③ 《江泽民文选（第3卷）》，人民出版社2006年版，第188页。
④ 《江泽民文选（第2卷）》，人民出版社2006年版，第28页。
⑤ 《十六大以来重要文献选编（中卷）》，中央文献出版社2006年版，第158页。
⑥ 《十六大以来重要文献选编（中卷）》，中央文献出版社2006年版，第240页。
⑦ 《十六大以来重要文献选编（中卷）》，中央文献出版社2006年版，第600页。

3. 以精神文明建设为统领形成公民道德遵循的价值观共识

加强精神文明建设是建设中国特色社会主义的基本内容。邓小平、江泽民、胡锦涛等同志在领导人民建设中国特色社会主义的进程中，始终把加强精神文明建设作为中国特色社会主义文化的重要环节，凝聚公民道德遵循的价值力量。

邓小平同志提出了“两手抓、两手都要硬”的价值理念。他强调：“我们要建设的社会主义国家，不但要有高度的物质文明，而且要有高度的精神文明。”[①] 邓小平同志对社会主义精神文明的系统阐述，将中国共产党关于社会主义核心价值观建设的理论推进到了一个新的阶段。

江泽民同志明确了精神文明建设的基本要求，那就是“要以马克思列宁主义、毛泽东思想、邓小平建设有中国特色社会主义理论为指导，大力发扬党的优良传统，弘扬中华民族的优秀思想文化，加强爱国主义、集体主义、社会主义思想教育，培育有理想、有道德、有文化、有纪律的社会主义公民，吸收世界文明的一切优秀成果，提高全民族的思想道德素质和科学文化素质”[②]。

胡锦涛同志十分重视精神文明建设，他强调要“继续牢牢把握先进文化的前进方向，大力推进社会主义精神文明建设”[③]，提出了“把社会主义核心价值体系融入国民教育和精神文明建设全过程”[④] 的价值要求，自觉培育和践行社会主义核心价值观。

4. 以社会主义核心价值体系建设为基础形成社会主义核心价值观

社会主义核心价值体系是社会主义核心价值观凝练的基础，社会主义核心价值观是社会主义核心价值体系的内核，是社会主义核心价值体系的根本性质和基本特征的具体体现，也是社会主义核心价值体系的基本实践要求，更是社会主义核心价值体系高度凝练和升华的集中表达。[⑤]

2006 年 10 月，党的十六届六中全会第一次提出了“建设社会主义核心价值体系”的重大命题，并明确社会主义核心价值体系的内容及其建设社会主义核心价值体系的战略任务。

2007 年，胡锦涛同志在“6 · 25”重要讲话中强调，要大力建设社会主义核心价值体系，巩固全党全国人民团结奋斗的共同思想基础。社会主义核心价

---

① 《邓小平文选（第 2 卷）》，人民出版社 1994 年版，第 367 页。

② 《江泽民文选（第 1 卷）》，人民出版社 2006 年版，第 474 页。

③ 《十六大以来重要文献选编（上卷）》，中央文献出版社 2005 年版，第 651 页。

④ 《高举中国特色社会主义伟大旗帜　为夺取全面建设小康社会新胜利而奋斗——在中国共产党第十七次全国代表大会上的报告》，人民出版社 2007 年版，第 35 页。

⑤ 王燕文主编：《社会主义核心价值观研究丛书——总论》，江苏人民出版社 2015 年版，第 188 页。

值体系包括四个方面的基本内容，即马克思主义指导思想、中国特色社会主义共同理想、以爱国主义为核心的民族精神和以改革创新为核心的时代精神、社会主义荣辱观。这四个方面的基本内容相互联系、相互贯通，共同构成辩证统一的有机整体。以“八荣八耻”为主要内容的社会主义荣辱观是对马克思主义道德观的精辟概括，是对新时期社会主义道德的系统总结，是科学发展观的重要组成部分，体现了社会主义的价值导向，是引领社会风尚的一面旗帜。

党的十八大提炼和概括了以“三个倡导”为内容的社会主义核心价值观，是社会主义核心价值体系最深层精神的升华。富强、民主、文明、和谐是我们的建设目标，自由、平等、公正、法治是我们的美好社会，爱国、敬业、诚信、友善是我们的道德规范。社会主义核心价值观是最根本、最重要和最集中的价值内核，也是中华民族优秀历史文化的传承和发扬，是建设社会主义先进文化和弘扬民族精神的有机环节。从社会主义核心价值体系到社会主义核心价值观的发展演变，凝聚了中国共产党人培育和践行社会主义核心价值观的深邃思考和战略选择，对推动中国特色社会主义伟大事业具有重要意义。①

党的十八大以来，习近平就培育和弘扬社会主义核心价值观问题，发表了一系列重要讲话，强调“培育和弘扬核心价值观，有效整合社会意识，是社会系统得以正常运转、社会秩序得以有效维护的重要途径，也是国家治理体系和治理能力的重要方面”②。“把培育和弘扬社会主义核心价值观作为凝魂聚气、强基固本的基础工程，作为一项根本任务，切实抓紧抓好”。③ 习近平关于社会主义核心价值观的深度阐述，深刻揭示了培育和弘扬社会主义核心价值观的重要意义，突出了培育和弘扬社会主义核心价值观的道德功能，明确了培育和弘扬社会主义核心价值观的实现路径，为国家奋斗目标、社会制度建设、公民道德生活提供了重要的价值遵循。④

二、核心价值观建设的基本经验

社会主义核心价值观，既是中国特色社会主义伟大实践在精神层面的结晶，

---

① 王燕文主编：《社会主义核心价值观研究丛书——总论》，江苏人民出版社 2015 年版，第 188 页。

② 《习近平在中共中央政治局第十三次集体学习时强调把培育和弘扬社会主义核心价值观作为凝魂聚气强基固本的基础工程》，《光明日报》2014 年 2 月 26 日，第 1 版。

③ 中共中央宣传部：《习近平总书记系列重要讲话读本》，学习出版社、人民出版社 2014 年版，第 94 页。

④ 王燕文主编：《社会主义核心价值观研究丛书——总论》，江苏人民出版社 2015 年版，第 191 页。

也是中华文明长期滋养的结果。习近平同志指出，每个时代都有每个时代的精神，每个民族都有每个民族的价值观念。一个民族、一个国家的核心价值观必须同这个民族、这个国家的历史文化相契合，同这个民族、这个国家的人民正在进行的奋斗相结合，同这个民族、这个国家需要解决的时代问题相适应。自中国共产党成立近百年以来，无数中国共产党人抛头颅、洒热血，历经新民主主义革命时期、社会主义革命和建设时期、改革开放以来的创新发展时期等三个阶段，最终培育和践行了伟大的社会主义核心价值观，积累并丰富了社会主义核心价值观建设的基本经验。

（一）坚持马克思主义指导地位不动摇

培育和践行社会主义核心价值观，必须坚持以马克思主义为指导。历史的经验和实践充分证明，只有坚持马克思主义的指导思想才能救中国。俄国十月革命的一声炮响为中国革命送来了马克思主义，从此，中国人民在中国共产党的领导下，前仆后继、不怕牺牲，经过28年的浴血奋战取得了新民主主义革命的伟大胜利。中华人民共和国成立后，全国人民在中国共产党的领导下，坚持历史唯物主义和辩证唯物主义的思想和观点全力建设新中国，取得了社会主义革命和建设的伟大胜利。党的十一届三中全会以来，我们党仍然坚持马克思主义的指导地位不动摇，坚持马克思主义原理中国化，运用中国化了的马克思主义进行社会主义改革开放，取得了重大成就。

中国共产党在领导中国革命、建设、改革的近百年历程中，不仅夺取了伟大的胜利，从根本上改变了中国社会、中华民族的命运和面貌，取得了伟大的历史功绩，而且在实践中，产生了马克思主义与中国实际相结合的伟大理论成果，包括毛泽东思想、邓小平理论、“三个代表”重要思想、科学发展观，以及习近平新时代中国特色社会主义思想。在长期的革命建设和改革实践中，优秀的中国共产党人，特别是老一辈无产阶级革命家，以马克思主义的世界观、价值观为指导，表现出的共产党人的高尚情操和良好作风，既是共产党人精神的集中表现，也是我们社会主义核心价值观的重要内容。① 在新时代，我们要构建的社会主义核心价值观的内容十分丰富，但是，所有这些内容里面起灵魂作用的就是马克思主义的立场、观点和方法。② 总体来讲，和其他社会的价值观念一样，社会主义核心价值观不是在社会主义制度产生以后，完全凭空产生

① 贺亚兰主编：《社会主义核心价值观若干重大理论与现实问题》，人民出版社2016年版，第29页。

② 贺亚兰主编：《社会主义核心价值观若干重大理论与现实问题》，人民出版社2016年版，第27页。

的。按照马克思主义原理，对于其他社会制度、其他民族、其他国家一些有益的思想文化，也有一个扬弃的任务，就是吸取其中对社会主义有益的东西，抛弃有害的东西。同时，对于中国不同历史时期形成的，对我们现在中国特色社会主义仍然有用的东西，我们也要做好鉴别、扬弃的工作，做这个工作的指导思想就是马克思主义，只有以马克思主义为指导来对中华民族的传统文化，对其他文化的思想观念进行科学的分析，才能真正准确地把握哪些应该吸收，哪些应该摒弃。①

在全社会培育和践行社会主义核心价值观，本质上是这些年一直进行的社会主义精神文明建设，灵魂就是马克思主义及其中国化成果，就是中国特色社会主义。只有以马克思主义及其中国化成果为指导，并且把马克思主义及其中国化成果渗透进精神文明建设活动中，我们构建社会主义核心价值体系的工作才能够真正坚持正确的方向，收到好的效果。②

（二）坚持走中国特色社会主义道路不动摇

党的十九届四中全会提出，中国特色社会主义制度是党和人民在长期实践探索中形成的科学制度体系，我国国家治理一切工作和活动都依照中国特色社会主义制度展开，我国国家治理体系和治理能力是中国特色社会主义制度及其执行能力的集中体现。③

培育和践行社会主义核心价值观，必须坚持走中国特色社会主义道路。历史的经验和实践充分证明，只有坚持走中国特色社会主义道路不动摇才能救中国。中国特色社会主义承载着几代中国共产党人的理想和探索，寄托着无数仁人志士的夙愿和期盼，凝聚着亿万人民的奋斗和牺牲，是近代以来中国社会发展的必然选择，是发展中国、稳定中国的必由之路。实践证明，除了中国特色社会主义，没有任何别的什么主义能够真正解决我们遇到的一切重大问题。④中国特色社会主义道路的自信基于历史经验和教训的理性自觉。在中国这样一个经济文化十分落后的国家探索民族复兴道路，是极为艰巨的任务。许多先贤志士进行了不屈不挠的探索，但在中国共产党产生之前始终没有找到走上民族独立、国家富强、人民幸福的道路。其他的路我们都曾经尝试过，却没有一条

① 贺亚兰主编：《社会主义核心价值观若干重大理论与现实问题》，人民出版社2016年版，第28页。

② 同上。

③ 摘自《中共中央关于坚持和完善中国特色社会主义制度、推进国家治理体系和治理能力现代化若干重大问题的决定》。

④ 曹东勃、宋锐：“巩固扩大社会主义制度优势”载《解放日报》2019年10月29日。

走得通。① 自1840年鸦片战争以来，“封建复古”“全盘西化”“三民主义”等救国方案逐一破产。只有在中国共产党的坚强领导下坚持走中国特色社会主义道路不动摇，推动马克思主义普遍原理与中国具体实际紧密结合，才能彻底推翻了三座大山，建立起人民当家做主的共和国。中华人民共和国走过的70年，是中国共产党团结带领各族人民探索怎样建设和发展社会主义中国的70年；改革开放40多年的伟大实践进一步表明，只有走中国特色社会主义道路，才能带领中国人民迎来从站起来、富起来到强起来的伟大飞跃。②

90多年来，我们党紧紧依靠人民，把马克思主义基本原理同中国实际和时代特征结合起来，独立自主走自己的路，历尽千辛万苦，付出各种代价，取得革命、建设、改革的伟大胜利。我们党先是带领全党全国各族人民完成了新民主主义革命，进行了社会主义改造，确立了社会主义基本制度，成功实现了中国历史上最深刻最伟大的社会变革，为当代中国一切发展进步奠定了根本政治前提和制度基础。中国特色社会主义道路、中国特色社会主义理论体系、中国特色社会主义制度，是党和人民90多年奋斗、创造、积累的根本成就，必须倍加珍惜、始终坚持、不断发展。③

为了中国未来进一步的永续发展，我们必须加倍珍惜中国特色社会主义、始终坚持中国特色社会主义、不断发展中国特色社会主义。在新的历史条件下，我们继续推进中国特色社会主义，关键就是要不断丰富中国特色社会主义的实践特色、理论特色、民族特色和时代特色。④

中国特色社会主义的理论特色，首先在于它是在坚持马克思主义基本原理的同时根据中国特色社会主义实践经验基础总结而成的，因此它是一种自觉的理论。中国特色社会主义的民族特色，首先在于它是基于中国人民社会主义实践探索的理论总结，其内容具有鲜明的民族性，反映了中国人民的民族认同和文化认同。正如习近平同志指出的，改革开放30多年来，社会主义在中国开创的辉煌局面和取得的巨大成就充分证明，中国特色社会主义是深深植根于中国大地、符合中国国情、具有强大生命力的社会主义。中国特色社会主义的时代特色，首先在于它是基于中国社会发展的时代特征而产生的，反映了中国实践

---

① 韩震：《社会主义核心价值观新论——引领社会文明前行的精神指南》，中国人民大学出版社2014年版，第20页。

② 曹东勃、宋锐：“巩固扩大社会主义制度优势”，载《解放日报》2019年10月29日。

③ 韩震：《社会主义核心价值观新论——引领社会文明前行的精神指南》，中国人民大学出版社2014年版，第21页。

④ 韩震：《社会主义核心价值观新论——引领社会文明前行的精神指南》，中国人民大学出版社2014年版，第17页。

的鲜明时代特征。因此，在当代中国，只有中国特色社会主义能够发展中国、造福人民、振兴中华，实现中华民族的伟大复兴。中国特色社会主义的实践特色、理论特色、民族特色和时代特色是相互联系、密切相关的。只要坚持面向伟大实践、提高理论自觉、完善民族形式、回答时代问题，我们就能够不断丰富中国特色社会主义的实践特色、理论特色、民族特色和时代特色。[①]

中国特色社会主义道路顺应了人类社会的发展趋势，符合人类社会发展的客观现实和规律，因而也应该引领人类社会的发展进程。中国特色社会主义道路既关乎党的命脉，也关乎我们国家的前途、民族的命运、人民的幸福。因为中国特色社会主义道路符合中国社会实际、顺应人类社会发展趋势，所以它是合理的，它也必将不断拓展延伸。习近平同志在第十八届中共中央政治局第一次集体学习时指出：“中国特色社会主义是党和人民长期实践取得的根本成就。”[②] 中国特色社会主义道路必将越走越宽广。[③]

（三）坚持以人民为中心的思想不动摇

党的十九届四中全会提出，坚持以人民为中心的发展思想，不断保障和改善民生、增进人民福祉，走共同富裕道路是我国国家制度和国家治理体系具有的显著优势之一。[④] 我国是工人阶级领导的、以工农联盟为基础的人民民主专政的社会主义国家，国家一切权力属于人民。党的十九大报告指出，要“坚持以人民为中心”“必须坚持人民主体地位，坚持立党为公、执政为民，践行全心全意为人民服务的根本宗旨，把党的群众路线贯彻到治国理政全部活动之中”。[⑤]

新的社会问题的出现通常与当前政治发展相对滞后和人民有序政治参与不足有着较大关系。如果缺少正常的制度化参与渠道，人们就要通过制度外的渠道表达自身的利益诉求，有的甚至会采取激烈的方法表达诉求，从而激化矛盾，

---

① 韩震：《社会主义核心价值观新论——引领社会文明前行的精神指南》，中国人民大学出版社2014年版，第18页。

② 习近平：“紧紧围绕坚持和发展中国特色社会主义学习宣传贯彻党的十八大精神”，载新华网，2012-11-19。

③ 韩震：《社会主义核心价值观新论——引领社会文明前行的精神指南》，中国人民大学出版社2014年版，第23页。

④ 摘自《中共中央关于坚持和完善中国特色社会主义制度、推进国家治理体系和治理能力现代化若干重大问题的决定》。

⑤ 周素丽、司文君、王茂磊：“关于推进国家治理体系和治理能力现代化，公众有哪些新期待”，载《国家治理周刊》2019年第37期。

影响社会稳定。[①]

习近平同志也曾多次提出要完善人民政治参与：2014年，在庆祝全国人民代表大会成立60周年大会上的讲话中提出，“从各层次各领域扩大公民有序政治参与”；在庆祝中国人民政治协商会议成立60周年大会上提出，“人民是否享有民主权利，要看人民是否在选举时有投票的权利，也要看人民在日常政治生活中是否有持续参与的权利”。党的十九大报告则强调，“扩大人民有序政治参与，保证人民依法实行民主选举、民主协商、民主决策、民主管理、民主监督”。[②]

进步扩大人民有序参与政治的途径，发展社会主义协商民主，健全民主制度，丰富民主形式，拓宽民主渠道，让人民当家做主落实到国家政治生活和社会生活之中，保障和改善民生，让人民共享发展成果。[③]

习近平同志指出：“让老百姓过上好日子是我们一切工作的出发点和落脚点。”增进民生福祉是发展的根本目的，要在发展中保障和改善民生，让人民共享发展成果。中华人民共和国成立以来，尤其是改革开放以来，我国始终坚持在发展中保障和改善民生，全面推进“幼有所育、学有所教、劳有所得、病有所医、老有所养、住有所居、弱有所扶”，不断改善人民生活、增进人民福祉。从1978年到2018年，全国居民人均可支配收入由171元增加到2.6万元，常住人口城镇化率达到58.52%，上升40.6个百分点。[④] 党的十八大以来，党中央坚持精准扶贫、精准脱贫，打好扶贫攻坚战，使贫困发生率大幅下降，贫困群众生活水平显著提高；同时，建成了包括养老、医疗、低保、住房在内的世界最大的社会保障体系，基本养老保险覆盖超过9亿人，医疗保险覆盖超过13亿人，人民获得了更多、更直接、更实在的获得感、幸福感和安全感。发展成果不是一天取得的，美好的生活是奋斗出来的。对于未来的国家治理，人民群众更期待在当下殷实、牢靠的民生基础上，党和政府继续紧紧抓住人民最关心最直接最现实的利益问题，将人民群众的安危冷暖放在心上，多谋民生之利，多解民生之忧。[⑤]

习近平同志指出，全面深化改革，推进国家治理体系和治理能力现代化，

---

① 周素丽、司文君、王茂磊：“关于推进国家治理体系和治理能力现代化，公众有哪些新期待”，载《国家治理周刊》2019年第37期。

② 周素丽、司文君、王茂磊：“关于推进国家治理体系和治理能力现代化，公众有哪些新期待”，载《国家治理周刊》2019年第37期。

③ 同上。

④ 同上。

⑤ 同上。

必须紧紧依靠人民，没有人民支持和参与，任何改革都不可能取得成功。无论遇到任何困难和挑战，只要人民支持和参与，就没有克服不了的困难，就没有越不过的坎。党的十八届三中全会决定就推动人民代表大会制度与时俱进、推进协商民主广泛多层次制度化发展、发展基层民主进行了全面部署，为保证人民参政议政，依法行使民主选举、民主决策、民主管理、民主监督权利奠定了坚实的制度基础。①

（四）坚持全心全意为人民服务的宗旨不动摇

党的十九届四中全会提出，国家行政管理承担着按照党和国家决策部署推动经济社会发展、管理社会事务、服务人民群众的重大职责。必须坚持一切行政机关为人民服务、对人民负责、受人民监督，创新行政方式，提高行政效能，建设人民满意的服务型政府。②

全心全意为人民服务，为人民谋利益，增进人民福祉，历来就是共产党人的根本宗旨。党的十八大报告从“以人为本、执政为民是检验党一切执政活动的最高标准”的高度明确强调任何时候都要把人民利益放在第一位，始终与人民心连心、同呼吸、共命运，始终依靠人民推动历史前进。任何一个时代，都有主流价值观的存在。它是一个时代的思想共识。③

中国共产党的性质决定了党的宗旨是为人民服务。中国共产党建党以来，就有一种对中国、对历史、对人民的担当精神，概括起来就是全心全意为人民服务。我们讲践行社会主义核心价值观的过程，实际上就是不同价值观在理论上、实践上竞争的过程，就是不同的价值观争夺人心的过程。归根结底，就是不同价值观在道义角色、道义担当上的竞争过程。共产党人的价值观表明了共产党人的道义角色：全心全意为人民服务的道义角色。④

要把培育核心价值观与党的群众路线教育实践活动结合起来。党的群众路线教育实践活动主要是解决作风问题，反对“四风”、反对腐败，这些问题要再不解决，会给我们的事业带来重大隐患。通过群众路线教育实践活动，彻底解决“四风”问题，解决腐败问题。如果我们解决不了这样的问题，社会主义政权就难逃历史的周期律。所以习近平同志强调历史周期律对我们仍然是一道

---

① 刘旺洪主编：《社会主义核心价值观研究丛书——民主篇》，江苏人民出版社2015年版，第21—22页。

② 摘自《中共中央关于坚持和完善中国特色社会主义制度、推进国家治理体系和治理能力现代化若干重大问题的决定》。

③ 管向群主编：《社会主义核心价值观丛书——和谐》，江苏人民出版社2015年版，第256页。

④ 贺亚兰主编：《社会主义核心价值观若干重大理论与现实问题》，人民出版社2016年版，第115页。

考题。习近平同志讲党的根基在人民，血脉在人民，力量在人民，成败也在人民。所以广大党员，特别是领导干部，在群众路线教育实践活动中，必须把群众路线与践行社会主义核心价值观结合起来，聚焦解决群众反映强烈的突出问题，带头践行社会主义核心价值观，充分彰显全心全意为人民服务的崇高价值，以转变作风的实际成效来推动社会改革发展，由此形成一种强大的推进改革发展的正能量。共产党人的价值担当是中国社会凝聚一切正能量的关键。①

为人民服务是社会主义核心价值观的根本。社会主义核心价值观从公民个人层面看是爱国、敬业、诚信、友善，是以为人民服务为核心，以集体主义为原则，以爱祖国、爱人民、爱劳动、爱科学、爱社会主义为基本要求的社会道德体系。它的载体是社会公德、职业道德、家庭美德和个人品德。随着多元化社会的发展，讲市场意识的人多起来，讲诚信意识的少了。其实社会主义市场经济本身就是契约经济、法治经济。习近平同志还特别强调，第二批党的群众路线教育实践活动在群众家门口开展，要更加强问题导向，盯住作风问题不放，从小事做起，从具体事情抓起，让群众看到实实在在的成效，有利于百姓的事再小也要做，危害百姓的事再小也要除，不等不靠，立行立改，对拖欠群众钱款、克扣群众财物、侵占群众利益等问题要开展专项治理，属实的都要立即加以解决。习近平同志告诫全党干部，不要飘在上面，不要装样子、做虚功、滥表功，而要求真务实，深入实践、深入基层和深入群众中去，集中精力为老百姓做实事、求实效。②

（五）坚持中国共产党的领导不动摇

党的十九届四中全会提出，坚持党的集中统一领导，坚持党的科学理论，保持政治稳定，确保国家始终沿着社会主义方向前进是我国国家制度和国家治理体系具有的显著优势之一。③

十月革命一声炮响，给中国送来了马克思列宁主义。马列主义和中国的工人运动相结合，产生了中国共产党。1921 年中国共产党的成立，标志着中国产生了领导无产阶级和广大劳动人民进行新民主主义革命的政党。1922 年 7 月，

---

① 贺亚兰主编：《社会主义核心价值观若干重大理论与现实问题》，人民出版社 2016 年版，第 116 页。

② 贺亚兰主编：《社会主义核心价值观若干重大理论与现实问题》，人民出版社 2016 年版，第 181 页。

③ 摘自《中共中央关于坚持和完善中国特色社会主义制度、推进国家治理体系和治理能力现代化若干重大问题的决定》。

中国共产党第二次代表大会制定了党的最高纲领和最低纲领。① 我国《宪法》第1条规定，中国共产党领导是中国特色社会主义最本质的特征。

中国共产党领导是中国特色社会主义最本质的特征，是中国特色社会主义的最大优势，正是因为始终坚持党的领导，我们才能成功应对一系列重大风险挑战、克服无数艰难险阻，既不走封闭僵化的老路，也不走改旗易帜的邪路，开辟出一条符合中国历史文化传统、适合中国国情和发展要求的中国特色社会主义道路。党的领导地位不是自封的，是历史和人民选择的。中国共产党以其科学的理论指导、严格的组织纪律、非凡的政治勇气、强烈的责任担当、强大的战略定力，在世界形势深刻变化的历史进程中始终走在时代前列，在应对国内外各种风险和考验的历史进程中始终是全国人民的主心骨。②

中国共产党成立以后，领导全国人民将马克思主义的普遍原理与中国国情和中国革命的实际相结合，开辟了新民主主义革命的道路，经过艰苦卓绝的斗争，终于推翻了压在中国人民头上的“三座大山”，建立了中华人民共和国，引导中国走上了社会主义的正确道路。中华人民共和国成立以来，中国共产党领导全国人民继续坚持将马克思主义普遍原理与中国社会主义现代化建设实际相结合，带领全国人民坚持社会主义的发展方向，在曲折中前进，逐步探索出一条中国特色社会主义道路，社会主义现代化建设取得举世瞩目的伟大成就。中国近代以来的历史证明，只有中国共产党才能救中国，只有中国特色社会主义才能发展中国。③

培育和践行社会主义核心价值观，必须坚持中国共产党的领导不动摇。历史的经验和实践充分证明，只有坚持中国共产党的领导不动摇才能救中国。中国特色社会主义承载着几代中国共产党人的理想和探索，寄托着无数仁人志士的夙愿和期盼，凝聚着亿万人民的奋斗和牺牲，是近代以来中国社会发展的必然选择。2012年11月17日，习近平同志主持中国共产党十八届中央政治局第一次集体学习时指出：我们党担负着团结带领人民全面建成小康社会、推进社会主义现代化、实现中华民族伟大复兴的重任。党坚强有力，党同人民保持血肉联系，国家就繁荣稳定，人民就幸福安康。全党要增强紧迫感和责任感，不断提高党的领导水平和执政水平，使我们党在世界形势深刻变化的历史进程中

---

① 刘旺洪主编：《社会主义核心价值观研究丛书——民主篇》，江苏人民出版社2015年版，第23页。

② 周素丽、司文君、王茂磊：“关于推进国家治理体系和治理能力现代化，公众有哪些新期待”，载《国家治理周刊》2019年第37期。

③ 刘旺洪主编：《社会主义核心价值观研究丛书——民主篇》，江苏人民出版社2015年版，第118页。

始终走在时代前列，在应对国内外各种风险和考验的历史进程中始终成为全国人民的主心骨，在坚持和发展中国特色社会主义的历史进程中始终成为坚强领导核心。[①]

习近平同志指出："党政军民学，东西南北中，党是领导一切的，是最高的政治领导力量。"中国共产党是中国特色社会主义事业的领导核心。党的领导是做好党和国家各项工作的根本保证，是战胜一切困难和风险的"定海神针"。坚持党对一切工作的领导，是党和国家的根本所在、命脉所在，是全国各族人民的利益所在、幸福所在。[②]

习近平同志指出：中国特色社会主义最本质的特征是中国共产党领导，中国特色社会主义制度的最大优势是中国共产党领导。如果没有中国共产党领导，我们的国家、我们的民族不可能取得今天这样的成就，也不可能具有今天这样的国际地位。坚持和完善党的领导，是党和国家的根本所在、命脉所在，是全国各族人民的利益所在、幸福所在。中国共产党是国家最高政治领导力量，是实现中华民族伟大复兴的根本保证。在坚持党的领导这个重大原则问题上，我们脑子要特别清醒、眼睛要特别明亮、立场要特别坚定，绝不能有任何含糊和动摇。[③]

---

① "习近平同志《论坚持党对一切工作的领导》主要篇目介绍"，载《河南日报》2019年10月28日。

② 周素丽、司文君、王茂磊：《关于推进国家治理体系和治理能力现代化，公众有哪些新期待》，载《国家治理周刊》2019年第37期。

③ "习近平同志《论坚持党对一切工作的领导》主要篇目介绍"，载《河南日报》2019年10月28日。

第二章

社会主义核心价值观提出的时代背景与重大意义

将社会主义核心价值观融入法治建设是以问题为导向、以需求为导向的必然选择。中华人民共和国的建立，确立了以社会主义基本政治制度、基本经济制度的确立和以马克思主义为指导思想的社会主义意识形态，为社会主义核心价值体系建设奠定了政治前提、物质基础和文化条件。

一、社会主义核心价值观提出的时代背景

中国共产党借鉴了中华文明传统智慧，特别是总结了过去 170 年来中华民族从陷入积贫积弱到走上社会主义道路的历史经验，在 1982 年《中华人民共和国宪法》序言中明确规定，“把我国建设成为富强、民主、文明的社会主义国家”。这是包括严复、魏源等一代又一代志士仁人都认同的百年期盼，极其精准贴切，在中国近代资产阶级革命、新民主主义革命以及社会主义建设历程中具有深远意义，极大地调动了全国各族人民团结一致、振兴中华的决心和意志。进入 21 世纪，中国社会转型空前加快，思想意识更加多元，价值内涵更加深刻，价值选择更为多样。面对新形势、新挑战、新任务，党的十八大提出，倡导富强、民主、文明、和谐，倡导自由、平等、公正、法治，倡导爱国、敬业、诚信、友善，积极培育和践行社会主义核心价值观。这是反映全国各族人民共同认同的价值观“最大公约数”。① 正是在维护公平正义，实现良法善治，惩恶扬善、扶正祛邪的理念指引下，党中央提出进一步把社会主义核心价值观融入法治建设，为实现“两个一百年”奋斗目标、实现中华民族伟大复兴的中

① 冯玉军：“把社会主义核心价值观融入法治建设的要义和途径”载《当代世界与社会主义（双月刊）》2017 年第 4 期。

国梦提供强大价值引导力、文化凝聚力和精神推动力，具有深刻的思想特质和战略意义。[①]

（一）我国改革开放和经济建设进入重大转折期

经过40年来的改革开放，我国建立了具有中国特色的社会主义市场经济体制，经济建设取得了举世瞩目的辉煌成就，经济总量成为世界第二大经济体。为社会主义核心价值观融入法治中国建设提供了经济实力和物质基础。但同时，我国经济建设也正处在重大转折时期，换挡提速是目前我国经济建设的重要任务，供给侧改革是目前经济建设的总的抓手。

社会主义市场经济体制既不同于中华人民共和国成立以前的经济体制，也不同于中华人民共和国成立初期的社会主义计划经济体制。在市场经济活动中，作为经济活动的最活跃单位是人和企业，在市场经济体制的条件下，按照价值规律的要求，都要努力争取自身经济效益的最大化，这是所有企业搞经营活动，所有个人参与经营活动，很明确的一个行为准则，是市场经济规律的必然结果。但是，这就会引起人们思想观念的变化，这样的客观规律无时无刻不在提醒要尽可能减少成本，争取更多的效益，所以全社会形成了一个努力追求个人利益的社会背景和经济环境。[②] 我国社会分化、利益多元化、价值多样化的现实，呼唤着作为共同引导力量的核心价值观。[③]

党的十八届三中全会提出，“经济体制改革是全面深化改革的重点，核心问题是处理好政府和市场的关系，使市场在资源配置中起决定性作用和更好发挥政府作用”。其中，“放管服”改革是全面深化改革中行政管理体制改革的重要内容，是重塑政府与市场关系的一场刀刃向内的政府自身革命，也是新形势下实现经济高质量发展的关键举措。[④]

具体来说，“放”的核心是政府角色定位，“管”的核心是政府管理转型，“服”的核心是治理能力现代化。党的十八大之后，随着政府职能的转变与“放管服”改革的深入推进，政府与市场的关系得到进一步理顺，“双随机、一公开”的市场监管改革持续深化，政务服务效率大幅提升，营商环境得到明显

---

① 冯玉军：“把社会主义核心价值观融入法治建设的要义和途径”，载《当代世界与社会主义（双月刊）》2017年第4期。

② 贺亚兰主编：《社会主义核心价值观若干重大理论与现实问题》，人民出版社2016年版，第23—24页。

③ 贺亚兰主编：《社会主义核心价值观若干重大理论与现实问题》，人民出版社2016年版，第117页。

④ 周素丽、司文君、王茂磊：“关于推进国家治理体系和治理能力现代化，公众有哪些新期待”，载《国家治理周刊》2019年第37期。

改善。李克强同志指出，“简政放权、放管结合、优化服务是处理好政府与市场关系的重大改革之举，对近几年扩大就业、壮大新动能、经济稳中向好起到了重要支撑作用”。①

我们现在正处于既是中等收入国家向中等发达国家迈进的机遇期，又是矛盾增多爬坡过坎的危险期、敏感期。这个阶段经济容易失调，社会容易失序，民众心理容易失衡，步子容易迈错，机遇容易丢失。“拉美陷阱”给人们的经验和教训是深刻的，中国在现代化建设中，必须进行社会、经济全面改革，从根本上转变、完善和创新经济增长和社会发展的观念、道路、模式、战略，才能跳出经济社会现代化发展的“拉美陷阱”。②

改革开放使得我国社会结构发生了巨大变化，随之带来了人们的利益、思想多元化。在这种情况下，用什么来凝聚人心？邓小平同志说，改革是第二次革命，也就是说，改革开放对我国社会结构的深层改造，一点也不亚于1949年的那场革命，在某些方面甚至更深刻。1949年，那是无产阶级和中国人民夺取政权的一次伟大革命，是一次政治革命。尽管此后我们在经济上进行了公有制改造，但当时我国的生产方式还非常落后，就是以生产队为基础，等于是以地缘、血缘为纽带组织生产，这具有明显的自然经济的特征。改革开放之后，我国进入社会主义市场经济建设，组织纽带已经不再是血缘、地缘了。由此，中国社会从熟人社会进入到了陌生人社会。2014年，我国推出了最新的户籍改革。过去，人都是单位人，仍然带有自然经济的特征。随着我国社会结构的巨大变化，社会分化了，利益多元化了，思想也就多元化了。③

信息技术和知识经济强化了人们的独立思考和观念创新的重要性，这也影响着价值观的建设。知识经济的到来，使得人们不断创新，人们也越来越愿意接受新事物。这有利于新文化的形成，但是，也容易出现文化的断裂和碎片化。过去，大家听的是同样的广播，看的是同样的报纸，接受同样的文化教育。现在呢？大家接受的文化都不一样了，有各种亚文化。正因为这样，才得用核心价值观统一大家的思想。④

---

① 周素丽、司文君、王茂磊：“关于推进国家治理体系和治理能力现代化，公众有哪些新期待”，载《国家治理周刊》2019年第37期。

② 贺亚兰主编：《社会主义核心价值观若干重大理论与现实问题》，人民出版社2016年版，第187—188页。

③ 贺亚兰主编：《社会主义核心价值观若干重大理论与现实问题》，人民出版社2016年版，第118页。

④ 贺亚兰主编：《社会主义核心价值观若干重大理论与现实问题》，人民出版社2016年版，第119页。

改革是发展的动力，是实现长期稳定的基础；发展是改革的目的，是稳定最可靠的保证；稳定则是改革、发展的前提条件，也是发展的重要要求。正确处理改革、发展、稳定的关系，就是要坚持把改革的力度、发展的速度和社会可承受的程度统一起来，在社会稳定中推进改革、发展。改革开放以来，我国经济快速发展，社会大局保持长期稳定，成为世界上最有安全感的国家之一。①

（二）我国民主政治建设取得重大发展

我国《宪法》第1条规定，中华人民共和国是工人阶级领导的、以工农联盟为基础的人民民主专政的社会主义国家。社会主义制度是中华人民共和国的根本制度。我国的国体就是工人阶级领导的、以工农联盟为基础的人民民主专政，社会主义制度是我们国家的政体，即根本制度，人民代表大会制度则是我们国家的基本政治制度。这就是我们国家的国家制度、国家体制。这是四万万中国人民在中国共产党的领导下浴血奋战，经过艰苦斗争用生命和鲜血换来的。

党的十八大提出了走中国特色政治发展道路和推进政治体制改革；提出了人民民主是我们党始终高扬的光辉旗帜，我们所实行的民主不是空谈民主，而是具体的人民民主；也提出积极借鉴人类政治文明留下的成果，但绝不照搬西方政治制度模式；还提出坚持党的领导、人民当家做主、依法治国三者的有机统一，以保障人民当家做主为根本，以增强党和国家活力，调动人民积极性为目标；还提出我们的制度分三块：根本制度、基本制度、具体制度。我们的政治体制改革是为了完善我们的根本制度和基本制度，丰富我们的具体制度，而不是推倒重来，照搬西方的“三权分立”、多党制。对于加强民主政治，进行政治体制改革，十八大提出了七个方面要做努力，即支持和保证人民通过人民代表大会行使国家权力；健全社会主义协商民主制度；完善基层民主制度；全面推进依法治国；深化行政体制改革；建立健全权力运行制约和监督体系；巩固发展最广泛的爱国统一战线。②

习近平同志指出：“做好各方面工作，必须有一个良好政治生态。政治生态污浊，从政环境就恶劣；政治生态清明，从政环境就优良。”营造风清气正的良好政治生态，是我们党团结带领全国各族人民进行伟大斗争、建设伟大工

① 周素丽、司文君、王茂磊：“关于推进国家治理体系和治理能力现代化，公众有哪些新期待”，载《国家治理周刊》，2019年第37期。

② 贺亚兰主编：《社会主义核心价值观若干重大理论与现实问题》，人民出版社2016年版，第44页。

程、推进伟大事业、实现伟大梦想的必然要求。①

党的十八大以来，党中央把严肃党内政治生活、净化党内政治生态摆在更加突出的位置来抓，坚持全面从严治党，大力整治形式主义、官僚主义、享乐主义和奢靡之风，深入推进党风廉政建设和反腐败斗争。良好党风带动了政风、民风的改善，人民群众对党和政府更加信任和拥护。我们要清醒地认识到，国家治理体系和治理能力现代化的健康发展离不开风清气正的良好政治生态，解决党内政治生活、政治生态中出现的问题绝非一朝一夕之功，全面从严治党永远在路上，党风廉政建设和反腐败斗争形势依然严峻复杂，我们要锲而不舍把这项党的建设基础工程抓紧抓实抓好。②

人民民主是社会主义的生命。中国有句老话是“凡事好商量”。尤其在现代社会生存方式多样化、多元化、多变化的情况下，更需要平等协商，不仅我们党和民主党派、社会团体要协商，政府和老百姓也要协商，学会让步，学会妥协，学会交换，不能以上压下、以官压民、以多压少，丰富民主实现形式，有利于实现最广泛最真实的民主。③ 坚持四个公开，就是党务公开、政务公开、司法公开、各领域办事公开。还有新的四个监督：党内监督、民主监督、法律监督、舆论监督。让权力在阳光下运行，才能保证群众利益。坚持群众路线首先要有很强的民主意识。共产党的执政基础是民心、民生、民意，得民心者得天下，要得民心就要搞好民生。十八届三中全会特别强调理顺三个关系首先是理顺政府和市场的关系，减少政府对企业的干预，减少不必要的审批。其次是理顺政府和社会关系，原来我们政府管了好多事，有时候还难以让大家满意，今后更多的还是要通过社会组织去做。最后是理顺中央和地方的关系，中央政府管宏观调控，地方政府管公共服务、市场监管、社会管理、环境保护。④

（三）我国社会主义法治体系初步形成

2011 年伊始，吴邦国同志宣布：中国特色社会主义法律体系已经形成。这是庄严的宣告，中国已在根本上实现从无法可依到有法可依的历史性转变，各项事业发展步入法制化轨道。这是郑重的宣示，中国坚定不移实施“依法治

---

① 周素丽、司文君、王茂磊：“关于推进国家治理体系和治理能力现代化，公众有哪些新期待”，载《国家治理周刊》2019 年第 37 期。

② 周素丽、司文君、王茂磊：“关于推进国家治理体系和治理能力现代化，公众有哪些新期待”，载《国家治理周刊》2019 年第 37 期。

③ 贺亚兰主编：《社会主义核心价值观若干重大理论与现实问题》，人民出版社 2016 年版，第 175 页。

④ 贺亚兰主编：“社会主义核心价值观若干重大理论与现实问题”人民出版社 2016 年版，第 176—177 页。

国”基本方略，建设社会主义法治国家。数十年不懈求索，实现历史性跨越。从“无”到“有”，中国共产党领导亿万人民不懈奋斗，如期实现“形成中国特色社会主义法律体系”的宏伟目标。

中国特色社会主义法律体系的形成，是我国社会主义民主法制建设史上的重要里程碑，法律体系的形成使“依法治国”基本要求中的有法可依进一步得到了落实。中国特色社会主义法律体系是在中国共产党领导下，适应中国特色社会主义建设事业的历史进程而逐步形成的。

中华人民共和国成立初期面临着组建和巩固新生政权、恢复和发展国民经济、实现和保障人民当家做主的艰巨任务。根据政权建设的需要，从1949年到1954年第一届全国人民代表大会召开前，中国颁布实施了具有临时宪法性质的《中国人民政治协商会议共同纲领》，制定了中央人民政府组织法、工会法、婚姻法、土地改革法、人民法院暂行组织条例、最高人民检察署暂行组织条例、惩治反革命条例、妨害国家货币治罪暂行条例、惩治贪污条例、全国人民代表大会和地方各级人民代表大会选举法以及有关地方各级人民政府和司法机关的组织、民族区域自治和公私企业管理、劳动保护等一系列法律、法令，开启了中华人民共和国民主法制建设的历史进程。中国特色社会主义法律体系，是以宪法为统帅，以法律为主干，以行政法规、地方性法规为重要组成部分，由宪法相关法、民商法、行政法、经济法、社会法、刑法、诉讼与非诉讼程序法等多个法律部门组成的有机统一整体。

2014年11月，中国共产党十八届四中全会召开。此次全会吸引了全世界的目光，中国共产党执政65年来，第一次将“依法治国”作为中央全会的主题。回首这65年，中国共产党的治国理念经历了艰难曲折的探索历程。毛泽东时代，整个国家的治理深深地烙上了个人和时代的印记。邓小平时代，中国共产党汲取“文化大革命”的惨痛教训，从强调法制（rule by law），又从法制走向法治（rule of law），逐渐形成了“有法可依、有法必依、执法必严、违法必究”十六字方针。习近平时代，推进国家治理体系与治理能力现代化成为全面深化改革的总目标，依法治国理念得到进一步深化，从以法而治，走向良法善治。①

任何人无权行私情，不能用家法代表国法。人人都按照法律的要求去行事，要把法律变成一种信仰，逐渐内化于心。正如西方人所讲，没有信仰的支持，法律体系毫无意义。现在，中央提出来建设法治中国，而且法治中国是一体化建设，对于怎么培育法治社会、建设法治政府、建设法治国家，中央很快会有

---

① 熊玠：“习近平时代：中国从以法而治走向良法善治－法律成为信仰”，载《学习时报》2016年7月4日。

很多新的举措提出来。这有助于我们建成一个真正意义上的法治社会。①

党的十八届四中全会专题研究全面依法治国问题，作出了我们党历史上第一个关于加强法治建设的专门决定。全面依法治国总目标是建设中国特色社会主义法治体系，建设社会主义法治国家。习近平同志强调，这个总目标既明确了全面推进依法治国的性质和方向，又突出了全面推进依法治国的工作重点和总抓手，对全面推进依法治国具有纲举目张的意义。②

（四）我国社会主义道德体系建设的需要

改革开放40多年来，经济发展了，物质基础增强了。但是，“突破道德底线、丧失道德良知的现象”时有发生。冲击着我们社会道德底线，严重偏离了主流的社会价值取向。譬如彭宇案、药家鑫案、许霆案等比较典型的案件。这些案件的背后折射出许多问题，体现着我们的普通公民在道德修养和人性建设方面还有缺乏。例如，根据《民事诉讼法》的规定意旨，“如果被扶者不能证明扶人者将其推倒，扶人者就不应承担任何责任”。2017 年 10 月 1 日正式施行的《民法总则》第 184 条体现了国法对“见义勇为”的基本态度——“因自愿实施紧急救助行为造成受助人损害的，救助人不承担民事责任”。此外，中国许多省市近年来相继出台了“奖励和保护见义勇为人员条例”或相关实施细则。以上这些法律规范无一例外表明，救助行为不能成为侵权的证据，我们的法律始终站在良法善治的立场上，坚守道义，服务人民。③

“长此下去，会带来人性的‘坍塌’。中华民族要有未来，必须要强化核心价值观的锻造和建设，加强精神文明的建设。”2006 年 3 月，我党提出了“八荣八耻”的社会主义荣辱观。2006 年 10 月，党的十六届六中全会第一次明确提出了“建设社会主义核心价值体系”的重大命题和战略任务，明确提出了社会主义核心价值体系的内容，并指出社会主义核心价值观是社会主义核心价值体系的内核。2007 年 10 月，党的十七大进一步指出了“社会主义核心价值体系是社会主义意识形态的本质体现”。2011 年 10 月，党的十七届六中全会强调，社会主义核心价值体系是“兴国之魂”，建设社会主义核心价值体系是推动文化大发展大繁荣的根本任务。2012 年 11 月，中共十八大报告明确提出

---

① 贺亚兰主编：《社会主义核心价值观若干重大理论与现实问题》，人民出版社 2016 年版，第 7 页。

② 温红彦等：“法治中国，走向更美好的明天——党的十八大以来我国全面推进依法治国综述”，载《人民日报》2017 年 8 月 18 日。

③ 冯玉军：“把社会主义核心价值观融入法治建设的要义和途径”，载《当代世界与社会主义（双月刊）》2017 年第 4 期。

“三个倡导”，即“倡导富强、民主、文明、和谐，倡导自由、平等、公正、法治，倡导爱国、敬业、诚信、友善，积极培育社会主义核心价值观”，这是对社会主义核心价值观的最新概括。2013 年 12 月，中共中央办公厅印发《关于培育和践行社会主义核心价值观的意见》，明确提出，以“三个倡导”为基本内容的社会主义核心价值观，与中国特色社会主义发展要求相契合，与中华优秀传统文化和人类文明优秀成果相承接，是我们党凝聚全党全社会价值共识作出的重要论断。

在道德层面的东西和现象仅仅依靠道德手段和机制无法解决，必须依靠法治力量、法律手段去解决、去引导，也就是运用法治手段才能解决道德层面解决不了的事情和问题，用道德层面的思想和理念来维护法律的权威，“法治体现道德理念、强化法律对道德建设的促进作用”。就要让物质文明和精神文明同步发展，要让我们社会的公德、社会的秩序、社会的建设也能够得以进行。因此，必须强化社会主义核心价值观融入法治建设的制度安排。2016 年 10 月 11 日，中央全面深化改革领导小组第二十八次会议审议通过《关于进一步把社会主义核心价值观融入法治建设的指导意见》，2016 年 12 月，中共中央办公厅、国务院办公厅印发了这个意见，并发出通知，要求各地区各部门结合实际认真贯彻落实。

道德建设既要靠教育倡导，也要靠有效治理。要综合施策、标本兼治，运用经济、法律、技术、行政和社会管理、舆论监督等各种手段，有力惩治失德败德、突破道德底线的行为。要组织开展道德领域突出问题专项治理，不断净化社会文化环境。针对污蔑诋毁英雄、伤害民族感情的恶劣言行，特别是对于损害国家尊严、出卖国家利益的媚外分子，要依法依规严肃惩戒，发挥警示教育作用。针对食品药品安全、产品质量安全、生态环境、社会服务、公共秩序等领域群众反映强烈的突出问题，要逐一进行整治，让败德违法者受到惩治、付出代价。建立惩戒失德行为常态化机制，形成扶正祛邪、惩恶扬善的社会风气。①

坚持以社会主义核心价值观为引领，将国家、社会、个人层面的价值要求贯穿到道德建设各方面，以主流价值建构道德规范、强化道德认同、指引道德实践，引导人们明大德、守公德、严私德。坚持马克思主义道德观、社会主义道德观，倡导共产主义道德，以为人民服务为核心，以集体主义为原则，以爱祖国、爱人民、爱劳动、爱科学、爱社会主义为基本要求，始终保持公民道德建设的社会主义方向。坚持在继承传统中创新发展，自觉传承中华传统美德，

① 中共中央、国务院印发《新时代公民道德建设实施纲要》。

继承我们党领导人民在长期实践中形成的优良传统和革命道德，适应新时代改革开放和社会主义市场经济发展要求，积极推动创造性转化、创新性发展，不断增强道德建设的时代性、实效性。坚持提升道德认知与推动道德实践相结合，尊重人民群众的主体地位，激发人们形成善良的道德意愿、道德情感，培育正确的道德判断和道德责任，提高道德实践能力尤其是自觉实践能力，引导人们向往和追求讲道德、尊道德、守道德的生活。坚持发挥社会主义法治的促进和保障作用，以法治承载道德理念、鲜明道德导向、弘扬美德义行，把社会主义道德要求体现到立法、执法、司法、守法之中，以法治的力量引导人们向上向善。①

（五）我国民族话语权体系建设的需要

随着我国成为世界第二大经济体，我国在发展过程中跟很多国家互利共赢的同时，还跟很多国家产生了一些竞争关系。在经济发展中跟别人发生利益冲突的时候，往往会出现价值观上的冲突。② 尤其是“一带一路”建设方案的提出和实施，不同国家不同民族不同语言的碰撞和接触，更需要通过核心价值观的彰显来提升我国在对外经济社会交往中中华民族的话语权，从而必须加强我国民族话语权体系建设。

与我们的经济影响力相比，我们的文化影响力尚显不足，其中一个重要的障碍就是，我们的文化传统和政治运作方式所积累和形成的特殊的话语方式，使我们的文化和观念传播的效果不强。在一定程度上，这种话语方式已经脱离了现实社会生活，与老百姓的日常表达相去甚远，往往以比较微妙的语言表达经济利益、政治权利的博弈，以比较迂回曲折的表达新的或不同的利益和政治诉求。③ 更重要的是，我们似乎习惯了自说自话的话语方式，往往难以让这种语境之外的外国人理解，尤其是刚接触中国表达方式的外国人往往对我们的许多套话感到丈二和尚摸不着头脑。我们的话语方式必须跟上时代的步伐，因为社会变化必然引起话语方式的变化。正如毛泽东指出的：“经济有变化，反映经济之政教亦将有变化，文事亦将有变化。一成不变之事，将不可能。”④ 现在，在经济全球化和中国重新回到世界舞台的中心地带的大背景下，中国改革

① 中共中央、国务院印发《新时代公民道德建设实施纲要》。

② 贺亚兰主编：《社会主义核心价值观若干重大理论与现实问题》，人民出版社 2016 年版，第 10 页。

③ 韩震：《社会主义核心价值观新论——引领社会文明前行的精神指南》，中国人民大学出版社 2014 年版，第 10 页。

④ 中共中央宣传部、中共中央文献研究室：《论文化建设一重要论述摘编》，学习出版社、中央文献出版社 2012 年版，第 96 页。

开放进入深水区，进入攻坚克难的新阶段，也需要进行一次新的思想解放运动和话语方式的新变革。①

习近平同志在第十八届中共中央政治局第十二次集体学习时强调：要以理服人，以文服人，以德服人，提高对外文化交流水平，完善人文交流机制，创新人文交流方式，综合运用大众传播、群体传播、人际传播等多种方式展示中华文化魅力。

推动中国话语体系强起来，也是中国不断为人类作出更大贡献的内在要求。习近平同志在中国国际友好大会暨中国人民对外友好协会成立60周年纪念活动上的讲话指出：传播好中国声音，讲好中国故事，向世界展现一个真实的中国、立体的中国、全面的中国。中国改革开放以来的发展拓展了发展中国家走向现代化的途径，给世界上那些既希望加快发展又希望保持自身独立性的国家和民族提供了全新选择，为解决人类问题贡献了中国智慧和中国方案。当前，世界正处于百年未有之大变局中，中国正在发挥着世界和平建设者、全球发展贡献者、国际秩序维护者的重要作用。让世界知道"学术中的中国""理论中的中国""哲学社会科学中的中国"，让世界了解中国智慧和中国方案，有利于推动世界更好发展。要坚持以马克思主义为指导，努力增强文化自觉和理论自觉，在研究中体现中国特色、中国风格、中国气派。要用深邃的历史眼光、宽广的国际视野把握事物发展的本质和内在联系，紧密跟踪亿万人民的创造性实践，吸收借鉴人类一切优秀文明成果，不断回答时代和实践提出的新的重大课题。要立足我国改革发展实践，在改革开放历程中挖掘新材料、发现新问题、提出新观点、构建新理论，着力提升学术原创能力和水平，提炼标识性学术概念，塑造完善核心价值观，打造具有中国特色和国际视野的话语体系。②

"从我国2006年与1978年的经济数据来看，较之于1978年，2006年的国内生产总值增长了12倍，进出口贸易总额增长了85倍。1978年，我国的外汇储备少得可怜，那个时候，我第一次去美国，想办法弄点外汇，很困难。那时候的问题是没有外汇，现在我们的问题是外汇太多了。联合国说，全球脱贫所取得的成就中，约67%的成就应归功于中国。我国30多年改革开放所取得的这些成就证明：我们的路，走对了；我们的事，做对了。可是，我们在文化上，在价值观上没有获得同样的话语权，老是处在被告的位置上，被别人批来批去。原因在哪儿？就是我们在价值观操作上出了问题，我们没有像西方那样重视价

① 韩震著：社会主义核心价值观新论——引领社会文明前行的精神指南，中国人民大学出版社2014年版，第11页。

② 洪晓楠："推动中国话语体系强起来"，载《人民日报》2019年8月14日。

值观的研究和传播。"①

我国改革开放跟整个世界的全球化进程，基本上是一个进程。20 世纪 70 年代末我国开始改革，20 世纪 80 年代末 90 年代初"冷战"终结。"冷战"结束前，不光是我国关着国门，整个世界相互之间也没有多少联系。"冷战"结束以后，整个世界突然之间进入了全球化进程。经济全球化背后的价值观不仅影响了一国的文化本身，也影响到了经济和综合国力。在各种文化相互激荡中，不同的价值观都在争取人心，尤其是争取年轻人。②

目前，世界经济全球化程度在不断加深加剧。全球化表现在多方面，不仅仅是经济的全球化，外国的公司到中国来办分支机构，中国企业在全球之间的联系达到了前所未有的状态，并日益加深。不同国家、不同民族之间的思想文化交流交往，其频繁程度、深刻程度也是前所未有的。随着全球化程度的加剧加深，给我们全体社会成员的思想观念，对整个社会的思想文化建设和核心价值观建设，带来了直接的影响。不同群体的人们以不同的方式，直接或间接参与中外经济交流、文化交流、科技交流、教育交流，所有这些交流的本质都是思想文化的交流，都是价值观的交融。所以我们说在全球化背景下，不同文明、不同思想观念、价值观念，乃至不同生活方式的交流交往，是前所未有的，别的国家、制度、民族的思想观念、生活方式、价值观念对中国人、对中国社会的影响渗透也是前所未有的。③ 因此，我们必须建立起属于自己的价值观体系，唯有这样，才能在全球化过程中立于不败之地。

（六）我国文化软实力建设的需要

党的十九届四中全会提出，坚持和完善繁荣发展社会主义先进文化的制度，巩固全体人民团结奋斗的共同思想基础。发展社会主义先进文化、广泛凝聚人民精神力量，是国家治理体系和治理能力现代化的深厚支撑。必须坚定文化自信，牢牢把握社会主义先进文化前进方向，激发全民族文化创造活力，更好构筑中国精神、中国价值、中国力量。要坚持马克思主义在意识形态领域指导地位的根本制度，坚持以社会主义核心价值观引领文化建设制度，健全人民文化权益保障制度，完善坚持正确导向的舆论引导工作机制，建立健全把社会效益

---

① 贺亚兰主编：《社会主义核心价值观若干重大理论与现实问题》，人民出版社 2016 年版，第 120—121 页。

② 贺亚兰主编：《社会主义核心价值观若干重大理论与现实问题》，人民出版社 2016 年版，第 118 页。

③ 贺亚兰主编：《社会主义核心价值观若干重大理论与现实问题》，人民出版社 2016 年版，第 24—25 页。

放在首位、社会效益和经济效益相统一的文化创作生产体制机制。[①]

“文化”是一个相对于“自然”而言的概念。关于“文化”的定义，可谓仁者见仁，智者见智。可以说，有多少个研究文化的学者就有多少个关于文化的定义。比较经典的定义是美国人类学家泰勒的定义，即“文化是一个复合的整体，其中包括知识、信仰、艺术、道德、法律、风俗以及人作为社会成员而获得的任何其他的能力和习惯。”美国著名人类学家、教育家罗伯特·F. 墨菲通过对人类进化历史进程的研究也认为，“文化是每个社会都具备的知识、技术和社会习俗（practice）的宝库，并且被珍视为自身独具一格的标志。”[②]“文化意指由社会产生并世代相传的全体，亦即指规范、价值及人类行为的准则，它包括每个社会排定世界秩序并使之可理解的独特方式。正如所言，文化是一套生存机制，但文化也给我们提供实在的定义。文化是我们产生的母腹，是我们每个人及其命运经受锻打的铁砧”[③]。

社会主义核心价值体系以民族文化、民族精神为支柱，并不意味着死守传统的一切而不与时俱进。应该看到，不同时代、不同的价值主体所表现出来的价值观各不相同，以一定历史阶段的社会整体为主体，则其价值观具有时代性、社会性；以不同民族为主体，则其价值观又具有民族性。推而广之，个人、集体、阶级、国家等，其价值观亦如此。因此，我们强调继承自己优秀的传统文化，并不意味着照搬、照抄而不对之进行现代创新，对民族传统文化中的优秀价值精神作出理性反思和重塑，对我们现代社会文化精神的发展可以起到重要参考和借鉴作用。[④]

民族文化价值观思想体系中有很多值得我们现代人认真思考和总结的文化精华。我们今天处于古与今、中与西哲学文化大冲突、大融合的时代，研究影响中国社会深远的民族文化、价值哲学问题，可以为构建符合现代中国社会的社会主义核心价值体系提供优秀传统文化的精神资源。综观我们的民族文化与民族精神中关于理想人格与理想社会养成的内容，其中存在着许多健康的、积极的、高尚的道德、价值追求，能够激励人们进行创造性的探索，为人们提供追求崇高理想的精神活力。通过从民族文化、民族精神中汲取精华，古为今用，我们社会主义核心价值体系的构建将可以获得不竭的精神资源。如何构建社会

---

① 摘自《中共中央关于坚持和完善中国特色社会主义制度、推进国家治理体系和治理能力现代化若干重大问题的决定》。

② 罗伯特·F. 墨菲：《文化与社会人类学引论》，商务印书馆 1991 年版，第 9 页。

③ 罗伯特·F. 墨菲：《文化与社会人类学引论》，商务印书馆 1991 年版，第 23—24 页。

④ 章伟文、黄义华、蒋胜英编著：《社会主义核心价值观·关键词——和谐》，中国人民大学出版社 2015 年版，第 32 页。

主义核心价值体系，使每个公民自觉确立起正确的文化价值理念，是时代赋予我们的使命。中华民族传统文化中蕴含着许多优秀的价值理念，对构建社会主义核心价值体系具有重要的意义。①

2014 年 5 月 4 日习近平同志指出，人类发展的历史表明，对一个民族、一个国家来说，最持久、最深层的力量是全社会共同认可的核心价值观。核心价值观承载着一个民族、一个国家的精神追求，体现了一个社会评判是非曲直的价值标准。所以说，大国尤其是强国必定需要真正体现民族和国家利益的核心价值观。② 从经济体量来看，中国的确正在变成世界第二大经济体，但是中国并不是一个超级大国。在当今的中国，一些拜金主义者、追星族等信奉金钱就是上帝，一些人们不再相信任何理想主义的东西。而美国呢？在一些人眼里依然代表着全世界民众向往的普世理想、自由和民主。国家软实力的较量，其实是有信仰的制度体系的较量，也就是有核心价值观的制度体系的较量。从现实来看，核心价值观是文化软实力的灵魂，是一个民族文化独立的根据。美国公开说，用美国的价值观改造世界。都说美国没有口号，美国怎么没有口号？你看，美国教育部门口就写有“不让一个孩子掉队”的口号，这是美国教育法案的名称。更讽刺的是，日本居然也搞价值观外交来干涉我们。安倍不反思历史，安倍就没有资格讲价值观。③ 2013 年 12 月 30 日，习近平同志在政治局第十二次集体学习的时候讲，提高国家文化软实力，要努力展示中华文化独特魅力。在 5000 多年文明发展进程中，中华民族创造了博大精深的灿烂文化，要使中华民族最基本的文化基因与当代文化相适应、与现代社会相协调，以人民喜闻乐见、具有广泛参与性的方式推广开来，把跨越时空、超越国度、富有永恒魅力、具有当代价值的文化精神弘扬起来。④ 也就是说，要把我们的核心价值观融到我们的制度体系中去，让我们的制度体系成为有信仰的制度体系，有价值观支撑的制度体系，充分发挥我国的制度优势，推动我国经济社会的发展，提升我们伟大祖国的软实力。

---

① 章伟文、黄义华、蒋胜英编著：《社会主义核心价值观 · 关键词——和谐》，中国人民大学出版社 2015 年版，第 32—33 页。

② 贺亚兰主编：《社会主义核心价值观若干重大理论与现实问题》，人民出版社 2016 年版，第 13 页。

③ 贺亚兰主编：《社会主义核心价值观若干重大理论与现实问题》，人民出版社 2016 年版，第 124 页。

④ 贺亚兰主编：《社会主义核心价值观若干重大理论与现实问题》，人民出版社 2016 年版，第 14 页。

（七）我国和谐社会建设的需要

“和谐”是基于中国文化传统的价值理念。在文明社会中，制度文明是其核心的因素之一。制度本质上是为人服务的，制度的确立体现的是人的价值观念。中国历代思想家对于社会制度的建构十分重视，而且他们大都以“和谐”理念作为其制度创设的指导思想或价值追求。①

从世界历史发展的规律来看，构建具有强大感召力的核心价值观，关系社会的和谐稳定，国家的长治久安，它是推进国家经济发展与社会稳定的内在的必然要求。构建社会主义和谐社会是我国社会主义经济体制转轨的必然要求、我国全面建设小康社会的必然要求、减缓缩小我国两极分化现状的必然要求、中国共产党完成使命的必然要求、总结国际社会经验教训的必然要求、应对国际环境各种挑战和风险的必然要求。②

中国共产党自成立之日起，就以马克思主义为指导，坚持把马克思主义的社会和谐思想与中国革命、建设的实际相结合，推进马克思主义社会和谐思想的中国化，为实现社会和谐而奋斗。早在民主革命时期，中国共产党就把实现社会主义和共产主义作为新民主主义革命的前途。在革命实践中，通过以斗争求团结等策略方针渗透社会和谐思想，在多维路径中探索社会和谐的构想，并提出了初步的设想。中华人民共和国成立初期，百废待兴，中国社会处于由新民主主义社会向社会主义社会转变的历史时期。在这一过渡时期，中国共产党为实现社会和谐进行了一系列艰辛开拓，为顺利过渡到社会主义社会奠定了基础。在社会主义建设时期，解决经济建设中的矛盾问题，为社会和谐奠定解决基础。③

改革开放以来，以邓小平、江泽民、胡锦涛等同志为代表的中国共产党人，继续把马克思列宁主义、毛泽东思想关于社会和谐的思想与中国改革开放的实际相结合，逐步提出构建社会主义和谐社会的战略思想。邓小平同志没有直接提出和谐社会的概念，但在其理论体系中，体现了协调区域发展和协调人民利益关系的思想，开创了建设和谐社会的新局面。以江泽民同志为代表的中国共产党人继承了邓小平同志关于区域协调发展和城乡协调发展的思想，并在此基

① 章伟文、黄义华、蒋胜英编著：《社会主义核心价值观·关键词——和谐》，中国人民大学出版社2015年版，第51—73页。

② 贾华强、马志刚、方栓喜编著：《构建社会主义和谐社会》，中国发展出版社2005年版，第1—20页。

③ 管向群主编：《社会主义核心价值观丛书——和谐》，江苏人民出版社2015年版，第157—162页。

础上发展了关于社会和谐的思想。党的十六大以来，以胡锦涛同志为代表的中国共产党人提出的以人为本、全面协调可持续的科学发展观紧紧围绕这个主题，继承了马列主义、毛泽东思想、邓小平和江泽民关于社会和谐的思想，并在此基础上进行创新，形成了科学发展观。十六届四中全会又把和谐发展扩大到社会和谐，提出了构建和谐社会的任务，使构建和谐社会成为一个涉及社会生活各个方面的系统工程。①

"和谐"是体现社会立义特征的价值理念，只有社会主义才能真正为社会的广泛"和谐"提供保障。社会主义倡导人民民主，这为社会"和谐"奠定了制度基础。社会主义社会首先是人民民主专政的社会。在人民民主专政的社会主义社会，人民当家做主，成为社会的主人。因此，在社会主义社会，才可能真正建设和谐社会。在此基础上，我们说，和谐是体现社会主义特征的价值理念。社会主义"法治"为社会"和谐"提供了切实保障。在健全社会主义民主的同时，我们也要在全社会大力培养、倡导法治观念。因为和谐社会一定是依照某种良好的规则有序运行的社会，而不是无政府的社会，更不是无序、混乱的社会。我们用什么来保证社会的有序运转呢？这离不开"法治"，法治保证社会的有序运转，同时也就保证了社会的和谐发展。实行依法治国，就是使国家各项工作逐步走上法制化和规范化的轨道。在和谐社会中，并不是不存在各种社会矛盾，而是各种社会矛盾能够获得及时解决，不至于演变为暴力冲突。要及时解决各种社会矛盾，当然离不开发扬社会主义民主。同时，更要通过依法行事，使社会矛盾和冲突及时得到处理，这样就可以使不和谐归于和谐。因此，法治是维护社会和谐的重要手段。当然，"法治"离不开各项法律、规章制度，通过依法办事，公民就能够有法可依，社会就能得到治理，社会就有了和谐的基础。②

"和谐"是重要的社会人文价值规范。中国传统文化对于人怎样生存、生活才是合理而有价值的进行过颇多思考。从先秦以孔、孟、荀为代表的儒家学派开始，历朝历代的思想家皆对之做过深入探究。从哲学上说，人们总是不断按照价值的目标去争取乃至实现、创造自身和社会的价值，中国传统文化一般以"和谐"作为个体价值目标的一个重要标准，在讨论个体的价值取向时，总

① 管向群主编：《社会主义核心价值观丛书——和谐》，江苏人民出版社 2015 年版，第 163—170 页。

② 章伟文、黄义华、蒋胜英编著：《社会主义核心价值观 · 关键词——和谐》，中国人民大学出版社 2015 年版，第 97—101 页。

是离不开“和谐”。①

构建社会主义和谐社会，是我们党在全面建成小康社会的过程中，在开创中国特色社会主义事业新局面下提出的一项重大战略任务，它适应了我国改革和发展的客观要求，从邓小平、江泽民到胡锦涛，中国共产党人对社会主义和谐社会的建设进行了积极的探索，他们在探索发展中国特色社会主义事业的过程中，既继承前人探索成果，又在新基础上创新，不断丰富和完善了建设社会主义和谐社会的战略思想。②

中国共产党作为执政党，之所以要提出构建社会主义和谐社会的问题，从根本上说，是由我们党今天所承担的历史任务决定的。在成为执政党之前，我们党承担的主要任务是，以建立没有阶级压迫、阶级剥削和阶级差别的和谐的社会主义和共产主义社会为目标，领导人民推翻帝国主义、封建主义、官僚买办资本主义的反动统治。③ 党的工作主要是解决敌我矛盾，通过阶级斗争建立人民民主专政，为创建和谐的新社会提供政治条件。在成为执政党以后，我们党承担的主要任务是领导人民把理想的奋斗目标分阶段地变为现实：第一步就是通过社会主义改造和社会主义建设，建立没有阶级压迫和阶级剥削的社会主义制度即社会主义和谐社会；第二步则是进一步以经济建设为中心，巩固和发展社会主义，为建设不断缩小阶级差别和其他社会差别、不断满足人民群众日益增长的物质文化需要的、更加和谐的社会主义社会而奋斗。因此，党要通过发展经济、健全民主法制和加强精神文明建设来协调关系、化解矛盾、统筹兼顾、整合社会，努力形成全体人民各尽其能、各得其所而又和谐相处的社会氛围。④

十六届四中全会强调：“形成全体人民各尽其能、各得其所而又和谐相处的社会，是巩固党执政的社会基础、实现党执政的历史任务的必然要求。”“和谐”是社会主义社会的一个属性。我们有一个明确的任务，这就是十六大报告所提出的：“社会更加和谐”。也就是说，构建社会主义和谐社会，从当前来讲，就是要贯彻落实十六大和十六届三中全会、四中全会的精神，努力形成全体公民各尽其能、各得其所而又和谐相处的局面，在经济更加发展、民主更加

---

① 章伟文、黄义华、蒋胜英编著：《社会主义核心价值观·关键词——和谐》，中国人民大学出版社 2015 年版，第 85 页。

② 管向群主编：《社会主义核心价值观丛书——和谐》，江苏人民出版社 2015 年版，第 172 页。

③ 贾华强、马志刚、方栓喜编著：《构建社会主义和谐社会》，中国发展出版社 2005 年版，第 1 页。

④ 贾华强、马志刚、方栓喜编著：《构建社会主义和谐社会》，中国发展出版社 2005 年版，第 2 页。

健全、科教更加进步、文化更加繁荣、人民生活更加殷实的同时，使社会更加和谐，全面建设小康社会。①

和谐社会是民主法治的社会、和谐社会是公平正义的社会、和谐社会是诚信友爱的社会、和谐社会是充满活力的社会、和谐社会是安定有序的社会、和谐社会是人与自然和谐相处的社会。构建社会主义和谐社会，既要使社会充满生机和活力，又要保持社会的稳定团结。既要信任和依靠在解放生产力、发展生产力过程中具有积极性、创造性和主动性的、能够带头致富的社会群众，又要救济和帮助社会中那些困难的和弱势的群体。既要把解决公平的问题提到重要地位，又要清醒地认识到分配的公平归根到底取决于生产的发展及其效率，认识到在社会主义社会特别是在社会主义初级阶段，我们能够达到的公平只能是有限的和相对的公平。既要正视矛盾、不回避矛盾，又要善于缓和矛盾、化解矛盾。总之，构建社会主义和谐社会是一个新的重大课题，也是一个需要我们进行深入理论创新才能做好的大课题，我们要进一步坚持党的解放思想、实事求是、与时俱进的思想路线，在实践中探索、探索、再探索。②

社会主义和谐社会构建重大战略任务的提出，显然不是什么人一时的心血来潮，而是有着深刻的社会历史背景和时代要求的。也就是说，在新时期提出构建社会主义和谐社会这一重大命题具有十分重要的现实意义。③ 2012 年 11 月 29 日，习近平同志在国家博物馆参观《复兴之路》过程中发表的重要讲话中指出，《复兴之路》这个展览，回顾了中华民族的昨天，展示了中华民族的今天，宣示了中华民族的明天，给人以深刻教育和启示。他认为，实现国家富强、民族振兴、人民幸福是中华民族近代以来最伟大的梦想，实现这个中华民族伟大复兴的中国梦，凝聚了几代中国人的夙愿，体现了中华民族和中国人民的整体利益，是每一个中华儿女的共同期盼。历史告诉我们，每个人的前途命运都与国家和民族的前途命运紧密相连。国家好，民族好，大家才会好。实现中华民族伟大复兴是一项光荣而艰巨的事业，需要一代又一代中国人共同为之努力。中国梦归根到底是人民的梦，必须紧紧依靠人民来实现，必须不断为人民造福。④

诚信是社会和谐的基石和重要特征。要继承发扬中华民族重信守诺的传统

---

① 贾华强、马志刚、方栓喜编著：《构建社会主义和谐社会》，中国发展出版社 2005 年版，第 7—8 页。

② 贾华强、马志刚、方栓喜编著：《构建社会主义和谐社会》，中国发展出版社 2005 年版，第 8—10 页。

③ 管向群主编：《社会主义核心价值观丛书——和谐》，江苏人民出版社 2015 年版，第 252 页。

④ 管向群主编：《社会主义核心价值观丛书——和谐》，江苏人民出版社 2015 年版，第 256 页。

美德，弘扬与社会主义市场经济相适应的诚信理念、诚信文化、契约精神，推动各行业各领域制定诚信公约，加快个人诚信、政务诚信、商务诚信、社会诚信和司法公信建设，构建覆盖全社会的征信体系，健全守信联合激励和失信联合惩戒机制，开展诚信缺失突出问题专项治理，提高全社会诚信水平。重视学术、科研诚信建设，严肃查处违背学术科研诚信要求的行为。深入开展“诚信建设万里行”“诚信兴商宣传月”等活动，评选发布“诚信之星”，宣传推介诚信先进集体，激励人们更好地讲诚实、守信用。①

（八）我国“四个全面”战略布局的需要

党的十九届四中全会提出，要继续统筹推进“五位一体”总体布局和协调推进“四个全面”战略布局，团结带领全党全国各族人民攻坚克难、砥砺前行。②

中国特色社会主义伟大事业，实现中华民族伟大复兴的中国梦的美好目标，都急需我们全党全社会高度重视，大力培育和践行社会主义核心价值观。党的十八大提出了我们现在推进中国特色社会主义伟大事业，要加强五个建设，即中国特色社会主义的经济建设、政治建设、文化建设、社会建设、生态文明建设。通过这五大建设来实现“两个一百年”的奋斗目标，也就是在中国共产党成立一百年时，实现全面建成小康社会的目标；到新中国成立一百年时，建成富强民主文明和谐的社会主义现代化国家。这是近代以来无数仁人志士一直追求的梦想。③

在“五位一体”建设提出的基础上，2014 年 12 月，习近平同志在江苏调研时正式提出了“四个全面”，即要协调推进全面建成小康社会、全面深化改革、全面推进依法治国、全面从严治党，推动改革开放和社会主义现代化建设迈上新台阶。这四个战略布局，蕴含了深刻的战略思想。将全面建成小康社会定位为实现中华民族伟大复兴中国梦的关键一步；将全面深化改革的总目标确定为完善和发展中国特色社会主义制度、推进国家治理体系和治理能力现代化；将全面依法治国论述为全面深化改革的抓手、定海神针和助推器；第一次为全面从严治党标定路径，要求增强从严治党的系统性、预见性、创造性、实效

① 中共中央、国务院印发《新时代公民道德建设实施纲要》。

② 摘自《中共中央关于坚持和完善中国特色社会主义制度、推进国家治理体系和治理能力现代化若干重大问题的决定》。

③ 贺亚兰主编：《社会主义核心价值观若干重大理论与现实问题》，人民出版社 2016 年版，第 25—26 页。

性。[①]“四个全面”战略布局是对我们党治国理政实践经验的科学总结和丰富发展，集中体现了时代和实践发展对党和国家工作的新要求，确立了续写中国特色社会主义新篇章的行动纲领。[②]

（九）国家治理体系和治理能力现代化的需要

党的十九届四中全会提出，中国特色社会主义制度和国家治理体系是以马克思主义为指导、植根中国大地、具有深厚中华文化根基、深得人民拥护的制度和治理体系，是具有强大生命力和巨大优越性的制度和治理体系，是能够持续推动拥有近十四亿人口大国进步和发展、确保拥有五千多年文明史的中华民族实现“两个一百年”奋斗目标进而实现伟大复兴的制度和治理体系。[③]在中国共产党的坚强领导下，新中国社会各领域变革持续推进，全面改革开放方度持续加大，在推进国家治理体系和治理能力现代化上成效显著，走出了治理现代化的中国道路，实现了中国经济的持续健康发展，维护了社会的长治久安，带领人民朝着美好生活奋斗前行。[④]

党的十八届三中全会指出“全面深化改革的总目标是完善和发展中国特色社会主义制度，推进国家治理体系和治理能力现代化”[⑤]。国家治理体系，是指在党领导下管理国家的制度体系，包括经济、政治、文化、社会、生态文明和党的建设等各领域的体制、机制和法律法规安排，也就是一整套紧密相连、相互协调的国家制度；国家治理能力则是运用国家制度管理社会各方面事务的能力，包括改革发展稳定、内政外交国防、治党治国治军等各个方面的能力。不断推进国家治理体系和治理能力现代化，是不断满足人民日益增长的美好生活需要的内在要求，是建成富强民主文明和谐美丽的社会主义现代化强国的应有之义。[⑥]

---

① “人民日报首次权威定义习近平‘四个全面’”，凤凰网，2015－02－25。

② 黄坤明：“深刻理解‘四个全面’的重要意义”，新华网，2015－07－01。

③ 摘自《中共中央关于坚持和完善中国特色社会主义制度、推进国家治理体系和治理能力现代化若干重大问题的决定》。

④ 周素丽、司文君、王茂磊：“关于推进国家治理体系和治理能力现代化，公众有哪些新期待”，载《国家治理周刊》2019年第37期。

⑤ 《中共中央关于全面深化改革若干重大问题的决定》指出：全面深化改革的总目标是完善和发展中国特色社会主义制度，推进国家治体系和治理能力现代化。必须更加注重改革的系统性、整体性、协同性，加快发展社会主义市场经济、民主政治、先进文化、和谐社会、生态文明，让一切劳动、知识、技术、管理、资本的活力竞相迸发，让一切创造社会财富的源泉充分涌流，让发展成果更多更公平惠及全体人民。

⑥ 周素丽、司文君、王茂磊：“关于推进国家治理体系和治理能力现代化，公众有哪些新期待”，载《国家治理周刊》2019年第37期。

2014年2月24日，习近平同志在中共中央政治局第十三次集体学习时强调，一个国家的文化软实力，从根本上说，取决于其核心价值观的生命力、凝聚力、感召力。培育和弘扬核心价值观，有效整合社会意识，是社会系统得以正常运转、社会秩序得以有效维护的重要途径，也是国家治理体系和治理能力的重要方面。

党的十九届四中全会提出，坚持和完善中国特色社会主义制度、推进国家治理体系和治理能力现代化的总体目标是，到我们党成立一百年时，在各方面制度更加成熟更加定型上取得明显成效；到二〇三五年，各方面制度更加完善，基本实现国家治理体系和治理能力现代化；到新中国成立一百年时，全面实现国家治理体系和治理能力现代化，使中国特色社会主义制度更加巩固、优越性充分展现。①

推进国家治理体系和治理能力现代化，迫切需要加强社会主义核心价值观建设。全面深化改革，完善和发展中国特色社会主义制度，推进国家治理体系和治理能力现代化，必须解决好价值体系问题，加快构建充分反映中国特色、民族特性、时代特征的价值体系，在全社会大力培育和弘扬社会主义核心价值观，提高整合社会思想文化和价值观念的能力，掌握价值观念领域的主动权、主导权、话语权，引导人们坚定不移地走中国道路。②

推进国家治理体系和治理能力现代化，必须毫不动摇推进党的建设新的伟大工程，把党建设得更加坚强有力；必须不断改善党的领导，让党的领导更加适应实践、时代、人民的要求；必须建立健全坚持和加强党的全面领导的制度体系，理顺党的组织同人大、政府、政协等其他组织的关系，不断增强党的政治领导力、思想引领力、群众组织力、社会号召力；深化党和国家机构改革，推动各类机构、各种职能相互衔接、相互融合，推动党和国家各项工作协调、高效运行，更好推动中国特色社会主义现代化事业的发展，不断满足人民群众的新期待。③

在中国特色社会主义制度框架下，构建一套现代化的国家治理体系、提高执政本领和治理能力是新时代治国理政的必然要求。国家治理体系和治理能力是国家制度和制度执行能力的集中体现，二者相辅相成，单靠哪一个治理国家

---

① 摘自《中共中央关于坚持和完善中国特色社会主义制度、推进国家治理体系和治理能力现代化若干重大问题的决定》。

② 郝青杰、杨志芳：《社会主义核心价值观导论——价值理想：自由平等公正法治》，安徽人民出版社2013年版，第10页。

③ 周素丽、司文君、王茂磊：“关于推进国家治理体系和治理能力现代化，公众有哪些新期待”，载《国家治理周刊》2019年第37期。

都不行。推进国家治理体系现代化，就是要全面深化改革，不断完善党和政府的领导体制机制，保障人民群众的权利和利益，并在这一过程中将“人民当家做主”制度化、法制化、规范化、程序化。这是保障社会繁荣稳定、人民安居乐业的必然要求。推进国家治理能力现代化，不仅是对治国理政优良传统的继承与发展，也体现了新时代党带领全国人民实现民族复兴目标任务的必然要求。①

2012 年，继“三化同步”的理念提出后，党的十八大报告强调，“坚持走中国特色新型工业化、信息化、城镇化、农业现代化道路”“促进工业化、信息化、城镇化、农业现代化同步发展”，即“四化同步”。随着国家战略的调整和新时期经济社会格局的变化，推进工业化、信息化、城镇化和农业现代化同步发展，已经成为中国特色社会主义现代化建设的重大理论创新和实践创新。党的十九大报告也强调，要“推动新型工业化、信息化、城镇化、农业现代化同步发展”。当前中国特色社会主义进入新时代，走“四化”同步发展道路，是全面建设中国特色社会主义现代化国家、实现中华民族伟大复兴的必然要求。尤其是在取得巨大发展成就的当下，人民群众更有理由、有信心、有底气期待“四化”同步发展在未来国家治理领域里取得新的阶段性进展和巨大发展成果。②

二、社会主义核心价值观提出的重大意义

从世界历史发展的规律来看，一个国家能不能长治久安、健康有序、美美大同，关键因素就是这个国家有没有形成自己有凝聚力的核心价值观。核心价值观是一个社会和国家形成共同理想信念、价值追求的主导性价值观。培育和践行社会主义核心价值观具有重大的历史和现实意义。

（一）承载着中华民族的精神追求

党的十九届四中全会提出，坚持共同的理想信念、价值理念、道德观念，弘扬中华优秀传统文化、革命文化、社会主义先进文化，促进全体人民在思想上精神上紧紧团结在一起是我国国家制度和治理体系的显著优势之一。③

---

① 东勃、宋锐：“巩固扩大社会主义制度优势”，载《解放日报》2019 年 10 月 29 日。

② 周素丽、司文君、王茂磊：“关于推进国家治理体系和治理能力现代化，公众有哪些新期待”，载《国家治理周刊》2019 年第 37 期。

③ 摘自《中共中央关于坚持和完善中国特色社会主义制度、推进国家治理体系和治理能力现代化若干重大问题的决定》。

价值观已经成为一个国家、一个民族能否保持精神独立的关键。[①] 核心价值观承载着一个民族、一个国家的精神追求，体现着一个社会评判是非曲直的价值标准。习近平同志在同北京大学师生座谈会上的讲话中提到，人类社会发展的历史表明，对一个民族、一个国家来说，最持久、最深层的力量是全社会共同认可的核心价值观。我国要走出自己的一条路，背后的力量就是社会主义核心价值观。[②]

人民有信仰，国家有力量，民族有希望。信仰信念指引人生方向，引领道德追求。要坚持不懈用习近平新时代中国特色社会主义思想武装全党、教育人民，引导人们把握丰富内涵、精神实质、实践要求，打牢信仰信念的思想理论根基。在全社会广泛开展理想信念教育，深化社会主义和共产主义宣传教育，深化中国特色社会主义和中国梦宣传教育，引导人们不断增强道路自信、理论自信、制度自信、文化自信，把共产主义远大理想与中国特色社会主义共同理想统一起来，把实现个人理想融入实现国家富强、民族振兴、人民幸福的伟大梦想之中。[③]

在现代社会，要少从种族意识上提统一性。就是说，现代国家应该是建立在公民的价值共性上的这种国民意识。譬如美国，它有多少个民族？它没法算民族，还有好多亚裔、非裔。所以，美国不强调你是哪个种族的，强调你是美国的公民。同样地，要增强中华民族的认同感，就要扩大中华民族的民族符号。引领全体社会成员在思想道德上共同进步，不断提高中华民族的国民素质和理想范式。我们要把核心价值观作为全体社会成员在思想道德上共同进步、提高民族素质的一个理想范式。[④]

以爱国主义为核心的民族精神和以改革创新为核心的时代精神，是中华民族生生不息、发展壮大的坚实精神支撑和强大道德力量。要深化改革开放史、新中国历史、中国共产党历史、中华民族近代史、中华文明史教育，弘扬中国人民伟大创造精神、伟大奋斗精神、伟大团结精神、伟大梦想精神，倡导一切有利于团结统一、爱好和平、勤劳勇敢、自强不息的思想和观念，构筑中华民族共有精神家园。要继承和发扬党领导人民创造的优良传统，传承红色基因，赓续精神谱系。要紧紧围绕全面深化改革开放、深入推进社会主义现代化建设，

---

① 贺亚兰主编：《社会主义核心价值观若干重大理论与现实问题》，人民出版社 2016 年版，第 125 页。

② 同上。

③ 中共中央、国务院印发《新时代公民道德建设实施纲要》。

④ 贺亚兰主编：《社会主义核心价值观若干重大理论与现实问题》，人民出版社 2016 年版，第 125 页。

大力倡导解放思想、实事求是、与时俱进、求真务实的理念，倡导“幸福源自奋斗”“成功在于奉献”“平凡孕育伟大”的理念，弘扬改革开放精神、劳动精神、劳模精神、工匠精神、优秀企业家精神、科学家精神，使全体人民保持昂扬向上、奋发有为的精神状态。①

习近平同志指出：“实现中华民族伟大复兴，就是中华民族近代以来最伟大的梦想。”“这个梦想，凝聚了几代中国人的夙愿，体现了中华民族和中国人民的整体利益，是每一个中华儿女的共同期盼”。

党的十九届四中全会提出，发展社会主义先进文化、广泛凝聚人民精神力量，是国家治理体系和治理能力现代化的深厚支撑。必须坚定文化自信，牢牢把握社会主义先进文化前进方向，激发全民族文化创造活力，更好构筑中国精神、中国价值、中国力量。②

中国梦既是民族复兴的梦，也是开放、发展、创新的梦。那就是习近平同志指出的：“到中国共产党成立100年时全面建成小康社会的目标一定能实现，到新中国成立100年时建成富强民主文明和谐的社会主义现代化国家的目标一定能实现，中华民族伟大复兴的梦想一定能实现。”中国梦是每一个中国人的殷切希望和崇高的价值追求，是实现中华民族伟大复兴的未来蓝图和理想前景。每个中国人都为这个伟大的梦想所吸引而心潮澎湃，每个中国人也都为实现这个梦想而奋斗而豪情万丈。中国梦构筑着当代中华民族的精神家园，也熔铸着中国人民的国家认同。所有的中华儿女都为这个梦想所感动，都为这个梦想的实现而奋斗，我们的梦想就一定成真。③

（二）体现着社会道德判断的价值标准

党的十七大、十八大报告以及习近平同志的系列讲话，都不断强调社会主义核心价值体系、社会主义核心价值观。十八大报告说，社会主义核心价值体系是兴国之魂，决定着中国特色社会主义发展方向。马克思主义指导思想、中国特色社会主义共同理想、以爱国主义为核心的民族精神、以改革创新为核心的时代精神和社会主义荣辱观，这些内容共同构成了社会主义核心价值体系。它们从四个维度、从不同层面表达了社会主义理论和道路的价值取向。④

---

① 中共中央、国务院印发《新时代公民道德建设实施纲要》。

② 摘自《中共中央关于坚持和完善中国特色社会主义制度、推进国家治理体系和治理能力现代化若干重大问题的决定》。

③ 韩震：《社会主义核心价值观新论——引领社会文明前行的精神指南》，中国人民大学出版社2014年版，第148—152页。

④ 贺亚兰主编：《社会主义核心价值观若干重大理论与现实问题》，人民出版社2016年版，第146页。

我们以什么为荣，以什么为辱，什么是美、什么是丑，什么是善、什么是恶都要有一系列的标准。我们说我们今天提出来了核心价值观的 24 个字，实际上这 24 个字是三个倡导，比方说倡导富强、民主、文明、和谐，倡导自由、平等、公正、法制，倡导爱国、敬业、诚信、友善。这三个倡导实际上也是荣辱观的一些尺度和标准、内容。我们今天所提炼出来的友善、诚信、爱国、敬业，包括民主、和谐等 24 个字里面的公正等很多概念，都是传统文化的一些核心理念。①

社会是需要道德力量去维系的，道德力量的发生一般是通过自律和他律引导加约束机制来发挥的，但是不管哪种机制，自律也罢、他律也罢、引导也罢、约束也罢，前提是个人或社会必须有善恶荣辱分明的价值共识和道德感。个体对一个道德要有认同，才能产生道德感，它往往表现为良心的自我调控。社会道德共识和道德感往往表现为道德舆论的一个评价，还有道德价值导向的舆论引导方面的能力。所以全社会只有在荣辱观上达成了共识，形成了共同的荣辱观价值观，才能够建立起相应的道德舆论环境。道德舆论正能量强大了，无耻之徒也会减少，社会才可能形成憎恶假丑恶追求真善美的良好风气，构建起社会道德判断的价值标准。②

（三）引领着国民的整体素质和理想信念

党的十九届四中全会提出，坚持共同的理想信念、价值理念、道德观念，弘扬中华优秀传统文化、革命文化、社会主义先进文化，促进全体人民在思想上精神上紧紧团结在一起是我国国家制度和国家治理体系的显著优势之一。③

核心价值观蕴含的敬业精神可以提升劳动者的综合素质，从而促进社会生产力的大力发展。纵观人类发展轨迹，社会进步的根本要素是生产力的解放和发展，这一自然历史过程是通过人类创造历史的实践活动实现的，而精神力量在人类生产实践中的作用至关重要。我国正处于以经济发展为中心的攻坚阶段，敬业精神是社会改革和经济发展的精神呼唤。因为，只有良好的敬业精神才能够调动敬业主体的现有能力、潜在能力和创造力，为生产力的发展提供源泉和

---

① 贺亚兰主编：《社会主义核心价值观若干重大理论与现实问题》，人民出版社 2016 年版，第 151—152 页

② 贺亚兰主编：《社会主义核心价值观若干重大理论与现实问题》，人民出版社 2016 年版，第 154—156 页。

③ 摘自《中共中央关于坚持和完善中国特色社会主义制度、推进国家治理体系和治理能力现代化若干重大问题的决定》。

动力，从而保证社会财富的不断增加。① 培育和践行好社会主义核心价值观，就是要坚持以理想信念为核心。用习近平同志的表达方式说，就是抓住世界观、人生观、价值观这个总开关。坚持以人为本，就是尊重群众的主体地位。我们倡导社会主义核心价值观，不是说别人不能有多样的价值观，我们是用核心价值观统领多样性的价值观。由此，促进人的全面发展。②

在经济全球化和社会快速转型的时代，作为一个有56个民族、13亿多人口的国家，中国必须有可以达成思想共识和唤起文化认同的共同理想和精神家园。实现中国梦就是实现中华民族的伟大复兴，就是建立一个国家富强、人民幸福、文化繁荣、社会和谐、山清水秀的社会主义强国。这个光荣的梦想勾画的就是富强中国、民主中国、公平中国、和谐中国、美丽中国。中国梦就是中国人民的共同的价值追求，就是中华民族国家认同的理想前景。③

为了通过价值教育达成共识，构筑精神家园和命运共同体，我们就要继续推进马克思主义中国化、时代化、大众化，坚持不懈用中国特色社会主义理论体系武装全党、教育人民。广泛开展理想信念教育，建设精神文明，培养"四有"新人，④ 把广大人民团结凝聚在中国特色社会主义伟大旗帜之下。大力弘扬民族精神和时代精神，深入开展爱国主义、集体主义、社会主义教育。实现中华民族伟大复兴的中国梦，不仅在于经济的迅猛发展及中国硬实力的崛起，而且需要思想观念的突破和价值理念的升华。价值观是一种行为取向的规范，培育和践行社会主义核心价值观必须在理想信念上下工夫，必须着眼于价值观内在的先进性。马克思主义指导思想的先进性，决定了社会主义核心价值观必须面向未来人类发展进步的前进方向。⑤

---

① 刘丹编著：《社会主义核心价值观·关键词——敬业》，中国人民大学出版社2015年版，第58页。

② 贺亚兰主编：《社会主义核心价值观若干重大理论与现实问题》，人民出版社2016年版，第126页。

③ 韩震：《社会主义核心价值观新论——引领社会文明前行的精神指南》，中国人民大学出版社2014年版，第69—72页。

④ 培养"四有公民"，提高民族素质。精神文明建设归根到底是提高人的素质，是引导人们对自己的主观世界自觉地进行改造，从而提高人们改造客观世界的能力。建设社会主义精神文明，必须以培养社会主义新人作为自己的目标和归宿。"新人"的标准是"有理想、有道德、有文化、有纪律"。这是马克思主义关于培养共产主义新人的思想在中国当前阶段的具体化。"四有"是一个完整概念，包括了人的素质的两个方面：思想道德和科学文化。"四有"的四个方面是密切联系的，缺一不可，其中最重要的是理想和文化，可以说理想是根本，文化是基础。这四个方面有机的结合，培养起一代四有新人，是实现社会主义现代化建设的重要保证。

⑤ 韩震：《社会主义核心价值观新论——引领社会文明前行的精神指南》，中国人民大学出版社2014年版，第72—73页。

（四）支撑着和谐社会建设的思想基础

在中国革命、建设和改革的历史进程中，中国共产党人把马克思主义关于社会和谐的思想与中国具体实际相结合，实现了马克思主义社会和谐思想的中国化，形成了中国特色的和谐价值观。这种和谐价值观是中国特色社会主义社会建设的价值基石，是中国共产党人对和谐社会的不断追求与探索，是国家治理体系与治理能力现代化的重要支撑。①

社会主义和谐社会是中国共产党2004年提出的一种社会发展战略目标，指的是一种和睦、融洽，各阶层齐心协力的社会状态。② 中共十六大报告第一次将“社会更加和谐”作为重要目标提出。2004年9月19日，中国共产党第十六届中央委员会第四次全体会议正式提出了“构建社会主义和谐社会”的概念。③ 社会主义和谐社会，就是在中国特色社会主义道路上，中国共产党领导全体人民共同建设、共同享有的和谐社会；就是民主法治、公平正义、诚信友爱、充满活力、安定有序、人与自然和谐相处的社会。社会主义和谐社会是人类孜孜以求的一种美好社会，是马克思主义政党不懈追求的一种社会理想。④ 尊重差异、包容多样。价值观的培育和践行，恰恰也是一个包容与引领的过程。

和谐是社会主义社会建设的思想基础。社会和谐作为人类孜孜以求的社会理想，始终贯穿于整个社会主义学说的历史演进之中，并成为中国特色社会主义社会建设的思想基础。和谐是社会主义建设的旨趣所归。和谐是社会主义社会建设的价值所在。中国特色社会主义社会具有多方面的重要价值，富强、民主、文明、和谐、文明是中国特色社会主义社会在经济、政治、文化、社会、生态不同领域所追求的价值目标，这五种价值分别满足了人们在经济、政治、文化、社会、生态五个领域的需要。构建社会主义和谐社会，营造和谐稳定的社会环境，是中国特色社会主义对于广大人民群众的一个重要价值。⑤

在中国古代，“和”也被指为政治生活中各方处于协调、融洽的状态。如

---

① 管向群主编：《社会主义核心价值观丛书——和谐》，江苏人民出版社2015年版，第147页。

② 2004年9月19日，党的十六届四中全会第一次明确提出，共产党作为执政党，要“坚持最广泛最充分地调动一切积极因素，不断提高构建社会主义和谐社会的能力”。

③ 2006年10月的中共中央十六届六中全会审议通过的《中共中央关于构建社会主义和谐社会若干重大问题的决定》全面深刻地阐明了中国特色社会主义和谐社会的性质和定位、指导思想、目标任务、工作原则和重大部署。

④ 章伟文、黄义华、蒋胜英编著：《社会主义核心价值观·关键词——和谐》，中国人民大学出版社2015年版，第21页。

⑤ 管向群主编：《社会主义核心价值观丛书——和谐》，江苏人民出版社2015年版，第148—151页。

西周末年，政治统治出现了危机，一些有识之士开始反思为什么会出现这种危机，出现这种危机意味着什么，他们倾向于认为，出现这种危机是因为社会政治失去了“和”。如史伯就认为，周后期的统治者由于不重“和”而重“同”，导致了国家的混乱。①

春秋时期，史墨提出了“物生有两”的哲学命题，更多地从事物矛盾的斗争性方面，论证了事物矛盾存在的必然性以及矛盾双方斗争对事物发展的促进作用。这与史伯所强调的“和谐”并不矛盾，因为“和谐”并不意味着没有差异，没有斗争、没有变化与发展。②

和谐是社会主义核心价值观的重要范畴和重要维度。和谐价值观贯穿国家、社会、公民三个层面，贯通奋斗目标、价值导向、行为规范三个方面，贯彻践行核心价值观的整个过程，在社会主义核心价值体系中具有基础性、战略性、全局性的重要地位。和谐是处理人与自然、人与人、人与社会、人与自身关系的价值尺度，是人类社会孜孜以求的价值目标，是马克思主义创始人所描绘的未来共产主义社会的价值理想。构建社会主义和谐社会，倡导和践行社会主义和谐价值观，是当代中国共产党人开创和发展中国特色社会主义的重大理论和实践成果，是中国特色社会主义本质特征的价值体现。③

在中国古代，人们通常把“和谐社会”看作一种整体和谐、协调发展的理想社会状态。这种理想的社会状态通常由作为生命个体的人自身的身心和谐，人与人之间关系的和谐，社会各系统、各阶层关系的和谐，作为整体的人类与自然环境的和谐等方面内容所构成。④

在中国文化传统中，和谐思想有着悠久的历史。和谐在中国古代哲学中是以“和”的范畴出现的，有其深厚的历史渊源。中国思想史上的各家各派，尤其是中国古典哲学三大支柱的儒道释，都不约而同地表达了对“和”的祈求与向往，这些思想相映成趣、相得益彰，积淀和凝聚为中华文化的基本精神和悠久传统。⑤

中国传统和谐思想重视人与自然、人与社会、人与人以及人与自身的和谐，

---

① 章伟文、黄义华、蒋胜英编著：《社会主义核心价值观 · 关键词——和谐》，中国人民大学出版社 2015 年版，第 7 页。

② 章伟文、黄义华、蒋胜英编著：《社会主义核心价值观 · 关键词——和谐》，中国人民大学出版社 2015 年版，第 10 页。

③ 管向群主编：《社会主义核心价值观丛书——和谐》，江苏人民出版社 2015 年版，第 1 页。

④ 章伟文、黄义华、蒋胜英编著：《社会主义核心价值观 · 关键词——和谐》，中国人民大学出版社 2015 年版，第 11 页。

⑤ 管向群主编：《社会主义核心价值观丛书——和谐》，江苏人民出版社 2015 年版，第 1—2 页。

几乎涵括了人类社会的所有重大关系，对构建社会主义和谐社会与和谐文化，提供了重要的思想资源和有益启示。“以和为贵”，揭示的是和谐是社会协调的保障，儒家学说提出了一系列旨在实现人际和谐与社会和谐的道德原则，把构建和睦、和平、和谐的人际关系和社会关系，作为君子人格修养的重要方面，作为社会协调的价值尺度。“无过无不及”，揭示的是和谐是社会发展的尺度，就是说，在事物发展过程中，对于实现一定的目标，有一定的标准；没有达到这个标准叫“不及”，超过了这个标准叫“过”；只有“无过无不及”，才能实现原有的目的。如此等等，不一而足，这些思想至今闪烁着东方哲学的智慧之光。①

孔子认为应通过“正名”来恢复“礼制”；“礼制”恢复了，国家和社会就会重现和谐。因为名分不正，所说的话让人听着就不顺当；以这种让人听着不顺当的话去指导做事情，则事情也不容易做成；事情做不成，礼乐就兴不起来；礼乐兴不起来，刑罚就不能保证恰到好处；刑罚不能保证恰到好处，老百姓就不知道该怎么办才好。② 因此，和谐社会思想基础的构建需要充分发挥礼仪礼节的教化作用。礼仪礼节是道德素养的体现，也是道德实践的载体。要制定国家礼仪规程，完善党和国家功勋荣誉表彰制度，规范开展升国旗、奏唱国歌、入党入团入队等仪式，强化仪式感、参与感、现代感，增强人们对党和国家、对组织集体的认同感和归属感。充分利用重要传统节日、重大节庆和纪念日，组织开展群众性主题实践活动，丰富道德体验、增进道德情感。研究制定继承中华优秀传统、适应现代文明要求的社会礼仪、服装服饰、文明用语规范，引导人们重礼节、讲礼貌。③

在西方哲学界，黑格尔提出了他的和谐思想。他认为，和谐是“差异的和谐”，强调“差别是属于和谐的”④；和谐是“整体的和谐”，强调“和谐是从质上体现差异的一种关系，而且是这些差异构成的一种整体”⑤；和谐是“统一的和谐”，强调“和谐一方面表现出本质上的差异面的整体；另一方面也消除了这些差异的纯然对立，因此它们的相互依存和内在联系就显现为它们的统一”。⑥ 以黑格尔为代表的德国古典哲学全面系统地阐发了和谐理念与和谐精

---

① 管向群主编：《社会主义核心价值观丛书——和谐》，江苏人民出版社 2015 年版，第 2—3 页。

② 章伟文、黄义华、蒋胜英编著：《社会主义核心价值观·关键词——和谐》，中国人民大学出版社 2015 年版，第 17 页。

③ 中共中央、国务院印发《新时代公民道德建设实施纲要》。

④ 黑格尔：《哲学史讲演录（第 1 卷）》，商务印书馆 1983 年版，第 302 页。

⑤ 黑格尔：《哲学史讲演录（第 1 卷）》，商务印书馆 1983 年版，第 302 页。

⑥ 黑格尔：《哲学史讲演录（第 1 卷）》，商务印书馆 1983 年版，第 302 页。

神，成为西方两千多年以来和谐思想曲折发展的最高总结。①

马克思主义关于未来“和谐”社会的主张与中国共产党人对构建社会主义和谐社会的不懈追求是一致的。以马克思主义为思想武装和行动指南的中国共产党人，把建设中国特色社会主义和实现共产主义远大理想，作为自己的神圣使命，并将实现社会和谐、建设美好社会，作为自己不懈追求的社会理想。这一追求，贯穿在革命、建设和改革的各个阶段。②

和谐成为中国特色社会主义社会建设的价值所在，主要表现在：第一，这是我们抓住和用好重要战略机遇期、实现全面建成小康社会宏伟目标和实现中华民族伟大复兴中国梦的必然要求。第二，这是我们面对当前错综复杂的国际形势，应对各种国际挑战和国际风险的必然要求。第三，这是巩固党执政地位的社会基础，实现党执政历史任务的必然要求。③

在社会主义和谐社会构建的过程中，我们要确立起社会主体的价值取向，以之来调节、规范人们的行为，从而使人们的活动更加有效、更加符合客观世界及其规律；要对社会活动是否有价值进行评价，帮助人们树立起正确的价值观念。因此，社会主义核心价值体系的构建，肩负着对人们的行为、观念进行价值导向的重任，它要在社会生活各个领域肯定其进步的一面，使人们明确什么可以做、什么应当做，从而促进社会的全面进步和人的全面发展。④

改革开放以来，中国共产党人在推进马克思主义中国化新的实践中，逐步形成了构建社会主义和谐社会的重大战略思想。邓小平同志关于我国社会主义现代化建设“三步走战略”、区域经济协调发展的“两个大局”战略构想、“两个文明”建设协调发展、实现全体人民共同富裕以及“一国两制”等论述，为构建社会主义和谐社会确立了价值理念、理论基础和制度框架。江泽民同志提出，发展社会主义市场经济、社会主义民主政治、社会主义先进文化，促进社会主义物质文明、政治文明和精神文明协调发展，促进人口、环境、资源协调发展，总揽改革、发展、稳定三者之间的关系，进一步丰富和发展了社会主义和谐社会的思想。党的十六大以来，胡锦涛同志提出了科学发展观，“以人为本”体现了注重人的全面发展的新理念，“全面发展”体现了经济、政治、文化、社会建设“四位一体”的新布局，“协调发展”体现了城乡、区域、经济

① 管向群主编：《社会主义核心价值观丛书——和谐》，江苏人民出版社2015年版，第4页。

② 管向群主编：《社会主义核心价值观丛书——和谐》，江苏人民出版社2015年版，第5页。

③ 管向群主编：《社会主义核心价值观丛书——和谐》，江苏人民出版社2015年版，第152—153页。

④ 章伟文、黄义华、蒋胜英编著：《社会主义核心价值观·关键词——和谐》，中国人民大学出版社2015年版，第31页。

社会、人与自然、国内发展与对外开放“五个统筹”的新思路，“可持续发展”体现了人类社会发展规律与自然规律“两大规律”的新统一，这些都体现了构建社会主义和谐社会的新要求。在此基础上，党的十六届六中全会提出了构建社会主义和谐社会的重大战略思想，把我们党对社会主义和谐社会建设的认识提升到了一个新的高度。党的十八大以来，习近平同志强调指出，“社会和谐是中国特色社会主义的本质属性”。①

一个社会在创立了名分和制度之后，在使用过程中要掌握好限度，这就是和谐。中国哲学中，关于人性修养、道德修养的内容十分丰富。修养指以一定的价值评判为基础，主体自觉修养符合价值理念要求的“心”与“行”，“心”是指精神和思想、情感、道德意识等，“行”则是指人在社会生活、生产中的活动方式，以达成完善人格的过程。② 因此，和谐社会思想基础的构建还需要发挥社会规范的引导约束作用。③ 各类社会规范有效调节着人们在共同生产生活中的关系和行为。要按照社会主义核心价值观的基本要求，健全各行各业规章制度，修订完善市民公约、乡规民约、学生守则等行为准则，突出体现自身特点的道德规范，更好发挥规范、调节、评价人们言行举止的作用。要发挥各类群众性组织的自我教育、自我管理、自我服务功能，推动落实各项社会规范，共建共享与新时代相匹配的社会文明。④

核心价值观是一个国家的重要稳定器，构建具有强大凝聚力感召力的核心价值观，关系社会和谐稳定，关系国家长治久安。实现“两个一百年”的奋斗目标，实现中华民族伟大复兴的中国梦，必须有广泛的价值共识和共同的价值追求。这就要求我们持续加强社会主义核心价值体系和核心价值观建设，巩固全党全国各族人民团结奋斗的共同思想基础，凝聚起实现中华民族伟大复兴的中国力量。⑤ 构建社会主义和谐社会，是党坚持立党为公、执政为民的必然要求，是实现好、维护好、发展好最广大人民的根本利益的重要体现，也是党实

---

① 管向群主编：《社会主义核心价值观丛书——和谐》，江苏人民出版社2015年版，第6页。

② 章伟文、黄义华、蒋胜英编著：《社会主义核心价值观·关键词——和谐》，中国人民大学出版社2015年版，第46—47页。

③ 无规矩不成方圆。社会的规矩，就是人们社会行为的准则。社会行为规范内容是很广泛的，有风俗、道德、法律、纪律等。公民道德建设的基本规范是爱国守法、明礼诚信、团结友善、勤俭自强、敬业奉献。社会公德的具体规范是文明礼貌、爱护公物、保护环境、遵纪守法、助人为乐。职业道德的具体规范是办事公道、诚实守信、爱岗敬业、服务群众、奉献社会。家庭美德的具体规范是男女平等、夫妻和睦、尊老爱幼、勤俭持家、邻里团结。

④ 中共中央、国务院印发《新时代公民道德建设实施纲要》。

⑤ 郝青杰、杨志芳：《社会主义核心价值观导论——价值理想：自由平等公正法治》，安徽人民出版社2013年版，第10—11页。

现执政历史任务的重要条件。只有社会主义社会建设搞好了，党才能不断增强执政的社会基础，才能更好地实现推进现代化建设、完成祖国完全统一、维护世界和平与促进共同发展这三大历史任务。①

（五）凝聚着国家治理社会治理的精神支撑

党的十九届四中全会提出，坚持和完善繁荣发展社会主义先进文化的制度，巩固全体人民团结奋斗的共同思想基础。发展社会主义先进文化、广泛凝聚人民精神力量，是国家治理体系和治理能力现代化的深厚支撑。②

把培育和践行社会主义核心价值观落实到经济发展和社会治理中。社会主义核心价值观体现了社会治理现代化与公民具备现代文明水准的有机统一。国家整体上的现代化与人的现代化，必须统一起来，两者要有相互协调的时代精神。富强、民主、文明、和谐、自由、平等、公正、法治、爱国、敬业、诚信、友善等价值要素包含着处理公私关系，确立现代契约精神等现代公民道德内容。我们必须正确把握核心价值观中蕴含的公权力和私权力的关系，由此我们才能建立合理的、合法的、和谐的社会公共秩序。在我国，我们长期以来讲的是大公无私，实际上就是把公和私混在一块，对立起来。我们看到公和私是有界线的，有不同的适用范围。这是一种现代管理的观念，公和私之间适用不同的范围，我们不能生生地把两者拉到一起，说它们是矛盾的。今天中国社会正在由一个熟人社会变成一个生人社会。生人社会里面，道德约束力就下降了，诚信的维系就必须靠法律，要确立一种现代法治精神、现代契约观念。所以，社会主义核心价值观，这是与社会转型相适应的全新的价值理念。作为一种全新的价值理念，它里面有全新的时代内容，它是兴国之魂、强国之魂，它是支撑我们全面建设现代化，实现中国梦的一个崇高的价值理念。③

党的十八届三中全会作出了《中共中央关于全面深化改革若干重大问题的决定》，指出全面深化改革的目标是完善和发展中国特色社会主义制度，推进国家治理体系和治理能力现代化。“必须着眼于维护最广大人民根本利益，最大限度增加和谐因素，增强社会发展活力，提高社会治理水平，全面推进平安中国建设，维护国家安全，确保人民安居乐业、社会安定有序”。党的十八届

① 管向群主编：《社会主义核心价值观丛书——和谐》，江苏人民出版社2015年版，第153—154页。

② 摘自《中共中央关于坚持和完善中国特色社会主义制度、推进国家治理体系和治理能力现代化若干重大问题的决定》。

③ 贺亚兰主编：《社会主义核心价值观若干重大理论与现实问题》，人民出版社2016年版，第111—112页。

四中全会作出了《中共中央关于全面推进依法治国若干重大问题的决定》，指出“全面推进依法治国，总目标是建设中国特色社会主义法制体系，建设社会主义法治国家”，是为了“更好统筹国际国内两个大局，更好维护和运用我国发展的重要战略机遇期，更好统筹社会力量、平衡社会利益、调节社会关系、规范社会行为，使我国社会在深刻变革中既生机勃勃又井然有序，实现经济发展、政治清明、文化昌盛、社会公正、生态良好，实现我国和平发展的战略目标。”习近平同志在就《决定》作出的说明中指出，全面推进依法治国，“是完善和发展中国特色社会主义制度，推进国家治理体系和治理能力现代化的重要方面。”他还指出，“推进国家治理体系和治理能力现代化，必须解决好价值观问题。”“培育和弘扬核心价值体系和核心价值观，有效整合社会意识，是社会系统得以正常运转、社会秩序得以有效维护的重要途径，是国家治理体系和治理能力的重要方面。能否建构具有强大感召力的核心价值观，关系社会和谐稳定，关系国家长治久安”。可见，无论是全面深化改革还是推进依法治国，在价值导向上，都是为了追求社会安定有序、人民安居乐业、国家长治久安。这些论断清晰地表明，和谐价值观是国家治理体系和治理能力的重要方面、重要途径和重要保障。①

习近平同志在《敢于啃硬骨头敢于涉险滩——关于全面深化改革》中指出推进国家治理体系和治理能力现代化，必须解决好价值体系问题。② 这就强调了价值体系的构建对于国家治理体系和治理能力现代化的重要作用。同时，他还提出，“培育和弘扬核心价值体系和核心价值观，有效整合社会意识，是社会系统得以正常运转、社会秩序得以有效维护的重要途径，是国家治理体系和治理能力的重要方面。能否建构具有强大感召力的核心价值观，关系社会和谐稳定，关系国家长治久安。”③ 这就阐明了国家治理体系和治理能力现代化需要社会主义核心价值观。和谐价值观为社会系统的正常运转和社会秩序的有效维护提供了重要的途径，对国家治理体系和治理能力现代化具有导向功能。在现实生活中还经常出现破坏社会系统和扰乱社会秩序的情况，这就要求我们要更加大力宣传社会主义的核心价值观，加强核心价值观的教育，并开展核心价值观的实践活动，用社会主义核心价值观引领社会思潮、凝聚社会共识。④

党的十九届四中全会提出，坚持共同的理想信念、价值理念、道德观念，

---

① 管向群主编：《社会主义核心价值观丛书——和谐》，江苏人民出版社 2015 年版，第 6—7 页。

② 《习近平总书记系列重要讲话读本》，学习出版社、人民出版社 2014 年版，第 49 页。

③ 《习近平总书记系列重要讲话读本》，学习出版社、人民出版社 2014 年版，第 49 页。

④ 管向群主编：《社会主义核心价值观丛书——和谐》，江苏人民出版社 2015 年版，第 174 页。

弘扬中华优秀传统文化、革命文化、社会主义先进文化，促进全体人民在思想上精神上紧紧团结在一起是我国国家制度和国家治理体系的显著优势之一。①

从提升民族和人民的精神境界看，核心价值观是精神支柱，是行动向导，对丰富人们的精神世界、建设民族精神家园，具有基础性、决定性作用。一个人、一个民族能不能把握好自己，很大程度上取决于核心价值观的引领。发展起来的当代中国，更加向往美好的精神生活，更加需要强大的价值支撑。要振奋起人们的精气神、增强全民族的精神纽带，必须积极培育和践行社会主义核心价值观，铸就自立于世界民族之林的中国精神。② 倡导社会主义核心价值观，尤其是“富强、民主、文明、和谐”的国家层面的核心价值观，是当下中国经济社会实现创新驱动和转型发展的现实需要，是在新形势下提升国家软实力，培育核心价值观的执政资源，是提升执政能力，实现国家治理能力现代化的重要战略选择。③

（六）培育文化软实力的根本基石

习近平总书记指出，核心价值观是文化软实力的灵魂、文化软实力建设的重点，是决定文化性质和方向的最深层次要素。一个国家的文化软实力，从根本上说，取决于其核心价值观的生命力、凝聚力、感召力。培育和弘扬核心价值观，有效整合社会意识，是社会系统得以正常运转、社会秩序得以有效维护的重要途径，也是国家治理体系和治理能力的重要方面。历史和现实都表明，构建具有强大感召力的核心价值观，关系社会和谐稳定，关系国家长治久安。提高国家文化软实力，迫切需要加强社会主义核心价值观建设。④

党的十九届四中全会提出，要坚持马克思主义在意识形态领域指导地位的根本制度，坚持以社会主义核心价值观引领文化建设制度，健全人民文化权益保障制度，完善坚持正确导向的舆论引导工作机制，建立健全把社会效益放在首位、社会效益和经济效益相统一的文化创作生产体制机制。⑤

一个国家真正的软实力就是价值观、制度值得世界人民，至少国人为之骄

---

① 摘自《中共中央关于坚持和完善中国特色社会主义制度、推进国家治理体系和治理能力现代化若干重大问题的决定》。

② 郝青杰、杨志芳：《社会主义核心价值观导论——价值理想：自由平等公正法治》，安徽人民出版社 2013 年版，第 10 页。

③ 管向群主编：《社会主义核心价值观丛书——和谐》，江苏人民出版社 2015 年版，第 175 页。

④ 郝青杰、杨志芳：《社会主义核心价值观导论——价值理想：自由平等公正法治》，安徽人民出版社 2013 年版，第 9 页。

⑤ 摘自《中共中央关于坚持和完善中国特色社会主义制度、推进国家治理体系和治理能力现代化若干重大问题的决定》。

傲，对世界人民具有吸引力。价值观最根本上体现的是你的先进性。民族传统文化不仅在中国古代社会有着广泛而深远的影响，在当代中国的理论与现实中仍然有着旺盛的生命力，其精髓仍然存在于现代中国人的心灵之中。从社会主义核心价值体系构建的要求出发，从民族文化、民族精神中总结出符合时代和社会需要的内容。① 为什么资本主义提出了民主、自由、平等、博爱以后，它在几百年里取得了很大影响力？为什么社会主义、马克思主义产生以后，社会主义取得了一段强劲的发展？当时西方国家都害怕，害怕它产生多米诺骨牌式的影响，因为社会主义具有人类道德的制高点，它是为了全人类的解放。②

面对世界范围思想文化交流交融交锋形势下价值观较量的新态势，面对改革开放和发展社会主义市场经济条件下思想意识多元多样多变的新特点，迫切需要我们积极培育和践行社会主义核心价值观，扩大主流价值观念的影响力，提高国家文化软实力。③

2013 年 3 月 17 日，在十二届全国人大一次会议闭幕会上习近平同志指出：提高国家文化软实力，要努力夯实国家文化软实力的根基。要坚持走中国特色社会主义文化发展道路，深化文化体制改革，深入开展社会主义核心价值体系学习教育，广泛开展理想信念教育，大力弘扬民族精神和时代精神，推动文化事业全面繁荣、文化产业快速发展。夯实国内文化建设根基，一个很重要的工作就是从思想道德抓起，从社会风气抓起，从每一个人抓起。要继承和弘扬我国人民在长期实践中培育和形成的传统美德，坚持马克思主义道德观、坚持社会主义道德观，在去粗取精、去伪存真的基础上，坚持古为今用、推陈出新，努力实现中华传统美德的创造性转化、创新性发展，引导人们向往和追求讲道德、尊道德、守道德的生活，让 13 亿人的每一分子都成为传播中华美德、中华文化的主体。

中华民族在长期的社会历史实践中，形成了独具特色的民族文化、民族精神，这对我们当前的社会主义文化建设仍然具有参考价值。经济发展，体制更新，要求文化建设与之同步发展。如何建设适应新时代之新文化，是每一个中

---

① 章伟文、黄义华、蒋胜英编著：《社会主义核心价值观·关键词——和谐》，中国人民大学出版社 2015 年版，第 32 页。

② 贺亚兰主编：《社会主义核心价值观若干重大理论与现实问题》，人民出版社 2016 年版，第 126—128 页。

③ 郝青杰、杨志芳：《社会主义核心价值观导论——价值理想：自由平等公正法治》，安徽人民出版社 2013 年版，第 10 页。

国人，尤其是中国知识分子所应考虑的重要问题。①

2012 年 11 月 15 日，习近平同志在党的十八届一中全会上指出，我们要继续坚持走中国特色社会主义文化发展道路，推动社会主义文化大发展大繁荣，深化文化体制改革，提高国家文化软实力，加强社会主义核心价值体系建设，丰富人民群众精神文化生活，增强人民精神力量。②

中国是一个具有五千年灿烂文明的文化古国，有着历史悠久的文化传统。这个文化传统对于我们今天的人来讲，如果处理不好，就是一个迈向现代化过程中的沉重包揪；如果处理得好，也将极大地促进我国现代化的进程。是财富还是包楸，关键在于我们当代的中国人怎样对它进行创造性地转换。我们认为，中国传统文化的主流儒、道、释，通过彼此融通、互补、互摄，取其精华、弃其糟粕，将可以在当代社会的文化建设过程中发挥积极作用。③

从中国传统文化看，我们是责任先于自由。当谈自由的时候，我们更多强调的是责任。我们的文化传统就是，义务先于权利，群体高于个人，和谐高于冲突，这是我国文化的特点。我们在理解这些概念的时候，实际上都渗透着中国文化。④

习近平同志特别强调培育、弘扬核心价值观，要立足于中华优秀传统文化。他说，对历史文化特别是先人传承下来的价值理念和道德规范要坚持古为今用、推陈出新，有鉴别地加以对待，有扬弃地加以继承。立足于优秀传统文化并不是要回到古代去，我们过去的那些价值观在过去应该说是先进的，但是，那毕竟是封建社会产生的价值观。我们要始终面向民族文化的活力、创造力，面向人类历史未来发展前进的方向，着力引领时代的发展。⑤

---

① 章伟文、黄义华、蒋胜英编著：《社会主义核心价值观 · 关键词——和谐》，中国人民大学出版社 2015 年版，第 29 页。

② 郝青杰、杨志芳：《社会主义核心价值观导论——价值理想：自由平等公正法治》，安徽人民出版社 2013 年版，第 12 页。

③ 章伟文、黄义华、蒋胜英编著：《社会主义核心价值观 · 关键词——和谐》，中国人民大学出版社 2015 年版，第 31 页。

④ 贺亚兰主编：《社会主义核心价值观若干重大理论与现实问题》，人民出版社 2016 年版，第 129 页

⑤ 贺亚兰主编：《社会主义核心价值观若干重大理论与现实问题》，人民出版社 2016 年版，第 126—128 页。

第三章

社会主义核心价值观相关理论诠释

2016年12月，中共中央办公厅、国务院办公厅印发了《关于进一步把社会主义核心价值观融入法治建设的指导意见》，从顶层设计上确立了运用法治推动社会主义核心价值观建设的基本方略。

一、社会主义核心价值观的基本内容

党的十八大确立了社会主义核心价值观的主要内容，“富强、民主、文明、和谐、自由、平等、公正、法治、爱国、敬业、诚信、友善”。简简单单24字，却内涵丰富，意义深远，它集中反映了最广大人民的普遍愿望，体现了社会主义意识形态的本质要求，凝结着社会主义先进文化的精髓。作为国家层面的价值目标，“富强、民主、文明、和谐”可谓中华民族百年来孜孜以求的目标；“自由、平等、公正、法治”是社会层面的价值取向，也是法治本身应有之义；作为公民层面的价值准则，“爱国、敬业、诚信、友善”集成了中华民族传统美德的精华。可以说，社会主义核心价值观，是社会主义先进文化建设的重要内容，整体显示出我们的文化自觉和文化自信。

（一）个人层面的基本内容

社会主义核心价值观倡导的24个字，是对社会主义核心价值体系的高度概括和集中表达，明确了国家、社会、公民三个层面的价值目标、价值取向、价值准则，使社会主义核心价值体系更加具体化，符合大众化、通俗化要求，便于阐发和传播，更易为广大人民群众所感知和理解、接受和认同。①

1. 个人层面核心价值观内容的来源

十八大报告提出要加强社会主义核心价值体系建设，倡导富强、民主、文

① 王燕文主编：《社会主义核心价值观研究丛书——总论》，江苏人民出版社2015年版，第3页。

明、和谐，倡导自由、平等、公正、法治，倡导爱国、敬业、诚信、友善，积极培育和践行社会主义核心价值观。第三个倡导就属于个人层面的内容。在中共中央办公厅印发的《关于培育和践行社会主义核心价值观的意见》中，爱国、敬业、诚信、友善这是公民个人层面的价值准则。①

爱国、敬业、诚信、友善这8个字，准确地说是在2001年9月中共中央印发的《公民道德建设实施纲要》中提出来的。《纲要》指出，在全社会大力倡导“爱国守法、明礼诚信、团结友善、勤俭自强、敬业奉献”的基本道德规范，也就是说这些就是社会主义公民应该具备的基本道德规范。社会主义核心价值观的个人层面，就从《纲要》的20字里面挑出了8个字，在顺序上把敬业向前提了一步，把友善、诚信放在它的后面。这是“爱国、敬业、诚信、友善”8个字的直接来源。近期下发的中办文件确实也是这么解释的。爱国、敬业、诚信、友善，是中国这个社会主义国家的公民应当树立的基本价值追求和应当遵循的根本道德准则，是公民基本道德规范的核心要求，它体现了社会主义价值追求和公民道德行为的本质属性。②

在人类的社会生活中，除了公共生活、家庭生活外，职业生活构成了我们实践活动的主要形式。职业活动是人类生存、发展的现实基础和根本前提，社会的延续和进步必须依靠人类的职业活动提供物质条件和满足文化生活需要。人们要从事各种职业就必须遵守一定的职业道德。在个体职业活动中，敬业精神作为职业道德的理性浓缩，最能表现出职业道德的服务社会、造福社会、发展社会的功能。因此，敬业就是公民的重要价值准则，也是最基本的职业道德要求。一个人无论从事哪个行业，担任什么职务，都应该在工作中做到爱岗敬业、恪尽职守、尽职尽责，都应该用辛勤的劳动和扎实的工作践行“敬业”这一朴素而又崇高的美德。③ 敬，原是中国传统儒家哲学的一个基本范畴，孔子就主张人在一生中始终要勤奋刻苦，为事业恪尽职守、尽心尽力，应“执事敬”“事思敬”“修己以敬”。业，一般指的是职业。《现代汉语词典》对“敬业”的解释是：专心致力于学业或工作。敬业精神作为一种朴素而崇高的美德，无论在西方还是东方，都有着悠久的历史传统。德国著名社会学家马克斯·韦伯在其最具影响的经典著作《新教伦理与资本主义精神》中，就阐释了

① 贺亚兰主编：《社会主义核心价值观若干重大理论与现实问题》，人民出版社2016年版，第65页。

② 贺亚兰主编：《社会主义核心价值观若干重大理论与现实问题》，人民出版社2016年版，第66页。

③ 刘丹编著：《社会主义核心价值观·关键词——敬业》，中国人民大学出版社2015年版，第2页。

以“天职观”为核心的新教伦理是资本主义得以在西方发生、发展的内在动因。①

荀况：“骐骥一跃，不能十步；驽马十驾，功在不舍。锲而舍之，朽木不折；锲而不舍，金石可镂”。“敬业”也是中华传统美德的重要元素。《礼记》中就有“敬业乐群”之说，孔子及其弟子都主张“敬事而信”，“其行己也恭，其事上也敬”、“敬其事而后其食”，强调人在其一生中始终要勤奋刻苦，为事业尽心尽力。宋朝朱熹认为“敬业”就是“专心致志以事其业”，即用一种恭敬严肃的态度对待自己的工作，认真负责，一心一意，任劳任怨，精益求精。②所谓精业，就是要在自己所从事的工作岗位上精通业务，具备扎实的岗位基本功，做到干一行、爱一行、专一行、精一行。常目道，书痴者文必工，艺痴者技必良。在新时代，敬业作为公民个人以明确的目标选择、朴素的价值观、忘我投入的志趣、认真负责的态度，体现了公民的一种基本职业操守。换句话说，无论岗位与自身能力的匹配程度高或低，还是岗位对自身的未来职业发展有无帮助，作为个人都应该保持一个敬业的基本素质、基本态度、基本习惯、基本精神和基本信仰。敬业要求我们每一个公民在其位谋其职，心无旁骛，恪尽职守。③ 事实证明，不管什么样的职业和岗位，只要我们用敬畏、敬重的态度去对待我们的工作，勤勤恳恳、爱岗敬业、追求卓越，我们就一定会创造属于自己的成就和未来。④ 敬业是员工的立身之本，更是企事业单位的基本用人标准。一位著名的企业家曾说：“我的员工中最可悲也是最可怜的一种人，就是那些一心只想获得薪水，而在工作中的其他方面一无所知的人。”化职业感为事业感，这虽然只有一字之差，却会得到截然不同的结果。职业感要求我们恪守职业道德，尽心尽力地完成我们的工作。而事业感却不同，它体现了更多的自觉性，而且总与某种价值观联系在一起；它追求的是一种完美的境界，能体现自己生存的意义，能激发更多的创造性。一个人的工作态度折射着他的人生态度，

---

① 刘丹编著：《社会主义核心价值观·关键词——敬业》，中国人民大学出版社2015年版，第3页。

② 刘丹编著：《社会主义核心价值观·关键词——敬业》，中国人民大学出版社2015年版，第3页。

③ 胡锦涛同志说，到2020年，我们要达到的目标是：基本建成适应社会主义市场经济体制、符合科技发展规律的中国特色国家创新体系，原始创新能力明显提高，集成创新、引进消化吸收再创新能力大幅增强，关键领域科学研究实现原创性重大突破，战略性高技术领域技术研发实现跨越式发展，若干领域创新成果进入世界前列；创新环境更加优化，创新效益大幅提高，创新人才竞相涌现，全民科学素质普遍提高，科技支撑引领经济社会发展能力大幅提升，进入创新型国家行列。

④ 刘丹编著：《社会主义核心价值观·关键词——敬业》，中国人民大学出版社2015年版，第4—6页。

而人生态度又决定着一个人一生的成就。①

东汉许慎《说文解字》当中，“诚”与“信”就是互训关系，“诚，信也，从言成声”，“信，诚也，从人从言”。“诚”字首见于《尚书》，但作为实词使用，却最早见于《左传》：“明允笃诚。”疏云：“诚者，实也。”又见于《周易，乾，文言》：“闲邪存其诚”，“修辞立其诚”。疏云：“诚谓诚实。”“诚”，更多地指涉个体的内在，指一种真实、诚恳的内心态度和内在品质。与“信”相较而言，“诚”所关涉的对象更多的是个体自身，是一个人对于自身道德水准和行为规范的要求，是个体对于自身将成为一个什么样的人的关切。《孟子》对“诚”的诠释是这样的：“诚者，天之道也；思诚者，人之道也。”“信”的文字记录开始得比“诚”要早。它最早出现在晚商以降青铜器上的金文当中，如战国中山王鼎上铸有“余知其忠信也”字样。“信”，至少发生在两个人之间的关系当中，涉及自身外在的言行，涉及人与人之间的作用和影响。如果说“诚”的重心在于我，“信”的重心则在于人，尤其在于自身言行对他人的影响。所以，“信”是一种主体间的道德准则，而并不仅仅关系到一己之诚。②

诚信：为己与为人的基本规范。“诚”指真实的内心态度和品格，体现的是自我的道德修养，用于约束个体；“信”指人际关系中的践约与守诺，更多地体现一种外在的社会关系，是对社会群体的双向或多向要求，用于规范社会秩序。“诚信”作为一个词组连用始于战国中期以后，见《逸周书·官人解》：“父子之间观其孝慈，乡党之间观其信诚。”其后的《管子》《孟子》《荀子》等经典当中也陆续出现了“诚信”一词。如“诚信者，天下之结也”（《管子》），“故君子可欺以其方，难罔以非其道。彼以爱兄之道来，故诚信而喜之”（《孟子·万章上》），“端悫诚信，拘守而详”（《荀子·修身》）。由于先秦思想家的提炼和阐发，“诚信”作为一种思想最终得以确立，成为为己为人的基本规范，并被赋予了那个时代特定的道德价值和社会意义。“诚信”的基本内涵就是诚实信用的品行，其主要内容包括虔诚信奉、诚实守信和忠诚信义等。③

诚信作为一种美德是中华民族文化之宝，但它不仅属于历史，更属于当下。尤其是在今天的中国，诚信美德是一种重要的思想资源和价值指引。党的十六大特别强调现代诚信建设对传统诚信文化的继承，即在“与社会主义市场经济

---

① 刘丹编著：《社会主义核心价值观·关键词——敬业》，中国人民大学出版社2015年版，第8—9页。

② 刘翔、薛刚编著：《社会主义核心价值观·关键词——诚信》，中国人民大学出版社2015年版，第3—8页。

③ 刘翔、薛刚编著：《社会主义核心价值观·关键词——诚信》，中国人民大学出版社2015年版，第10—12页。

相适应、与社会主义法律规范相协调”的同时，也要与“中华民族传统美德相承接”。而党的十八大报告更是直接提出“倡导富强、民主、文明、和谐，倡导自由、平等、公正、法治，倡导爱国、敬业、诚信、友善，积极培育和践行社会主义核心价值观”。诚信的当代价值主要体现在四个方面：诚信能够提供一种哲学智慧、诚信能够呈现一种历史深度、诚信能够开示一种伦理启迪、诚信能够展现一种道德激励。①

友善作为一种价值观，不管在中国传统文化还是西方文化中，都有着深刻的思想渊源。从字源上分析，现代汉语中的“友善”在古代汉语中是分别作单字使用的。《说文解字》解释说：“同志为友，从二又，相交友也。”《易・兑》之疏有所谓：“同门曰朋，同志曰友。”作动词时，“友”有结交、互相合作、予人帮助或支持的意思。因此，“友”在古汉语中表示两个人以手相助，握手结交，彼此友好，相互帮助。“善”在古汉语中是一个会意字，从羊，从言。也就是说，“善”是由“羊”（吉祥的代表）和“言”（讲话）组成，本意是吉祥的话语，寓意互相帮助和互相祝福。因此，《说文解字》解释：“善，吉也。”所以“善”的本意为吉祥。“友”与“善”结合成友善，从字面上说就是像朋友一样善良。孟子曾说过：“与人为善，善莫大焉。”在儒家文化中，友善的内涵包括两个相互联系的层面：第一，友善并不是空洞的教条，而是一个人爱心的外化，孔子认为“仁者爱人”，就是说一个人友善的动力源于内心的仁爱，只有一个具有仁爱之心的人，才会对人友善，把这种爱传递给他人与社会。因此，中国儒家文化才会强调个人内在修养的重要性。第二，与人友善的前提是做到“将心比心”，孔子说的“己所不欲，勿施于人”与孟子强调的“老吾老以及人之老，幼吾幼以及人之幼”，都是要求人们将心比心、换位思考，真正理解他人，从而减少人际关系中的误解与分歧，实现人与人之间的理解与友善。②

孟子曰：“天时不如地利，地利不如人和”。在中国传统文化中，友善首先是一种个人品德，是一切道德修养的起点；友善还作为一种重要的道德规范来维系人类社会的道德秩序。友善虽然强调人际和谐，但这并不意味着无原则的迁就或趋炎附势，而是要做到“君子和而不同”。现代社会人们在爱好、个性、利益、兴趣等方面都有着许许多多的差异，在对待同一问题的理解上也有着各

① 刘翔、薛刚编著：《社会主义核心价值观・关键词——诚信》，中国人民大学出版社2015年版，第14—15页。

② 李荣、冯芸编著：《社会主义核心价值观・关键词——友善》，中国人民大学出版社2015年版，第3—4页。

自的见解与分歧。一个真正友善的人在对待具体问题时不应当简单地迎合别人的心理、附和他人的言论，要敢于坚持真理、坚持原则，和善且公正地表达自己的观点，不暗地里搞小动作，做到“君子坦荡荡”。这才是友善的本意。平等待人是友善的前提。友善作为人们之间的一种友好关系，不是一种等级关系，而是一种平等关系，也就是说友善是发生在平等的公民之间的一种关系。现代社会的主要标志就是人与人之间在政治上的地位差别已经不复存在，无论地位高低、财富多寡，每一个人都是社会的平等成员，大家都是公民。① 友善在本质上是互动的和互利的。长期以来，人们倾向于将友善理解为“毫不利己、专门利人”，从而把友善理解为单向度的施予行为，而忽略了友善的互动性。在一个充满友善和关爱的社会中，每一个个体既是友善的施予者，又是友善的受益者。实际上，社会在本质上就是要通过社会成员间的互助互爱而实现人与人之间的互利。列夫·托尔斯泰曾经说过：“个人离开社会不可能得到幸福，正如植物离开土地而被扔到荒漠不可能生存一样”。党的十八大以来，各地各部门认真贯彻中央精神，加强志愿服务制度化建设，我国的志愿服务已经进入一个新的发展阶段。② 志愿服务，以利他、自愿、无偿为基本要求，形成的是团结互助、平等友爱的人际关系，体现的是公民的社会责任意识，反映的是社会文明进步的水平，是“我为人人、人人为我”良好社会风尚的具体体现，更是加强思想道德建设、培育和践行社会主义核心价值观的重要载体。③

2. 个人层面基本内容的核心

党的十八大报告指出，社会主义核心价值体系是兴国之魂，决定着中国特色社会主义发展方向。

社会主义核心价值观个人层面的这 8 个字内容的核心是集体主义指导下的道德建设。党的十八大报告指出，要深入开展爱国主义、集体主义、社会主义教育，丰富人民精神世界，增强人民精神力量。习近平同志在 2014 年 5 月 4 日到北京大学和同学们进行了座谈，他在谈到核心价值观时就把核心价值观归纳为道德问题。他说，“核心价值观，其实就是一种德，既是个人的德，也是一

① 李荣、冯芸编著：《社会主义核心价值观·关键词——友善》，中国人民大学出版社 2015 年版，第 3—8 页。

② 2013 年 12 月 5 日，中国志愿服务联合会在北京登记成立，它是由志愿者组织、志愿者自愿组成的全国性、联合性、非营利性社会组织，在中央文明委指导下开展工作。中国志愿服务联合会的宗旨是：普及志愿理念，弘扬志愿精神，培育志愿文化，组织开展志愿服务活动，推动形成我为人人、人人为我的社会风尚。

③ 李荣、冯芸编著：《社会主义核心价值观·关键词——友善》，中国人民大学出版社 2015 年版，第 8—12 页。

种大德，就是国家的德、社会的德。”习近平同志非常明白地把这个社会主义核心价值观中的最后这8个字归到“德”的层面上。在2014年2月17日的讲话中，他特别强调道德价值。他说，在核心价值体系和核心价值观中，道德价值具有十分重要的作用。明显地把核心价值体系指导下的核心价值观中个人层面的内容规范为道德。①

3. 用集体主义指导个人层面价值观建设

个人层面的这8个字是对公民的道德要求，是道德准则。作为道德准则，就要接受集体主义的指导。集体主义主要通过两个方面来指导道德建设。一是从个人与社会关系的层面来指导。要正确处理个人与社会的关系，这是集体主义对于道德建设提出的第一个根本要求。道德无非是个人和社会的关系问题、个人和他人的关系问题，而处理这些关系的准则就是集体主义。个人与社会的关系是人生价值观的核心问题。个人利益只有在集体利益中才能实现。处理这个关系必须按照集体主义的原则，人生价值观就是社会主义道德的基本框架，必须在集体主义的指导下。二是用集体主义来指导道德建设，就是端正人生价值的标准。不同的社会有不同的人生价值的标准，现代社会流行的是两种标准。一种是拿金钱和资本来衡量一个人有没有价值。西方资本主义社会基本上都是这样，谁有钱、谁有资本、谁的钱多、谁的资本巨大，谁就有价值，谁就受尊敬。但是在社会主义社会里流行的是另外一种人生价值的标准，这就是劳动和奉献，谁的劳动态度好，谁对社会的贡献大，谁就受尊敬，谁就有价值。② 马克思的巨著《资本论》的结论实际上就是一句话，他以雄辩的逻辑和事实证明，社会的物质财富是由劳动创造出来的，而不是资本创造出来的。习近平同志对职业教育工作作出重要批示时深刻指出，劳动光荣，技能宝贵，创造伟大。他说，要树立正确人才观，培育和践行社会主义核心价值观，着力提高人才培养质量，弘扬劳动光荣、技能宝贵、创造伟大的时代风尚，营造人人皆可成才、人人尽展其才的良好环境，努力培养数以亿计的高素质劳动者和技术技能人才。劳动光荣、技能宝贵、创造伟大，就是他所提倡的这个时代的新风尚，也是我们对人才贡献的新理解。习近平同志倡导劳动光荣，为我们坚持集体主义价值观中的以劳动和贡献来衡量人的价值，又提供了一个新的支持。③

---

① 贺亚兰主编：《社会主义核心价值观若干重大理论与现实问题》，人民出版社2016年版，第71页。

② 贺亚兰主编：《社会主义核心价值观若干重大理论与现实问题》，人民出版社2016年版，第76页。

③ 贺亚兰主编：《社会主义核心价值观若干重大理论与现实问题》，人民出版社2016年版，第77页。

（二）社会层面的基本内容

十八大报告提出要加强社会主义核心价值体系建设，倡导富强、民主、文明、和谐，倡导自由、平等、公正、法治，倡导爱国、敬业、诚信、友善，积极培育和践行社会主义核心价值观。第二个倡导就属于社会层面的内容。在中共中央办公厅印发的《关于培育和践行社会主义核心价值观的意见》中，自由、平等、公正、法治就是社会层面的价值要求。[①] 在社会主义核心价值观的丰富内涵中，自由、平等、公正、法治体现了中国特色社会主义社会的基本属性，也是中国共产党人一贯倡导的价值目标。人的自由而全面的发展是马克思主义追求的终极目标。中国共产党自成立之日起，就把团结和带领人民实现自由、民主、平等写到自己的旗帜上，并为之进行着不懈的奋斗。中华人民共和国成立以来，中国共产党仍然把这些目标写到社会主义旗帜上，使之成为激励人们发愤图强的价值追求，成为建设社会主义的强大精神动力。[②]

1. 自由是社会主义的价值理想

自由是一个外来词，英语中的 liberty 和 freedom 两词的意义相近，分别来自于拉丁语系和日耳曼语系。19 世纪末，严复把它译介入中国，用了自由这一概念。可以说这种译法既确切又巧妙，因为在汉语里，正像自尊是尊重自己，自爱是爱护自己一样，自由就是要由自己而不是由别人或由什么别的力量来决定自己的行动。[③] “自由”，就其最一般的意义来说，指的是人们在社会生活中能够根据自己的需要、利益与意志，自主地选择自己的生活、表达自己的思想、实现自己意愿的能力与行为。[④] 自由是一个内涵十分丰富的概念。千百年来它始终是人们关注的重大问题，许多哲学家、思想家都把它作为一个重大课题来研究，提出了不同的认识和主张。马克思主义认为，要把自由观念放到一定历史阶段的社会关系特别是生产关系中来考察其丰富内涵。从社会权利意义上谈自由，社会自由的程度体现为人享有社会权利的程度和水平。马克思认为，人与人的关系发展表现为社会规律，这些规律不仅不以人们的意志、意识和愿望为转移，反而决定人们的意志、意识和愿望。社会规律的基本内容就是生产力决定生产关系，经济基础决定上层建筑。在社会规律作用下，社会自由受到社

---

① 贺亚兰主编：《社会主义核心价值观若干重大理论与现实问题》，人民出版社 2016 年版，第 65 页。

② 郝青杰、杨志芳：《社会主义核心价值观导论——价值理想：自由平等公正法治》，安徽人民出版社 2013 年版，第 11 页。

③ 贺亚兰主编：《社会主义核心价值观若干重大理论与现实问题》，人民出版社 2016 年版，第 47 页。

④ 袁久红主编：《社会主义核心价值观丛书——自由篇》，江苏人民出版社 2015 年版，第 9 页。

会经济关系的制约。[1] 恩格斯给自由下过一个经典定义：自由不在于幻想中摆脱自然规律而独立，而在于认识这些规律，从而能够有计划地使自然规律为一定的目的服务。毛泽东同志则用了更为精炼、更为简洁的语言概括：自由是对必然的认识和客观世界的改造。[2]

社会主义核心价值观所倡导的“自由”，其基本内涵指的是人通过实践活动，将人从自然社会及人自身的必然性的束缚下解放出来，成为自然、社会和人自身的主人。[3]“自由就在于根据对自然界的必然性的认识来支配我们自己和外部自然界”。[4] 它是一种社会政治权利，也意味着相应的义务，是权利与义务的统一。自由既是个人的，也是社会的，是个人自由与社会自由的辩证统一。社会主义核心价值观倡导的“自由”，终极指向的是一个精神自由与行动自由、个人自由与社会自由的完美统一的社会理想，指向一个以“人的全面而自由发展”为基本原则的社会形式。[5]

自由作为一种价值理念，一直是中国共产党人不懈追求的目标。近代中国沦为半殖民地半封建社会，国家主权沦丧，人民的自由失去了最起码的保证，中国共产党领导人民经过 28 年艰苦卓绝的斗争，完成了新民主主义革命的任务。中华人民共和国成立以后，党领导人民进行社会主义改造，建立社会主义制度，在经济上实行生产资料公有制，在政治上保障人民当家做主，为实现人民和社会的自由打下了坚实的基础。改革开放新时期，党领导人民破除个人迷信，解放思想、实事求是，给人以思想自由；建立和发展社会主义市场经济与国际市场接轨，逐步扩大人民的经济自由；法律面前人人平等，推行法制保障人权，给人以政治自由。社会各方面的活力竞相迸发，一切创造社会财富的源泉充分涌流，改革开放才取得了令人瞩目的伟大成就，这也是在改革开放 40 多年之后，党中央把自由确定为社会主义核心价值观基本内容的理论和实践依据。[6] 当然，中国还是一个发展中国家，我们仍处在社会主义初级阶段，仍然存在不少制约人的自由发展的因素。在新时代，把自由确定为社会层面的价值理想，就是要确保公民权利、鼓励公民奋斗，营造既有民主又有集中、既有纪

---

① 郝青杰、杨志芳：《社会主义核心价值观导论——价值理想：自由平等公正法治》，安徽人民出版社 2013 年版，第 32 页。

② 贺亚兰主编：《社会主义核心价值观若干重大理论与现实问题》，人民出版社 2016 年版，第 47 页。

③ 袁久红主编：《社会主义核心价值观丛书——自由篇》，江苏人民出版社 2015 年版，第 9 页。

④ 《马克思恩格斯文集（第 9 卷）》，人民出版社 2009 年版，第 120 页。

⑤ 袁久红主编：《社会主义核心价值观丛书——自由篇》，江苏人民出版社 2015 年版，第 10 页。

⑥ 贺亚兰主编：《社会主义核心价值观若干重大理论与现实问题》，人民出版社 2016 年版，第 50 页。

律又有自由的社会环境。

自由需要法律的保障。[①] 信仰自由是自由理念的重要内容。[②] 作为社会主义核心价值观的自由，毋庸置疑，是对马克思主义自由观的继承和深入发展，是马克思主义中国化实践过程中一个非常突出的理论成果。[③] 把自由、民主、人权说成是绝对的好东西，也是站不住的；世界上不可能有绝对的自由，否则人类社会赖以正常运行的秩序就会崩溃，人类将自我毁灭；民主如果离开法制的规范，只会带来动乱和灾难；公民如果只要权利而不履行义务，任何国家都将无法维持，人权最终也无法得到保障。所以，在对待自由这个问题上，我们应该坚持马克思主义指导思想，坚持从我国的实际国情出发，这样才能有一个科学全面的认识。[④]

2. 平等是社会主义的本质要求

我国《宪法》第4条规定："中华人民共和国各民族一律平等"。平等一词是指人与人之间在经济、政治、文化等方面处于同等的地位，享有同等的权利。具体而言，一个社会的全部成员在作为人、作为社会主体的意义上是完全平等的，社会应该把每个人都作为平等的成员来对待，确保他们生存和发展的需求得到同等程度的尊重和满足，这就是现代社会平等理念的基本内涵。平等反映了人与人相互关系的对比状况，是衡量人类文明进步的重要标准，也是人类向往的理想价值。社会主义倡导的平等，不仅包括机会平等、权利平等，而且包括结果平等。[⑤] 平等一直是中国共产党领导中国革命和建设的核心理念。党的十八大提出，努力营造公平的社会环境，保证人民平等参与、平等发展的权利。把平等作为社会主义核心价值观内容之一，这就要求我们既要弘扬平等观念，营造平等氛围，让平等内化于心；又要积极推进经济、政治、文化、社会等各

---

① 近年来，国家十分注重从保障人权的要求出发修改有关法律法规。2012年新修改的《刑事诉讼法》写入"尊重和保障人权"内容，并在证据制度、辩护制度、强制措施、侦查措施、审查起诉、审判程序、执行程序的修改完善和增加规定特别程序中，贯彻了尊重和保障人权的精神。这是中国人权事业的重大进步，对于惩罚犯罪，保护人民，保障公民的诉讼权利和其他合法权利，具有重大意义。2012年修改的《民事诉讼法》，进一步保障了当事人的诉讼权利，完善了起诉和受理程序、开庭前准备程序、简易程序、审判监督程序和执行程序，完善了保全制度、证据制度和裁判文书公开制度，增加了公益诉讼制度、对案外被侵害人的救济程序。

② 在《宗教事务条例》的基础上，国家宗教事务局已先后制定实施9个配套部门规章。政府积极推进宗教领域依法行政，规范行政权力。

③ 袁久红主编：《社会主义核心价值观丛书——自由篇》，江苏人民出版社2015年版，第11页。

④ 郝青杰、杨志芳：《社会主义核心价值观导论——价值理想：自由平等公正法治》，安徽人民出版社2013年版，第34页。

⑤ 贺亚兰主编：《社会主义核心价值观若干重大理论与现实问题》，人民出版社2016年版，第51—53页。

个领域改革，消除影响平等的体制机制障碍，让平等固化于法。内化于心也好，固化于法也好，归根结底是要外化于行，让平等真正成为社会变革和进步的价值目标，使我们的社会真正成为人人平等的社会。①

马克思主义的平等观具有社会现实性。马克思主义不仅在理论上揭露资产阶级对无产阶级的残酷剥削，更是对现实世界进行革命的、实践的批判，从而实现无产阶级的阶级解放和发展。马克思、恩格斯指出："只有在现实的世界中并使用现实的手段才能实现真正的解放。"② 这也就决定了马克思主义实现平等的途径不是求助于理性，而是以现实的革命的方式，消灭阶级及一切腐朽的东西，从而实现人类的最高平等理想共产主义。③ 在全面推进中国特色社会主义建设发展过程中，将平等作为社会主义核心价值观予以追求，具有特别重要的意义。平等是维护社会主义公平正义的基础，是实现人们自由发展的前提，是实施依法治国的必要条件。平等是维护公平正义的基础。④ 古往今来，公平正义一直是人类社会追求的基本价值。是否在政治、经济、文化及社会领域实现公平正义，是评价一个国家、一个民族乃至一个时代的最高标准。党的十八大报告明确指出：公平正义是中国特色社会主义的内在要求。实现和维护社会公平正义，是我们始终不渝的价值目标，这一目标的实现对于彰显中国特色社会主义的价值优势、制度优势，具有重大意义。⑤

平等是实现自由发展的前提。平等是一种对人的尊重，包含对每个人独立的生命价值的认可。平等内在地体现了自由的要求。马克思说，平等是人在实践领域中对自身的意识，也就是人意识到别人是和自己平等的人。平等的观念来源于人对自我意识、人类意识的觉醒，无论是要求平等待人还是平等待己，都是为了摆脱对"人的依赖关系"，实现对人的自由个性的发展。⑥

---

① 贺亚兰主编：《社会主义核心价值观若干重大理论与现实问题》，人民出版社 2016 年版，第 54—55 页。

② 《马克思恩格斯选集（第 1 卷）》，人民出版社 1995 年版，第 74 页。

③ 郝青杰、杨志芳：《社会主义核心价值观导论——价值理想：自由平等公正法治》，安徽人民出版社 2013 年版，第 66—67 页。

④ 胡锦涛同志在《坚定不移沿着中国特色社会主义道路前进为全面建成小康社会而奋斗——在中国共产党第十八次全国代表大会上的报告》指出：必须坚持维护社会公平正义。公平正义是中国特色社会主义的内在要求。在全体人民共同奋斗、经济社会发展的基础上，加紧建设对保障社会公平正义具有重大作用的制度，逐步建立以权利公平、机会公平、规则公平为主要内容的社会公平保障体系，努力营造公平的社会环境，保证人民平等参与、平等发展权利。

⑤ 吴晓云编著：《社会主义核心价值观·关键词——平等》，中国人民大学出版社 2015 年版，第 51 页。

⑥ 吴晓云编著：《社会主义核心价值观·关键词——平等》，中国人民大学出版社 2015 年版，第 56—58 页。

平等是实施依法治国的条件。俗话说，无规矩不成方圆。法治的观念，古往今来源远流长。东汉许慎在《说文解字》中解释："法，刑也，平之如水。"可见，中国古人很早就赋予法律公正、平等的价值内涵。古希腊哲人亚里士多德有句名言："法治包含两重意义：已成立的法律获得普遍的服从，而大家所服从的法律又应该本身是制订得良好的法律。"① 这是将普遍服从良法的观念确立为法治的一个基本原则。② 法律面前人人平等是我国依法治国方略的根本基础。③ 一方面，为人民的平等权利和义务提供法律保障，是中国特色社会主义法律体系的宗旨所在。《中华人民共和国宪法》规定：中华人民共和国公民在法律面前一律平等。国家尊重和保障人权。根据宪法关于尊重和保障人权的这条原则，我们从中国的基本国情出发，切实制定和实施了《国家人权行动计划》，从立法、行政和司法各个环节，全面落实尊重和保障全体社会成员平等参与、平等发展的经济、社会和文化权利，努力使每个社会成员生活得更有尊严、更加幸福。④

社会主义核心价值观中的平等，与马克思主义的平等观既一脉相承又与时俱进，既继承了中国传统文化中平等的丰富思想，又借鉴了西方文化传统平等理论的有益营养，同时又具有鲜明的时代特色。平等的实现是一个持续努力、永无止境的过程。作为一个美好的价值理想，平等的实现程度既受到经济社会发展水平的制约，又受到特定社会制度性质的左右，不能脱离现实发展水平和具体社会制度去盲目追求平等。这是我们把握"平等"观念的基本原则。⑤

---

① ［古希腊］亚里士多德：《政治学》，商务印书馆1981年版，第199页。

② 吴晓云编著：《社会主义核心价值观·关键词——平等》，中国人民大学出版社2015年版，第64页。

③ 胡锦涛同志在《坚定不移沿着中国特色社会主义道路前进为全面建成小康社会而奋斗——在中国共产党第十八次全国代表大会上的报告》指出：法治是治国理政的基本方式。要推进科学立法、严格执法、公正司法、全民守法，坚持法律面前人人平等，保证有法必依、执法必严、违法必究。完善中国特色社会主义法律体系，加强重点领域立法，拓展人民有序参与立法途径。推进依法行政，切实做到严格规范公正文明执法。进一步深化司法体制改革，坚持完善中国特色社会主义司法制度，确保审判机关、检察机关依法独立公正行使审判权、检察权。深入开展法制宣传教育，弘扬社会主义法治精神，树立社会主义法治理念，增强全社会学法尊法守法用法意识。提高领导干部运用法治思维和法治方式深化改革、推动发展、化解矛盾、维护稳定能力。党领导人民制定宪法和法律，党必须在宪法和法律范围内活动。任何组织或者个人都不得有超越宪法和法律的特权，绝不允许以言代法、以权压法、徇私枉法。

④ 吴晓云编著：《社会主义核心价值观·关键词——平等》，中国人民大学出版社2015年版，第66页。

⑤ 郝青杰、杨志芳：《社会主义核心价值观导论——价值理想：自由平等公正法治》，安徽人民出版社2013年版，第70—71页。

3. 公正是社会主义的价值取向

所谓公正，意思就是公平正义。公正在社会主义价值体系中的核心地位更是由其内在实质和历史现实中的作用所决定的。[①] 公平主要涉及机会、待遇、权利和在适用的规则面前人人一律平等；正义主要指在实体处理的结果方面作出的符合真善美等价值认同的肯定性评价。社会主义的公正理念，吸收借鉴了资本主义创作的文明成果，但又和资本主义的公正理念有着本质区别。由于在社会主义条件下实现了生产资料公有制，实现了人民当家做主，公正才真正成为社会主义制度的内在要求，公正才真正有条件得以实现。[②]

公正是社会主义和谐社会的基本特征。实现社会和谐，建设公正的社会，始终是人民群众孜孜以求的社会理想。历代思想家们的众多观点和主张，充分展示了公正的丰富内涵。社会主义核心价值观中的公正概念，正是对古今中外思想家关于公正思想的批判继承和科学发展，同时具有十分鲜明的中国特色和时代特征。[③]

在中国传统文化中，“公”是国之为国的社会性要求，“义”是人之为人的社会属性。《墨子·天志下》中的“义者，正也”，儒家的“大道之行也，天下为公”、“唯公然后可正天下”。中国古代的公正思想极其丰富。到了近代，严复引进西方“自由、平等、民主”的公正观。康有为在《大同书》中则描绘了一个“人人相亲，人人平等，天下为公”的理想社会。[④] 柏拉图将正义看作一种人类美德的道德原则，并明确提出“正义就是平等”的命题。亚里士多德也认为，“所谓‘公正’，它的真实意义，主要在于‘平等’。如果要说‘平等的公正，这就得以城邦的整个利益以及全体公民的共同的善业为依据。”[⑤]

公正也是马克思主义和社会主义最核心的价值追求。在马克思主义关于未来社会的设想中，公平正义都是基本的价值追求。公平正义是马克思主义特别是中国化的马克思主义的核心价值理念和追求。马克思主义不同于历史上所有关于公平正义的论述之处在于马克思主义不停留在价值理想的认识层面，而是试图通过发展生产力和生产关系的革命实践，铲除造成社会不公正的前提条件，

---

① 韩震：《社会主义核心价值观新论——引领社会文明前行的精神指南》，中国人民大学出版社2014年版，第42页。

② 贺亚兰主编：《社会主义核心价值观若干重大理论与现实问题》，人民出版社2016年版，第58页。

③ 郝青杰、杨志芳：《社会主义核心价值观导论——价值理想：自由平等公正法治》，安徽人民出版社2013年版，第84页。

④ 桑学成主编：《社会主义核心价值观研究丛书——公正篇》，江苏人民出版社2015年版，第2—3页。

⑤ 亚里士多德：《政治学》，商务出版社1965年版，第153页。

为公平正义的社会准备物质基础。中国人民选择马克思主义作为自己的指导思想，就是因为马克思主义有立意高远的公平正义之核心价值理念，从而成为中国人民争取民族解放，建设公平正义之和谐社会的强有力的思想武器。[①] 在人类思想史上，马克思主义第一次科学阐明了实现社会公正的途径，并把社会公正的实现同人的解放和全面发展结合起来，为我们正确认识公正问题奠定了坚实的理论基础。马克思主义认为，公正作为价值观念是人们的一种要求和向往，从来都不能超出一定社会的经济政治结构所允许的限度，它是由一定生产力水平决定的经济关系和社会关系。在存在阶级压迫和剥削的社会里，真正的社会公正是无法实现的。只有在推翻了阶级压迫和剥削的社会里，社会公正的实现才具有现实可能性。马克思主义认为社会公正是相对的。人类的发展历史表明，社会公正总是相对的，绝对的社会公正虽然美好，但是在现实生活中是难以真正实现的。马克思主义认为社会公正是具体的。社会公正要求经济、政治、文化等各种权利在社会成员之间合理分配，各种义务合理承担。但具体如何分配与承担才是合理的，在具体的领域又有具体的内涵和具体的标准。在马克思主义看来，社会公正的实现是一个持续努力、永无止境的过程。作为一个美好的追求和理想的价值观念，社会公正的实现程度受到经济社会发展水平的制约，我们不能脱离现实发展水平去盲目追求社会公正。[②]

公平正义还反映了社会主义特别是中国特色社会主义制度的本质要求，是社会主义的长久的历史目标，代表着人类历史发展的前进方向。我们党在改革开放以来，先后提出，既促进经济发展又促进社会全面进步是“社会主义新社会的本质要求”，社会公平正义是“社会主义制度的本质要求”。党的十七大报告中指出：“实现社会公平正义是中国共产党人的一贯主张，是发展中国特色社会主义的重大任务。”党的十八大报告进一步强调：“必须坚持维护社会公平正义。公平正义是中国特色社会主义的内在要求。要在全体人民共同奋斗、经济社会发展的基础上，加紧建设对保障社会公平正义具有重大作用的制度，逐步建立以权利公平、机会公平、规则公平为主要内容的社会公平保障体系，努力营造公平的社会环境，保证人民平等参与、平等发展权利。”

党的十八大报告提出，我们必须坚持走共同富裕道路，使发展成果更多更公平地惠及全体人民；我们必须坚持维护社会公平正义。在当代中国，把公平

---

① 韩震：《社会主义核心价值观新论——引领社会文明前行的精神指南》，中国人民大学出版社2014年版，第43—44页。

② 郝青杰、杨志芳：《社会主义核心价值观导论——价值理想：自由平等公正法治》，安徽人民出版社2013年版，第91—93页。

正义作为社会层面的价值取向，用形象的话说，也就是习近平同志在谈到中国梦的时候提出的，共同享有人生出彩的机会，共同享有梦想成真的机会，共同享有同祖国和时代一起成长与进步的机会。有梦想有机会有奋斗，一切美好的东西都能创造出来。①

公正是调节社会关系和国际关系的最重要价值规范。公平正义集中体现在民族精神、时代精神以及中国特色社会主义道德规范之中。中华民族历来崇尚“天下为公”的原则，追求人间“大同”的理想，这些原则和理想也推动着中国社会的发展和进步。公平正义是马克思主义的核心的价值追求之一。公平是最能够体现社会主义制度和意识形态性质的价值。②

4. 法治是社会主义的治国方略

法治是人类文明之树上的丰硕成果，是迄今为止有效规范国家政治权力的最有力武器之一，是一个国家和社会政治文明发展水平的重要标志。我国古代虽然也有比较丰富的法治思想，但由于受社会发展水平的制约，受到我国人治传统文化的影响，法治观念在政府和社会管理中并没有发挥其应有的作用。党的十八大报告指出：更加注重发挥法治在国家治理和社会管理中的重要作用，维护国家法制统一、尊严、权威，保证人民依法享有广泛权利和自由。在当代，加强社会主义法治建设，弘扬社会主义法治观念，建设法治中国，是中国特色社会主义政治文明建设的迫切需要。③

汉语中“法”的古体写做“灋”。我国历史上第一部字典《说文解字》解释为：“灋，刑也，平之如水，从水；廌，所以触不直者去之，从去。”“平之如水”，表明法象征公平、公正。“廌”是传说中的一种独角神兽，据说能够明辨是非，审判时被廌触者即为败诉或有罪，这表明法又有“明断曲直”之意。无独有偶，在西方古代，拉丁文 jus 不仅有“法律”的意思，还兼有权利、公平、正义等含义。这表明，无论东西方，都把追求公平、公正作为“法”的题中应有之义。④

马克思主义的诞生对准确揭示法的本质提供了有力的武器，马克思恩格斯

---

① 贺亚兰主编：《社会主义核心价值观若干重大理论与现实问题》，人民出版社 2016 年版，第 60 页。

② 韩震：《社会主义核心价值观新论——引领社会文明前行的精神指南》，中国人民大学出版社 2014 年版，第 45—46 页。

③ 郝青杰、杨志芳：《社会主义核心价值观导论——价值理想：自由平等公正法治》，安徽人民出版社 2013 年版，第 115 页。

④ 韩震、严育编著：《社会主义核心价值观关键词——法治》，中国人民大学出版社 2015 年版，第 3 页。

把唯物史观的基本原理应用于对法律现象的研究，指出法律不是从来就有的，而是随着私有制、阶级和国家的出现而逐步产生的。马克思主义认为，所谓法，就是国家制定或认可并以国家强制力保证实施的，反映由特定社会物质生活条件所决定的统治阶级意志的规范体系。法通过规定人们相互关系中的权利和义务关系，确认、保护和发展对统治阶级有利的社会关系和社会秩序。[①] 马克思主义经典作家继承了人类法治文明的优秀成果，以唯物史观为理论基础，以唯物辩证法为思想方法，在科学批判资本主义法治理论的基础上，深刻揭示了法律的产生、本质和发展规律，创立了马克思主义法学理论，成为社会主义法治建设的指导思想。马克思主义认为，法律产生的根源不是某种理性原则，也不是什么先验范畴，而是物质的生活关系。[②] 马克思在《政治经济学批判导言》中明确指出："法的关系正像国家的形式一样，既不能从它们本身来理解，也不能从所谓人类精神的一般发展来理解，相反，它们根源于物质的生活关系，是这种物质的生活关系的总和。"马克思主义认为，法律不是超历史的，是人类社会发展到一定历史阶段的产物，并会随着人类社会的发展而不断发展演化。马克思主义经典作家历来重视人在法律中的特殊地位，马克思早就提出过"法典就是人民自由的圣经"[③] 的著名观点。[④]

"法治"是一个合成词，就是"法"和"治"，"法治"既可以理解为"法的治理"（rule by law），也可理解为"法的统治"（rule of law）。"法的统治"，强调的是法律本身的权威，这需要人类社会发展到一定阶段才能出现，我们今天所谈论的法治，就是"法的统治"意义上的法治。法治是一种贯彻法律至上、严格依法办事的治国原则和方式。它要求法律具有至高无上的权威，并在全社会得到有效的实施、普遍的遵守和有力的贯彻。法治作为一种先进的治国方式，要求整个国家以及社会生活均依法而治，即管理国家、治理社会，是凭靠法律这种公共权威，这种普遍、稳定、明确的社会规范，而不是靠任何人格权威，不是靠掌权者的威严甚至特权，不依个人意志为转移。[⑤] 法治顾名思义就是依法治理。法治是一种治国理念、治国方略，强调的是法律的权威性和普

---

① 韩震、严育编著：《社会主义核心价值观关键词——法治》，中国人民大学出版社2015年版，第3页。

② 郝青杰、杨志芳：《社会主义核心价值观导论——价值理想：自由平等公正法治》，安徽人民出版社2013年版，第127—128页。

③ 《马克思恩格斯选集（第1卷）》，人民出版社1995年版，第176页。

④ 郝青杰、杨志芳：《社会主义核心价值观导论——价值理想：自由平等公正法治》，安徽人民出版社2013年版，第128页。

⑤ 韩震、严育编著：《社会主义核心价值观关键词——法治》，中国人民大学出版社2015年版，第3—4页。

遍适用性，其基本内涵在于把法律作为治理国家和社会的最高准则，任何人任何机构都不得凌驾于法律之上。我国《宪法》第 5 条规定："中华人民共和国实行依法治国，建设社会主义法治国家。国家维护社会主义法制的统一和尊严。一切法律、行政法规和地方性法规都不得同宪法相抵触。一切国家机关和武装力量、各政党和各社会团体、各企业事业组织都必须遵守宪法和法律。一切违反宪法和法律的行为，必须予以追究。任何组织或者个人都不得有超越宪法和法律的特权。"

在当代中国，把法治作为一种核心价值理念，就是要在中国共产党领导下制定完善的法律制度，依照法律管理国家社会事务，切实坚持法律面前人人平等，让遵法守法成为一种良好的社会风气和自觉的行为习惯，让人民群众在法治社会中享受到公平正义。具体说来，社会主义法治理念主要包括 5 个方面的内容：依法治国、执法为民、公平正义、服务大局、党的领导。其中依法治国是社会主义法治的核心内容。1997 年，党的十五大明确提出了依法治国的基本方略，确定了建设社会主义法治国家的战略目标。1999 年九届全国人大二次会议，把"依法治国，建设社会主义法治国家"载入宪法。①

依法治国，就是要以宪法和法律作为党领导人民治理国家的基本方式，主要包括科学立法、严格执法、公正司法、全民守法，其中全面贯彻实施宪法，是建设社会主义法治国家的首要任务和基础性工作。正如习近平同志在纪念宪法实施 30 周年座谈会上讲话所说，宪法的生命在于实施，宪法的权威也在于实施。公平正义是社会主义法治的价值追求，也是中国特色社会主义的价值取向。其中立法是公平正义的起点，执法是公平正义的保障，司法是公平正义的最后一道防线。②

（三）国家层面的基本内容

十八大报告提出要加强社会主义核心价值体系建设，倡导富强、民主、文明、和谐，倡导自由、平等、公正、法治，倡导爱国、敬业、诚信、友善，积极培育和践行社会主义核心价值观。第一个倡导就属于国家层面的内容。在中共中央办公厅印发的《关于培育和践行社会主义核心价值观的意见》中，富

---

① 贺亚兰主编：《社会主义核心价值观若干重大理论与现实问题》，人民出版社 2016 年版，第 62—63 页。

② 贺亚兰主编：《社会主义核心价值观若干重大理论与现实问题》，人民出版社 2016 年版，第 63 页。

强、民主、文明、和谐是国家层面的价值目标。①

1. 富强：是社会主义现代化国家经济建设的价值目标

富强，即国强民富，是社会主义现代化国家的强国之本，是中华民族的千年夙愿和中国共产党人的奋斗目标，是社会进步、人的自由全面发展的物质基础。富强包含着两大主体的价值诉求：一是人民富裕，二是国家强盛。富强首先在于富民，没有民富就没有国强。②

将富强列为国家层面价值目标的首位要素，体现了马克思主义唯物史观生产力标准的根本要求，是生产力标准和价值标准的统一。“在社会主义国家，一个真正的马克思主义政党在执政以后，一定要致力于发展生产力，并在这个基础上逐步提高人民的生活水平。”③ 今天，中国共产党人正带领中国人民为实现中华民族伟大复兴的中国梦而奋斗，国家富强正是实现这一梦想的物质基础和制度保障。发展是硬道理，发展是第一要务，发展才能富强，发展是解决我国所有问题的关键。富强作为国家层面的核心价值，其重大现实意义在于，警醒全党全国各族人民始终把注意力凝聚到聚精会神搞建设、一心一意谋发展、建设社会主义现代化强国的目标上来。④

党的十八大首次将“富强”明确定位于“社会主义核心价值观”之价值目标的首位，也标志着“富强”已经从一般的物质层面概念跃升为具有统摄力和支配地位的观念范畴，成为主流意识形态。富强价值观的形成既是历史发展的产物，又是时代的呼唤和要求。它不仅体现了中华民族的梦想和追求，也涵盖了中国特色社会主义的本质要求，更是当代中国梦的立足点和落脚点。在更具体的层面上，它必然包含中国人对于现代化的具体追求，其中既有传统意义上的工业现代化、农业现代化、国防现代化、科技现代化，也包含与时代发展紧密相关的生态现代化和人的现代化。⑤

从词意来看，“富”与“强”二字的意思从古至今基本一致，没有根本性的差别。“富”字在古代文献中基本意思就是丰足、充备。《说文》“富，备也。一曰厚也。”《论语·学而》“富而无骄。”邢昺疏：“多财曰富。”皆以资财丰

---

① 贺亚兰主编：《社会主义核心价值观若干重大理论与现实问题》，人民出版社 2016 年版，第 65 页。

② 贺亚兰主编：《社会主义核心价值观若干重大理论与现实问题》，人民出版社 2016 年版，第 224 页。

③ 《邓小平文选（第 3 卷）》，人民出版社 1993 年版，第 28 页。

④ 贺亚兰主编：《社会主义核心价值观若干重大理论与现实问题》，人民出版社 2016 年版，第 225 页。

⑤ 王明生主编：《社会主义核心价值观丛书——富强篇》，江苏人民出版社 2015 年版，第 28 页。

足为富。而《论语》“富哉言乎”之“富”，朱子注曰：“所包者广。”“强”字意思则是强壮有力，《说文》“强，弓有力也。”《字汇・弓部》“强，壮盛也。”①《管子》“主之所以为功者，富强也。”“凡治国之道，必先富民。民富则易治也，民贫则难治也”。因此，“富强”一词的内涵清晰明了，毫无歧义，就是指富足强盛。现代社会，作为价值观层面的富强，其基本内涵的外延已有很大地拓展，它不仅包含工农业发达、物质丰富、国防强大，也包含人的精神富足、文化昌盛、生态良好。②

富强作为社会主义核心价值观中排在首位的价值观，具有根本性、基础性、优先性特征。富强价值观与同其他意识形态一样，具有各种功能和作用，但其引导功能和评价功能最为突出。一是中华民族以往的富强历史是永恒的、为之骄傲的记忆，同样是今后努力的方向；二是近代中国贫穷、羸弱的历史也是永远的伤痛和记忆，一定要以史为鉴，绝不重蹈覆辙；三是当下一定要发挥中华民族的聪明才智、想尽一切办法，通过积极努力探索和寻找中华民族不断强盛、富裕的道路和途径。富强价值观的首要地位也就意味着对于中华民族来说寻求既富且强的目标是当下最紧要、最核心的目标和任务。③

2. 民主：人类追求的价值理想

民主是现代政治的基本价值和合法性依据，是社会主义现代化国家的治国之要。民主既是一种价值理念，又是一种政治实践和制度安排，既带有普遍性，又是具体、相对的，既是政治理想，又是历史的发展形态。④

民主反映社会主义本质要求。人民民主是社会主义的生命。民主是社会主义的本质要求，没有民主就没有社会主义，就没有社会主义现代化。发展社会主义民主，必须做到坚持党的领导、人民当家做主和依法治国的统一。人民民主一直是中国共产党人的核心价值追求。所谓民主，就是社会由人民治理或由民众做主。实际上，民主就是社会成员之间为了达成利益调节或妥协而安排的社会协商机制，以便实现社会成员平等参与公共生活和决定利益配置的可能性。有了多方面利益调节的协商机制，有了达成不同利益主体之间妥协的程序，社会治理才会获得尽可能多的人的支持，从而形成民主认同的社会氛围，建立稳定和谐的社会秩序。积极培育社会主义民主价值观，建设人民民主政治，就是

---

① 王明生主编：《社会主义核心价值观丛书——富强篇》，江苏人民出版社 2015 年版，第 29 页。

② 王明生主编：《社会主义核心价值观丛书——富强篇》，江苏人民出版社 2015 年版，第 29 页。

③ 王明生主编：《社会主义核心价值观丛书——富强篇》，江苏人民出版社 2015 年版，第 36—37 页。

④ 贺亚兰主编：《社会主义核心价值观若干重大理论与现实问题》，人民出版社 2016 年版，第 225 页。

践行社会主义核心价值观。①

民主是中国共产党一贯的价值理想。② 以马克思主义为指导思想的中国共产党自成立之日起，就为争取实现人民民主而不懈奋斗。1945 年，毛泽东同志在和民主人士黄炎培探讨如何跳出历史周期律时，满怀信心地回答："我们已经找到了新路，我们能跳出这周期率。这条新路，就是民主。"③ 社会主义民主政治建设就是要"切实保证国家的一切权力属于人民，以民主的制度、民主的形式、民主的手段支持和保证人民当家做主"④。保证人民依法实行民主选举、民主决策、民主管理、民主监督，坚持人民主体地位，推进人民代表大会制度理论和实践创新，推进协商民主广泛多层制度化发展，畅通民主渠道，健全基层选举、议事、公开、述职、问责等机制，是坚持社会主义核心价值观的必然选择。⑤

早在中华人民共和国成立前，毛泽东同志就曾指出，没有广大人民的民主，就没有人民当家做主的国家。在中国共产党的领导下，经过 28 年的人民民主革命，实现了国家独立和民族解放，建立了人民民主专政的国家政权，为人民民主的实现提供了政治前提；通过社会主义改造，建立了社会主义制度，实现了人民的经济平等，为人民民主的实现奠定了制度基础。人民民主是我们党始终高扬的光辉旗帜，是中国特色社会主义道路的核心价值观。建设人民当家做主、公平正义、人人自由全面发展的社会主义现代化社会，已经成为全体中国人民的共同理想和奋斗目标。中国共产党人所做的一切都是为了扩大人民民主。⑥

发展社会主义民主，就必须坚持和完善人民民主专政的国体和人民代表大会制度的政体，使国家的立法、决策、执行、监督等工作更好地体现人民的意志、维护人民的利益。坚持党的领导、人民当家做主、依法治国的有机统一，是中国特色社会主义政治民主的实质。在社会主义制度下，人民是国家的主人，国家的一切权力属于人民。人民代表大会制度是我国的根本政治制度，是实现

---

① 韩震：《社会主义核心价值观新论——引领社会文明前行的精神指南》，中国人民大学出版社 2014 年版，第 47 页。

② 韩震：《社会主义核心价值观新论——引领社会文明前行的精神指南》，中国人民大学出版社 2014 年版，第 47 页。

③ 吕澄：《党的建设七十年纪事》，中共党史出版社 1992 年版，第 204 页。

④ 中共中央宣传部：《习近平总书记系列重要讲话读本》，学习出版社、人民出版社 2014 年版，第 78 页。

⑤ 贺亚兰主编：《社会主义核心价值观若干重大理论与现实问题》，人民出版社 2016 年版，第 227 页。

⑥ 韩震：《社会主义核心价值观新论——引领社会文明前行的精神指南》，中国人民大学出版社 2014 年版，第 48 页。

人民当家做主的制度保证。①

发展社会主义民主，必须旗帜鲜明地坚持党的领导。坚持党的领导，就是要支持人民当家做主，实施好依法治国这个党领导人民治理国家的基本方略。坚持党的领导，就是坚持人民民主。只有坚持党的领导不动摇，人民当家做主的社会主义制度才有根本的保障。党领导人民通过国家权力机关制定宪法和各项法律，又在宪法和法律范围内活动，严格依法办事，保证法律的实施，从而使党的领导、人民当家做主和依法治国有机统一起来。这就是说，党既领导人民按照民主的原则和程序制定宪法法律，也领导人民执行宪法法律，做到党领导立法、保证执法、带头守法。这样，人民的民主权利既得到充分的实现，也得到了制度的保证。党既是人民民主的领导者，也是人民民主的建设者，更是人民民主的执行者。坚持党的领导，才能真正实现人民民主。②

我们倡导民主价值观，不是说走向某种所谓"普世"的模式，而是将发展社会主义民主看作一个不断完善的历史进程。③ 就是说社会主义民主也有一个逐步完善的过程，即把民主扩展到政治生活、经济生活、文化生活和社会生活的各个方面，并通过一定的制度建设巩固下来。社会主义民主建设必须同社会主义法制建设紧密地结合起来。这就要求我们使民主越来越制度化，越来越程序化，越来越规则化。④

在社会主义核心价值观中，民主是一个重要的核心价值，是国家层面的核心政治价值观念。⑤ 十一届三中全会后，邓小平同志深刻总结和反思我国社会主义民主政治制度建设的曲折历程，吸取社会主义民主建设的经验教训，经过重新审视和反复思考，他提出："在政治上，要充分发扬人民民主，保证全体人民真正享有通过各种有效形式管理国家、特别是管理基层地方政权和各项企事业的权力，享有各项公民权利"。⑥ 邓小平同志的民主思想是在改革开放的新

---

① 韩震：《社会主义核心价值观新论——引领社会文明前行的精神指南》，中国人民大学出版社2014年版，第49页。

② 韩震：《社会主义核心价值观新论——引领社会文明前行的精神指南》，中国人民大学出版社2014年版，第51—52页。

③ 《中共中央关于全面深化改革若干重大问题的决定》指出：发展社会主义民主政治，必须以保证人民当家做主为根本，坚持和完善人民代表大会制度、中国共产党领导的多党合作和政治协商制度、民族区域自治制度以及基层群众自治制度，更加注重健全民主制度、丰富民主形式，从各层次各领域扩大公民有序政治参与，充分发挥我国社会主义政治制度优越性。

④ 韩震：《社会主义核心价值观新论——引领社会文明前行的精神指南》，中国人民大学出版社2014年版，第54—55页。

⑤ 刘旺洪主编：《社会主义核心价值观丛书——民主篇》，江苏人民出版社2015年版，第1页。

⑥ 《邓小平文选（第二卷）》，人民出版社1994年版，第322页。

时期，中国共产党对马克思主义民主思想的进一步继承和创新。邓小平同志提出的没有民主就没有社会主义现代化，民主和法制的辩证统一，民主是目的和手段的统一，发展生产力、改善人民的生活以发扬民主，积极推进政治体制改革，带头废除了领导干部终身制，建立干部职务任期制等重要思想，是对马克思主义民主理论的重大贡献，对当代中国特色社会主义民主政治建设具有重大指导意义。① 党的十三届四中全会后，以江泽民同志为核心的党的第三代中央领导集体，高举邓小平理论伟大旗帜，与时俱进、继往开来，继续推进马克思主义民主理论中国化，着眼于新的实践和新的发展，为适应社会主义市场经济体制与社会主义现代化建设的需要，提出了加强社会主义民主政治建设的一系列新观点、新思想，丰富和发展了中国特色社会主义民主理论，把中国特色社会主义民主政治建设推进到了一个新阶段。② 江泽民同志在世纪之交，继承了邓小平同志的民主思想，同时又将马克思主义的民主思想结合中国的具体国情，提出了许多新观点、新论断、新举措，成功将中国特色社会主义民主理论推向21世纪。他强调社会主义的民主是人民当家做主，提出党的领导、人民当家做主、依法治国有机统一，强调坚持中国特色社会主义民主政治制度、不照搬照抄西方民主模式，强调建设高度发达的社会主义政治文明，提出“三个代表”重要思想等，实现了马克思主义民主观在新时期的创新和发展。③ 党的十六大以来，以胡锦涛为总书记的党中央以邓小平理论和“三个代表”重要思想为指导，求真务实，坚定不移地发展社会主义民主政治，推进马克思主义民主理论中国化，大胆创新，丰富和发展了中国特色社会主义的民主理论，具有重大的理论创新意义。④ 胡锦涛同志民主政治建设思想是毛泽东、邓小平、江泽民等同志民主政治建设思想的继承、创新与发展，它丰富了马克思主义民主政治建设的思想理论宝库，是当代中国社会主义民主政治建设的重要指导思想。党的十八大以来，形成了以习近平同志为核心的新一代党中央领导集体。习近平同志发表了系列重要讲话，深刻回答了新形势下党和国家事业发展面临的一系列的重大理论和现实问题，提出了许多富有创造性的新思想、新观点、新论断，是马克思主义中国化的最新理论成果，是夺取中国特色社会主义新胜利，实现中华民族伟大复兴的中国梦的强大理论武器。关于中国特色社会主义民主的重

① 刘旺洪主编：《社会主义核心价值观丛书——民主篇》，江苏人民出版社2015年版，第140—141页。

② 刘旺洪主编：《社会主义核心价值观丛书——民主篇》，江苏人民出版社2015年版，第141页。

③ 刘旺洪主编：《社会主义核心价值观丛书——民主篇》，江苏人民出版社2015年版，第145—146页。

④ 刘旺洪主编：《社会主义核心价值观丛书——民主篇》，江苏人民出版社2015年版，第146页。

要论述，坚持走中国特色社会主义政治发展道路、尊重人民的主体地位，深入开展群众路线教育活动、把权力放进制度的笼子里、全力推进法治中国建设，坚持民主和法治的统一、完善协商民主制度，保障人民的民主权利，是习近平同志系列重要讲话精神的重要组成部分，是新时期我们党加强社会主义民主政治建设的重要思想指南。①

总之，中国特色社会主义倡导民主价值观，但是我们倡导的不是西方所鼓吹的“民主”，而是社会主义的人民民主。如果说古希腊的民主是少数奴隶主的民主，资本主义的民主是资本主导的片面的民主，那么马克思主义的目标是彻底解放全人类，建立人民真正当家做主的社会。实现真正全面的人民民主，实现所有人自由而全面的发展，是马克思主义关于人类社会进步的价值理想，也是中国特色社会主义的核心价值追求。②

3. 文明：国家发展的目标和动力

文明涵盖了人与人、人与社会、人与自然之间的关系，是社会个体文化素养的表征和社会进步的标志，也是社会主义现代化国家的发展目标。社会主体对文明的追求，既可以促进个人道德的不断完善，又可以维护公众利益和公共秩序。③

文明含义宽泛，在“富强、民主、文明、和谐”语境中的文明主要指文化建设的一种目标和状态。文化对民族、国家来说具有纽带和凝聚作用，一旦被认同就能使其成员树立共同理想，起到为社会提供目标指引和价值支撑的作用，进而构建稳定的社会秩序。④

广义的文明，是指人类改造世界的物质成果和精神成果的总和，是人类文化发展的积极成果和进步状态。狭义的文明，主要是指精神文明，特指与精神上的愚昧、思想上的保守和文化上的落后相对应的精神上的进化、思想上的进步以及文化上的先进。在社会主义核心价值观中，文明是文化价值目标，是中国特色社会主义的重要特征、社会主义现代化国家文化建设的应有状态，集中体现着社会主义先进文化的前进方向和社会主义精神文明的价值追求。建设社会主义文明的实质是建设社会主义文化强国，提升公民思想道德素质和科学文

---

① 刘旺洪主编：《社会主义核心价值观丛书——民主篇》，江苏人民出版社2015年版，第151—156页。

② 韩震：《社会主义核心价值观新论——引领社会文明前行的精神指南》，中国人民大学出版社2014年版，第55页。

③ 贺亚兰主编：《社会主义核心价值观若干重大理论与现实问题》，人民出版社2016年版，第227页。

④ 王明生主编：《社会主义核心价值观丛书——富强篇》，江苏人民出版社2015年版，第40页。

化素质，增强国家文化软实力。文明推进国家治理文明，通过国家的文明作为国家层面的核心价值，其重大现实意义在于，以制度文明力量引导和涵养全社会的文明行为。①

中华民族的复兴崛起，真正的崛起不仅是物质层面的，还应该是文化的崛起，纯粹物质层面的富强难以持久，也难以被世界接受和认同。中国特色社会主义核心价值观必然强调富强与文明的双重追求，进而实现最终意义上的文明与富强的双重崛起，"我们将以一个具有高度文化的民族出现于世界"。②

4. 和谐：中国特色社会主义的本质属性

和谐，即和睦协调，是对立事物在一定条件下具体、动态、相对、辩证的统一，是不同事物之间相辅相成、互助合作、互利互惠、互促互补、共同发展的关系，是社会主义现代化国家的应然状态。和谐作为世界的一种本质，构成事物存在的根据和发展的动因。③

"和谐"作为具有世界普遍意义的价值理念，为人们提供了处理人际、国际关系的良好范式。"和"以差异为前提，只有差异性的共存，才有"和"的存在。差异性必然要求每个个体包括个人、民族乃至国家的自我实现，即要将其所具有的最本真性质转变成现实存在。"谐"则强调差异性的谐和、有序，强调人际、国际关系的圆融、无碍。④

当今世界，不同民族之间、不同国家之间如何"和谐"相处，成为国际政治需要认真对待的一个重要的现实问题。"和谐"的价值理念，强调差异与包容，差异意味着其具有多元性；包容则意味着其能于差异性中发现、找到普遍性的价值。故"和谐"的价值理念持一种既多元又普遍的立场。"和谐"价值理念倡导和而不同、和而相通。中国的"和谐"文化与思想并不否认个体之间具有差异性，但这种差异性是与普遍性相互贯通的。⑤

既然"和谐"的价值理念如此重要，可以成为具有世界普遍意义的价值理念，我们就要着力对"和谐"这一价值理念作进一步的理论阐释，这是基础性的学理工作，只有首先要将这个工作做好，才能夯实其进一步发展的基础；我

① 贺亚兰主编：《社会主义核心价值观若干重大理论与现实问题》，人民出版社2016年版，第228页。

② 《毛泽东文集（第五卷）》，人民出版社1996年版，第345页。

③ 贺亚兰主编：《社会主义核心价值观若干重大理论与现实问题》，人民出版社2016年版，第228页。

④ 章伟文、黄义华、蒋胜英编著：《社会主义核心价值观·关键词——和谐》，中国人民大学出版社2015年版，第119页。

⑤ 章伟文、黄义华、蒋胜英编著：《社会主义核心价值观·关键词——和谐》，中国人民大学出版社2015年版，第120—123页。

们还要分析"和谐"背后所体现、折射的文化精神，分析这种文化精神在现代具有何等价值，将其理论价值与现实意义相结合。为此，我们要循着"理论—实践—问题—理论"的方式，不断将理论付诸实践，在实践中发现问题，在问题中改进理论，使"和谐"价值理念的内涵在实践中不断得到充实。中国文化价值观的各项内容是相互支撑、相互促进、共融共生的，在强调"和谐"价值理念的同时，我们也要将其与中国文化价值观的其他内容结合起来，使之成为一整套规范人们生产、生活行为的价值体系。①

追求社会和生态和谐是共产党人不懈的价值追求。毛泽东同志提出："我们的目标，是想造成一个又有集中又有民主，又有纪律又有自由，又有统一意志又有个人心情舒畅、生动活泼，那样一种政治局面。"② 进入新世纪的中国共产党人，结合中国具体实际，继承和发展了马克思主义的和谐观，提出了"和谐社会"的理念。社会和谐是中国特色社会主义的本质属性，是国家富强、民族振兴、人民幸福的重要保证，是社会主义现代化国家在社会建设领域的价值诉求。根据我国经济社会发展的新要求、新趋势、新特点，我国所要建设的社会主义和谐社会，应该是"民主法治、公平正义、诚信友爱、充满活力、安定有序、人与自然和谐相处的社会"③。和谐作为国家层面的核心价值，其重大现实意义在于，以国家的力量积极化解社会矛盾、修复社会裂痕、倡导和谐共处、促进社会和谐，形成万众一心、众志成城的国家力量。

二、社会主义核心价值观的内涵

社会主义核心价值观是社会主义核心价值体系的内核，是社会主义核心价值体系的高度凝练和集中表达。任何一个社会都必须有一套与经济基础和政治制度相适应并能形成广泛社会共识的核心价值观。习近平同志指出："人类社会发展的历史表明，对一个民族、一个国家来说，最持久、最深层次的力量是全社会共同认可的核心价值观。"

在当代中国，我们面临诸多的问题，其中之一就是：为什么在我们经济发展迅速、综合国力大幅提升的情况下，我们的话语权和软实力却没有得到同样的提升。我们总是在西方人主导的价值标准下为自己的行为辩护，很少掌握话题的主导权和话语标准的设置权。中国的崛起不应该仅仅是经济的发展，而且

---

① 章伟文、黄义华、蒋胜英编著：《社会主义核心价值观·关键词——和谐》，中国人民大学出版社 2015 年版，第 128—129 页。

② 《十一届三中全会以来重要文献选读（上册）》，人民出版社 1987 年版，第 58 页。

③ 胡锦涛：《在省部级主要领导干部提高构建社会主义和谐社会能力专题研讨班上的讲话》，人民出版社 2005 年版，第 8 页。

应该是社会制度和社会文明的崛起，这包括中国文化特别是价值观的崛起。价值观的竞争与较量是一个世界历史现象，中国和平发展的进程应该是一个中国价值观得到弘扬和升华的进程。如果说问题是时代的呼声，那么价值观就是对这种呼声的方向性定位。①

党的十八大提出，倡导富强、民主、文明、和谐，倡导自由、平等、公正、法治，倡导爱国、敬业、诚信、友善，积极培育和践行社会主义核心价值观。富强、民主、文明、和谐是国家层面的价值目标，自由、平等、公正、法治是社会层面的价值取向，爱国、敬业、诚信、友善是公民个人层面的价值准则，这 24 个字是社会主义核心价值观的基本内容。社会主义核心价值观社会层面包括富强、民主、文明、和谐，法治层面包括自由、平等、公正、法治，公民个人层面包括爱国、敬业、诚信、友善。这三个方面融为一体，深刻回答了我们要建设什么样的国家、建设什么样的社会、培育什么样的公民的重大问题。其实质是社会主义精神文明建设的具体要求和目标，是社会主义精神文明建设要达到的理想状态。要达到这些要求和状态，仅仅依靠道德的教化和宣传是远远不够的。随着国家和社会的发展，新的、更高层次的表达便应运而生。必须通过教育引导、舆论宣传、文化熏陶、行为实践、制度保障等，使社会主义核心价值观内化于心、外化于行。

历史地看，欧美各国没有任何文件明确规定某些价值观是其所谓核心价值观，但在历史上发挥了重要作用的文献阐述的某些价值观在历史中砥砺磋磨，被人们精练重复，就成为西方人挂在嘴边的“核心价值观”。② 譬如，美国的《独立宣言》中提到的“人人生而平等，造物主赋予他们若干不可让与的权利，其中包括生存权、自由权和追求幸福的权利”等命题是很初步的、很片面的，美国最初的政治与其说是民主的，不如说是寡头的。当时美国还有奴隶制，不仅黑人、妇女没有政治权利，而且穷人也没有行使自由权利的物质能力。同样，中国特色的社会主义建设是在一个贫穷落后的国家展开的，即使近些年来已经得到发展，但处于社会主义初级阶段的现实仍然是长期的国情。因此，社会主义核心价值观应该是社会主义社会发展的理想引导性规范，而不只是对当下社会现状的价值描述。③

---

① 韩震：《社会主义核心价值观新论——引领社会文明前行的精神指南》，中国人民大学出版社 2014 年版，第 27 页。

② 韩震：《社会主义核心价值观新论——引领社会文明前行的精神指南》，中国人民大学出版社 2014 年版，第 28 页。

③ 韩震著：《社会主义核心价值观新论——引领社会文明前行的精神指南》，中国人民大学出版社 2014 年版，第 29 页。

社会主义核心价值体系应该是与当代中国的社会主义基本制度和根本性质紧密联系在一起的，集中体现中国特色社会主义经济、政治、文化和社会发展的内在规定、要求和目标取向。改革开放和中国特色社会主义的伟大实践，让当代中国在经济、政治、文化、社会等方面都取得了令世人瞩目的成就，用短短几十年时间把中国这个落后的发展中国家转变成为一个经济大国，大大改变了世界格局。这就充分证明了：中国特色社会主义反映了人类社会的发展趋势，因而也应该引领人类社会及其文化的发展进程的价值观。[①]

习近平同志在省部级主要领导干部学习贯彻十八届三中全会精神全面深化改革专题研讨班开班式上的讲话指出：大力培育和弘扬社会主义核心价值体系和核心价值观，加快构建充分反映中国特色、民族特性、时代特征的价值体系。

（一）社会主义核心价值观的概念

我们党领导人民治国理政，须臾离不开法律与道德的融合、法治与德治的并用、依法治国与以德治国的结合。[②] 中国特色社会主义建设取得了举世瞩目的成就，在短短几十年时间内把一个贫穷落后的半殖民地半封建的国家建设成为世界第二大经济体，这一进程本身就具有世界历史意义，因而其价值理念也就有了普遍的世界意义。中国的发展道路，对世界各国肯定有参考价值。只有具备了普遍的世界意义，才能占领道德制高点，成为具有引领和感召功能的软实力。核心价值观应该是一个社会本质的和战略性的价值观。核心价值观必须是代表历史前进方向和具有世界意义的理念，由于它是先进的，才可以吸引全人类的认同和向往。[③]

社会主义核心价值观是社会主义核心价值体系的内核，体现社会主义核心价值体系的根本性质和基本特征，反映社会主义核心价值体系的丰富内涵和实践要求，是社会主义核心价值体系的高度凝练和集中表达。党的十八大报告明确提出三个倡导，对人民群众理解社会主义核心价值体系的理念和取向，具有重要的引领和助推作用。

社会主义核心价值观有自己独特的时代特征和民族特征。党的十八大报告对社会主义核心价值体系和社会主义核心价值观进行了新的阐释和表述。这些表述对中国特色社会主义道路和制度的价值取向做了比较明确的规定和倡导，

---

① 韩震：《社会主义核心价值观新论——引领社会文明前行的精神指南》，中国人民大学出版社2014年版，第29页。

② 李林："让法治与德治相得益彰"，载《政府法治》，2017年第2期。

③ 韩震：《社会主义核心价值观新论——引领社会文明前行的精神指南》，中国人民大学出版社2014年版，第31页。

这对凝聚精神力量、达成思想共识、促进文化认同，动员人们投身中国特色社会主义的伟大实践，会起到极大的推动作用。①

党的十八大以来，中央高度重视培育和践行社会主义核心价值观。习近平同志多次作出重要论述、提出明确要求。中央政治局围绕培育和弘扬社会主义核心价值观、弘扬中华传统美德进行集体学习。中共中央办公厅下发《关于培育和践行社会主义核心价值观的意见》。党中央的高度重视和有力部署，为加强社会主义核心价值观教育实践指明了努力方向，提供了重要遵循。

一般而言，价值观的形成是由社会物质生产状况决定的，也是由历史文化传统积淀而成的。一个社会的价值观可以表现为多元内涵，但社会整体的长远发展需要培养核心价值观。现代工业社会在其物质生产方式和中国文化传统的影响下，形成多元化的价值观。这些价值观对中国社会未来发展有的可以起到推动作用，有的却可能形成阻碍力量。社会价值多元可能走向价值分化，精神世界和道德水平直接关系到人的生存状态和社会发展前景。为了应对上述思想观念上的困境需要培育社会主义核心价值观。核心价值观培育的可能路径可以通过强化外在规范和提升内在认知两个方面入手，社会主义核心价值观的培育路径有两个。第一，加强法治规范。培养社会主义核心价值观需要法治的制度保障，社会主义核心价值观是社会主义法治建设的灵魂，社会主义核心价值观建设和法治建设相辅相成，推动社会主义核心价值观入法入规符合法治建设的基本方针。第二，加大宣教力度。发挥媒体和舆论的作用，坚持马克思主义指导地位，用传统文化资源提升人的素质。社会主义核心价值观的培育从内容上要遵守富强、民主、文明、和谐、自由、平等、公正、法治、爱国、敬业、诚信、友善。这些基本理念在本质上讲都是对人的道德修养的要求，所以社会主义核心价值观培育的目标是对人的道德教化。我国传统儒家的根本特征之一是道德理想主义。先秦儒家的“天人合一”观念为人的道德本性提供了形上基础，孟子的“性善论”为人的道德本性提供了情感确证。因此，立足传统文化的基本理念，尤其是仁爱忠恕、自强自律、贵和尚中等理念，提升人的道德修养，将对培育社会主义核心价值观起到极其重要的基础性作用。②

面对思想意识形态存在的信仰危机，党的十八大提出了社会主义核心价值观，高度概括了社会主义价值体系，为引导大众思想意识形态转变、坚定大众社会主义信仰信念奠定坚定的理论基础。研究中国特色社会主义核心价值观的

① 韩震：《社会主义核心价值观新论——引领社会文明前行的精神指南》，中国人民大学出版社2014年版，第33页。

② 李剑：社会主义核心价值观的培育路径探析，中共吉林省委党校2018年硕士论文。

培育和践行，是社会发展对意识形态理论提出的新要求，关乎中国特色社会主义事业能否健康发展，关乎全面建成小康社会能否成功，对社会稳定、青年成长和民族复兴都具有重要理论意义和实践价值。①

既然社会主义核心价值观是社会主义社会及其意识形态的本质规定的体现，那么凝练社会主义核心价值观就是非常重要的理论任务。从世界历史的发展看，核心价值观的竞争，不只是概念之争，而且是谁引领历史发展趋势、谁掌握文化前进方向的话语权、谁占领文化软实力和道德制高点的争夺。谁有了代表历史前进方向的核心价值观，谁就能够创造出代表历史发展方向的政治制度，从而激发出公民的首创精神、自主的创造力和生产效率。这种核心价值观就是具有世界历史意义的价值观，只有更具普遍世界历史意义的价值观，才能成为中国人民为之骄傲的价值观，才能对全人类产生吸引力和感召力，才能成为时代的旗帜和新文化的精髓。②

（二）个人层面的基本内涵

爱国、敬业、诚信、友善是公民基本道德规范，是从个人行为层面对社会主义核心价值观基本理念的凝练。它覆盖社会道德生活的各个领域，是公民必须恪守的基本道德准则，也是评价公民道德行为选择的基本价值标准。爱国是基于个人对自己祖国依赖关系的深厚情感，也是调节个人与祖国关系的行为准则。它同社会主义紧密结合在一起，要求人们以振兴中华为己任，促进民族团结、维护祖国统一、自觉报效祖国。敬业是对公民职业行为准则的价值评价，要求公民忠于职守，克己奉公，服务人民，服务社会，充分体现了社会主义职业精神。诚信即诚实守信，是人类社会千百年传承下来的道德传统，也是社会主义道德建设的重点内容，它强调诚实劳动、信守承诺、诚恳待人。友善强调公民之间应互相尊重、互相关心、互相帮助，和睦友好，努力形成社会主义的新型人际关系。

敬业是公民的一种基本能力。敬业作为一种职业素养，除了作为公民个人的一种基本职业品质，更是一种从业能力，一种现代从业人所迫切需要具备的一种职业能力。敬业是公民的一种基本态度。③ 从社会主义核心价值观来看，

① 赵天睿：中国特色社会主义核心价值观的培育与践行研究，东北师范大学2017年博士论文。

② 韩震：《社会主义核心价值观新论——引领社会文明前行的精神指南》，中国人民大学出版社2014年版，第37页。

③ 雷锋，一个平凡的战士，在平凡的岗位上做出了不平凡的业绩，受到世人的高度敬仰。雷锋干一行爱一行。无论是当一名农业社的记工员，还是作为县乡政府的通信员；无论是当一名工厂的推土机手，还是成为一名解放军战士，不管在什么岗位，不管从事什么工作，他都以一颗对事业高度负责、对岗位无限热爱的赤子之心，爱岗敬业、勤奋工作，心无旁骛、埋头苦干，出色地完成每一项工作任务。

敬业不仅是一种道德要求，更是一种人生态度。这就要求我们要把职业当作事业来对待，树立起主人翁的责任感和事业心，追求崇高的职业理想，培养认真踏实、恪尽职守、精益求精的工作态度，力求干一行、爱一行、专一行，努力成为本行业的业界精英和行家里手。敬业是公民的一种基本习惯。在知识经济或信息时代，知识更新越来越快，产品更新换代也越来越快，职业结构变化的速度也越来越快，今后人终其一生只从事单一职业的事情已经不可能了，不断变换职业将成为常态。[①] 无论从事何种职业，我们都应该竭尽全力，积极进取，尽自己最大的努力，追求不断的进步。让敬业成为一种习惯，我们能从工作中学到更多的知识，积累更丰富的经验，并从全身心投入工作的过程中找到快乐。韩愈说："业精于勤，荒于嬉。行成于思，毁于随"。契诃夫说："我只有在工作得很久而还不停歇的时候，才觉得自己的精神轻快，也觉得自己找到了活着的理由。"罗素说："伟大的事业是根源于坚韧不断的工作，以全副的精神去从事，不避艰苦。"敬业是公民的一种基本精神。敬业是一种态度，更是一种精神。所谓敬业精神（professional dedication spirit），是人们基于对一件事情、一种职业的热爱而产生的一种全身心投入的精神，是社会对人们工作态度的一种道德要求。它的核心是奉献。具体地说，敬业精神就是在职业活动领域，摆脱单纯追求个人和小集团利益的狭隘眼界，把对社会和集体的奉献与付出看作无上光荣的乐于奉献精神；力求干一行爱一行专一行，努力成为本行业的行家里手的精益求精精神；树立主人翁的责任心和事业心，具有积极向上的艰苦奋斗精神。[②]

德国大文豪歌德曾经说过；凡是不为自己工作的人都是辛苦的。爱岗敬业、恪尽职守，既是为了他人，更是为了自己。敬业的人往往会对自己从事的职业具有献身精神，将自己的一生与其联系起来，在事业发展中实现人生价值；会拥有强烈的责任感，明确认识到自己承担的特定职责，忠实履行职责，勤勤恳恳工作，任劳任怨付出。有了这样的职业精神，公民个人往往不但能满足其生存发展之需，而且能实现自己的人生价值和理想抱负。敬业还具有伟大而崇高的社会价值，敬业是促进社会和谐的道德基础。古希腊哲学家柏拉图认为：公正即和谐，正义是个人和国家的"善德"；城邦的正义体现为不同阶层的人各司其职、尽展其能所形成的秩序。在现实生活中，和谐社会的建构需要每个社

① 江泽民同志说过，解放思想、实事求是，积极探索、勇于创新，艰苦奋斗、知难而进，学习外国、自强不息，谦虚谨慎、不骄不躁，同心同德、顾全大局，勤俭节约、清正廉洁，励精图治、无私奉献。要把这些精神，大力贯注到广大党员、干部和群众中去，使之蔚为风尚。

② 刘丹编著：《社会主义核心价值观·关键词——敬业》，中国人民大学出版社 2015 年版，第 4—28 页。

会成员在各自岗位上勤勉工作：公务员廉洁奉公、法官秉公执法、军人保家卫国、商人诚信经营、教师教书育人、医生救死扶伤、科技人员发明创造……唯有社会成员各守其道，各司其职，各尽其责，才能形成正义的良善社会。[①] 敬业精神能满足公民个人的各种需要。在人类社会中，人人都有需要，人的一切活动都是为了满足自己和他人、社会的某种需要。因此，敬业的基本层次就产生于满足人的基本需要以及围绕基本需要而进行的活动。具体表现为：满足人的生存之需；满足人的发展之需；满足人的超越性需要。[②] 歌德说得好："你若喜爱自己的价值，你就得给世界创造价值。"这包含了一个真理：人生的价值，体现在给人民创造的价值之中。只有我们真正认识到自己所从事的职业的意义和价值，这种内在的精神力量才能成为鼓舞我们认真工作、爱岗敬业的动力。[③] 敬业精神关系着用人单位的生存和发展。敬业精神具有伟大而崇高的社会价值。敬业不仅能彰显公民个人的主体价值和各种需要，同时敬业还有利于用人单位的发展壮大。此外，敬业精神还具有伟大而崇高的社会价值，它是促进社会经济发展的重要力量，是社会主义文化建设的重要内容，更是促进社会主义和谐社会的道德基础。

"诚信"纳入社会主义核心价值体系，证明"诚信"是社会最基本的价值判断之一，这也是我国与国际社会接轨的标志。从个人角度看，诚信与道德相关，它是美德的表现；从社会整体角度看，诚信与伦理相关，它是规范人与社会、人与人之间关系的伦理准绳。"诚"多表现个人的内在道德，"信"多表现社会的伦理准则。爱国、敬业、诚信、友善，是社会主义公民应有的品质。中国社会自古就对诚信有着高度的评价，曾将其纳入"五常"之中。每个公民都是社会的细胞，只有每个公民都讲诚信，这个社会才能真正成为诚信之邦。因此诚信将是公民立足社会最可贵的品质，同时也是一个社会最宝贵的资源。[④]

诚信作为每个公民最基本的道德规范，意味着人们的一言一行都要真实无欺，要求个人在行事时保持慎独的心态。因此，诚信是道德品格的体现。诚信作为一种做事做人的基本准则，要求每个人都做到言而有信，说实话、办实事，

---

① 刘丹编著：《社会主义核心价值观·关键词——敬业》，中国人民大学出版社2015年版，第37页。

② 在杂交稻领域能在中国首先取得突破得益于袁隆平的创新思维和一往无前的执着探索。起步于"让所有人远离饥饿"的重大使命，袁隆平在失败—探索—再失败—再探索的反复试验中，实现了对既往理论的重大校正，突破了被认为毫无可能的多种关键技术，艰难而执着地一步步走向成功。

③ 刘丹编著：《社会主义核心价值观·关键词——敬业》，中国人民大学出版社2015年版，第38—40页。

④ 刘翔、薛刚编著：《社会主义核心价值观·关键词——诚信》，中国人民大学出版社2015年版，第45页。

做诚恳守信之人，说一是一、说二是二，不浮夸、不做作、不投机取巧。诚信道德规范是一种实事求是的精神。实事求是不仅是诚信道德要求的思想前提，也是诚信道德观念中最为重要的思想内涵。把诚信思想纳入社会主义核心价值观的另一个意义在于，诚信有助于培养公民的道德责任感，这主要体现在爱国、爱人民、爱社会等方面。①

诚信是市场经济的内在要求。商品经济和市场经济是社会发展进步的产物，它们是建立在信用和契约的基础之上的，从更深层面理解，是建立在诚信原则之上的。诚信是市场经济的基础和前提。呼唤社会诚信良知，重构社会主义诚信道德规范是全社会亟待解决的现实问题。如果经济发展的同时却道德败坏，那么这样的市场经济并不是真正的市场经济，经济应该是与诚信并行，而不是相背而行。诚信是构建社会主义市场规则的基础。诚信观念的优秀传统是现代市场经济和企业核心竞争力的重要组成部分。诚信是法治建设的坚定基石。法律只有获得道德支持才有生机，诚信原则就是法律应当包含的道德底蕴和必须遵守的基本原则，诚信原则可以软化和缓解法律的刚性。任何法律的制定都离不开一定的道德基础，否则将与社会价值相冲突，并丧失其真正的意义而成为无用的法律。因此，诚信与法律的关系是十分紧密的，可以说诚信是法治社会的坚定基石，法律是文明社会中诚信的外在化表现。法律有信则会强化人们对法律的信仰，反之，法律无信，立法、执法皆背法而行，法治必然会出现紊乱。所以，应当认识到，诚信是法律的灵魂，也是社会公正的基石。②

“友善”是《公民道德建设实施纲要》中提出的公民道德的基本规范之一。它为人们提出了作为现代社会的公民在加强自我修养方面应当遵循的一项重要基本规范。友善是个人的优秀品质。很多时候，人们主要把友善理解为人与人相处时的一种态度和方式，事实上，友善首先应是个人的一种德行与气质，是对仁爱等中国传统道德规范对人德行要求的继承。“仁爱”是儒家思想的核心，也是中国传统道德文化中个人品性修养的核心。③

传统的“仁”主要表现为爱，如“仁，爱也”，强调仁、爱相通。仁还有博爱的意蕴，具体表现为以下几个层次：爱人、敬人。“仁之实，事亲是也。”仁就是爱父母，这种爱，是敬爱、孝爱。“仁者必敬人”是先秦儒家荀子对仁

---

① 刘翔、薛刚编著：《社会主义核心价值观·关键词——诚信》，中国人民大学出版社2015年版，第45—48页。

② 刘翔、薛刚编著：《社会主义核心价值观·关键词——诚信》，中国人民大学出版社2015年版，第50—56页。

③ 李荣、冯芸编著：《社会主义核心价值观·关键词——友善》，中国人民大学出版社2015年版，第19页。

的基本看法。教育中应施以敬的内容，如敬长、敬师、敬贤等。所谓敬，是要学会尊重，说话客气，礼貌待人。“恻隐之心，仁也。”这里的“仁”是同情心，同情心就是爱心。王安石有语：“不知仁义之无异于道德，此为不知道德也。”讲道德就是讲仁义，合乎仁义就是善，违反仁义就是恶。[①]

友善是人际关系的调和剂。社会学将人际关系定义为人们在生产或生活活动过程中所建立的一种社会关系。心理学将人际关系定义为人与人在交往中建立的直接的心理上的联系。中文“人际关系”常指人与人交往关系的总称，也称为人际交往，包括亲属关系、朋友关系、学友（同学）关系、师生关系、雇佣关系、战友关系、同事及领导与被领导关系等。人是社会动物，每个个体均有其独特之思想、背景、态度、个性、行为模式及价值观，然而人际关系对每个人的情绪、生活、工作有很大的影响，甚至对组织气氛、组织沟通、组织运作、组织效率及个人与组织之关系均有极大的影响。正如马克思所说：“人们在生产中不仅仅影响自然界，而且也互相影响。他们只有以一定的方式共同活动和互相交换其活动，才能进行生产。为了进行生产，人们相互之间便发生一定的联系和关系；只有在这些社会联系和社会关系的范围内，才会有他们对自然界的影响，才会有生产。”[②] 友善是处理现代社会人际关系的基本道德规范，作为社会主义核心价值观所倡导的内容之一，友善的作用，好比是社会中人际关系的调和剂。孔子曾经讲过“己所不欲，勿施于人”，其基本含义是指自己所不愿意要的，不要强加于人。这句话揭示的是处理人际关系的重要原则。孔子的这句名言告诫我们应当以对待自身的行为准则为参照标准来对待他人。因此，人应该有宽广的胸怀，待人处世之时切勿心胸狭窄，而应宽宏大量，以恕待人。倘若自己所不欲的，硬推给他人，不仅会破坏与他人的关系，也会将事情弄僵而不可收拾。人与人之间的交往应该坚持这种原则，这是尊重他人、平等待人的体现。亚里士多德曾指出，平等是友爱固有的特点。友善是建立在主体的平等地位之上的，友善的双方拥有共同的要求，彼此间有着同样的愿望。[③]

友善是和谐社会的润滑剂。友善价值观的培育和践行，为社会矛盾的缓解、社会良序的维护以及和谐社会的构建提供了坚实的价值基础。友善是维护和谐社会生活的润滑剂，友善作为社会主义核心价值观，在社会生活中发挥着不可

---

① 李荣、冯芸编著：《社会主义核心价值观·关键词——友善》，中国人民大学出版社 2015 年版，第 20 页。

② 李荣、冯芸编著：《社会主义核心价值观·关键词——友善》，中国人民大学出版社 2015 年版，第 25 页。

③ 李荣、冯芸编著：《社会主义核心价值观·关键词——友善》，中国人民大学出版社 2015 年版，第 25—30 页。

替代的基础性作用。在友善价值观的引领下，我们一定能够有效化解现代社会紧张的人际关系、调节社会心态、创建良好的社会生活环境。友善价值观就是要改变人们在彼此竞争中看待他人行为方式、思想观念的视角，引导人们不把其他人简单地当作社会生活中的对手，而是当作共同生活在这个社会中的伙伴。友善价值观也会引领人们以开放、包容的心态对待公民间在生活方式、文化、观点等方面的差异，在社会生活中求同存异。友善价值观有助于人们用更多的宽容、理解之心填充彼此之间的沟壑，建立和谐的人际关系。友善价值观有助于人们建立良好的社会心态。社会心态是社会的“晴雨表”和“风向标”。培育良好社会心态、营造新风正气，事关社会主义核心价值体系建设，事关改革发展稳定大局，事关民生福祉和社会的长远发展。友善价值观有助于增强社会信任感。①

友善自然是实现生态和谐的基础。人与自然关系的历史演变是一个从和谐到失衡，再到新的和谐的螺旋式上升过程。马克思曾说过：“社会是人同自然界的完成了的本质的统一，是自然界的真正复活。”人类如何才能真正实现健康、幸福的生活，实现人类本身的健康，实现人际关系的和谐固然非常重要，追求人与自然的和谐，以友善之心尊重自然、关爱自然也应成为人类共同的价值取向和最终归宿。友善是中华民族的优良传统。友善是中华民族的传统美德之一。友善在中国传统文化中具有非常重要的地位。友善是治国良策。孔子将友善作为治国之策，“子为政，焉用杀？子欲善而民善矣。”以友善为标准，可以化解各种社会矛盾。孟子主张以“仁政”治国，即强调君主要对人民友善，这就是所谓的“仁政”。② 友善是做人的最高标准。与人为善作为中华民族的传统美德，是为人处世的重要准则。与人为善，包含着丰富的内涵。友善是教育的最高境界。孔子将友善作为教师的标准：“三人行，必有我师焉。择其善者而从之，其不善者而改之。”孟子说，“善教得民心”，因而以教化为仁政的手段。在中国传统的友善文化中，一个人能否做到友善，关系到社会成员之间是否融洽，关系到整个社会是否和谐。我们今天倡导友善文化，就是要继承和发扬中国传统友善文化中通过认识自己、关爱理解他人、包容他人、克己立人来实现社会价值的核心理念，从而增强我们的文化自信、价值观自信，提升民族文化软实力。因此，传统文化中的友善资源可以为社会主义核心价值观在新时

---

① 李荣、冯芸编著：《社会主义核心价值观·关键词——友善》，中国人民大学出版社 2015 年版，第 34—36 页。

② 李荣、冯芸编著：《社会主义核心价值观·关键词——友善》，中国人民大学出版社 2015 年版，第 37—46 页。

代的弘扬，提供丰富的历史滋养。[①]

友善作为社会主义核心价值观对公民个人提出的要求和准则，蕴含着中国传统文化的价值精髓，凝聚着社会主义新时期的道德精华。践行诚信友善之德，圆梦文明和谐中国。中国梦不仅需要民族复兴、国家强大，也需要完善自我、幸福家庭的文明和谐。中国梦的实现需要全国人民的共同奋斗，这就需要全国人民团结一心，而人民之间的团结则有赖于人与人之间的友善，友善是团结的基础。为了实现团结友善，我们首先要学会尊重他人，只有尊重他人才能与他人建立友谊，实现社会合力和共同奋斗的意愿，产生集体主义和爱国主义的意识。更重要的是，一个人只有谦虚谨慎才能做到不高高在上，才能与他人友善平等地共处。这样，才能够团结他人，抛开个人眼前的利益，为了祖国和人民的共同利益而团结一心，为了实现伟大的中国梦而努力奋斗。[②]

（三）社会层面的基本内涵

改革开放以来，随着我国社会主义市场经济体制的建立，随着社会主义民主政治的深入发展，广大人民群众的民主法制意识不断增强，自由、平等观念日益深入人心，维护公平正义、实现依法治国的呼声也越来越高。适应广大人民群众的新期待、新要求，中国共产党自觉地把自由、平等、公正、法治等理念深入扎实地体现到党的各项理论和实践之中。党的十八大报告把“倡导自由、平等、公正、法治”作为积极培育和践行社会主义核心价值观、推进社会主义核心价值体系建设的重要内容，反映了时代的要求，体现了人民的心声。[③]

自由、平等、公正、法治是对美好社会的生动表述，也是从社会层面对社会主义核心价值观基本理念的凝练。它反映了中国特色社会主义的基本属性，是我们党矢志不渝、长期实践的核心价值理念。自由是指人的意志自由、存在和发展的自由，是人类社会的美好向往，也是马克思主义追求的社会价值目标。平等指的是公民在法律面前一律平等，其价值取向是不断实现实质平等。它要求尊重和保障人权，人人依法享有平等参与、平等发展的权利。公正即社会公平和正义，它以人的解放、人的自由平等权利的获得为前提，是国家、社会应然的根本价值理念。法治是治国理政的基本方式，依法治国是社会主义民主政

① 李荣、冯芸编著：《社会主义核心价值观 · 关键词——友善》，中国人民大学出版社 2015 年版，第 46—48 页。

② 李荣、冯芸编著：《社会主义核心价值观 · 关键词——友善》，中国人民大学出版社 2015 年版，第 59—60 页。

③ 郝青杰、杨志芳：《社会主义核心价值观导论——价值理想：自由平等公正法治》，安徽人民出版社 2013 年版，第 11 页。

治的基本要求。它通过法治建设来维护和保障公民的根本利益，是实现自由平等、公平正义的制度保证。

自由是马克思主义的根本价值追求。马克思主义的指导是我们确立社会主义核心价值观的基本理论依据，而众所周知，马克思主义总体上说就是关于无产阶级和全人类解放的科学，简言之，即“人的解放学”①。而人类解放的实质和目标就是实现人的自由而全面的发展。自由是社会主义的本质体现与内在要求。自由是中国特色社会主义的题中实有之义。党的十八大明确地把“促进人的全面发展”作为坚持中国特色社会主义道路的基本要求，而促进人的全面发展，就既需要保障人们所拥有的言论、思想等基本权利和自由不受干涉，又需要努力为人民群众提供自由发展的资源、机会和条件。② 对此，习近平同志2014年3月27日在中法建交50周年纪念大会上的讲话中明确提出：“我们的方向就是让每个人获得发展自我和奉献社会的机会，共同享有人生出彩的机会，共同享有梦想成真的机会，保证人民平等参与、平等发展权利，维护社会公平正义，使发展成果更多更公平惠及全体人民，朝着共同富裕方向稳步前进。”③自由是建设合乎民意的公正良序社会的首要价值原则。

当代中国共产党人与中国特色社会主义实践之所以要积极倡导自由，最根本的原因还在于，自由是中国人民的共同向往与矢志不渝的价值追求。自由是人性的基本需求，中华民族与中国人民自古以来就是爱好自由、崇尚自由的民族。中华人民共和国的成立，特别是社会主义制度的建立，为中国人民在政治、经济、思想上的自由提供了根本保障。中国人民实际上也获得了中国历史上从未有过的、现代资本主义国家不可能有的极大自由。④ 马克思的自由观是一种实践的自由观，实践是自由的基础。根据马克思对人类社会三阶段的划分可知，人类社会发展的最终目标是实现人的全面的自由和解放。自由将必然性包含于自身的自由，它必须遵循客观的规律，无论这规律是自然规律还是人类社会发展的规律。马克思说：“每个人的自由发展是一切人的自由发展的条件。”⑤ 只有在消除特权、人人平等的社会环境下，人们才能维护自己的自由发展，同时也维护他人的自由发展。自由的基础是实践，自由与必然性或规律之间的辩证

---

① 高放：《马克思主义与社会主义新论》，黑龙江人民出版社2007年版，第65页。

② 袁久红主编：《社会主义核心价值观丛书——自由篇》，江苏人民出版社2015年版，第1—5页。

③ 习近平：“在中法建交50周年纪念大会上的讲话”，《人民日报》2014年3月29日。

④ 袁久红主编：《社会主义核心价值观丛书——自由篇》，江苏人民出版社2015年版，第5—6页。

⑤ 《马克思恩格斯选集（第1卷）》，人民出版社1995年版，294页。

综合的关系及实现人的全面发展，这都是我们在深思自由这个概念的本质时不应该或无意或故意忽略掉的。只有将自由与实践、自由与必然性及自由与人的全面发展综合地加以考虑，我们才有可能得到一个关于自由概念的相对完整的理解。①

目前中国正处于全面建设小康社会的关键时刻，实现具有中国特色的社会主义，实现中华民族的伟大复兴，是当代中国的主要目标。促进人的全面发展就现阶段而言主要表现在坚持以人为本，实现人民幸福，就是要始终把实现好、维护好最广大人民群众的根本利益作为党和国家一切工作的出发点和落脚点，要切实保障人民群众的各项权益，尊重人民群众的首创精神，不断地促进社会经济的发展，由人民共享改革发展所带来的胜利成果和红利，从各个方面保障人的全面发展。②

平等是社会主义核心价值追求。中国共产党人在马克思主义理论指引下，把平等作为中国特色社会主义核心价值理念，科学发展社会主义各项事业，为消灭剥削、最终实现共同富裕的理想而不懈奋斗。平等是社会主义核心价值理念，是中国特色社会主义社会不可或缺的价值追求。社会主义公平观包含平等要素。当每一个人都平等地享有应该享有的权利、平等地履行应该履行的义务、平等地获得应该获得的收益，这个社会就是公平正义的社会。平等是自由发展的前提。③

平等是当代中国社会主义核心价值体系的重要内容，也是整个现代社会最重要、最基本的价值理念。全面推进依法治国，依法维护每个人的自由权利，真正落实社会主义公平正义的原则，都必须大力弘扬平等价值观，将人人平等的价值理念贯彻到底。④

平等是社会主义核心价值观。在马克思主义看来，平等的关键不再是法律条文中是否有明文规定，更重要的是如何在现实中实现无产阶级平等要求。中华人民共和国成立以来，尤其是改革开放以来，平等作为社会主义核心价值理念，指引我们不断解放生产力，发展生产力，改善人民生活，为最终实现“消灭剥削，消除两极分化，最终达到共同富裕”的理想目标，而全面推进中国特

---

① 袁久红主编:《社会主义核心价值观丛书——自由篇》，江苏人民出版社 2015 年版，第 132—136 页。

② 袁久红主编:《社会主义核心价值观丛书——自由篇》，江苏人民出版社 2015 年版，第 139 页。

③ 吴晓云编著:《社会主义核心价值观 · 关键词——平等》，中国人民大学出版社 2015 年版，第 1 页。

④ 吴晓云编著:《社会主义核心价值观 · 关键词——平等》，中国人民大学出版社 2015 年版，第 2—3 页。

色社会主义各项事业的发展。平等意味着公民享有平等的权利。没有人天生就是奴隶，生来就低人一等。平等权是现代公民享有的一项基本权利。《中华人民共和国宪法》规定："中华人民共和国公民在法律面前一律平等。"[①] 任何公民不分民族、种族、性别、职业、家庭出身、宗教习惯、教育程度、财产状况、居住期限，都一律平等地享有宪法和法律规定的权利，平等地履行宪法和法律规定的义务；公民的合法权益一律平等地受到保护，对违法行为一律依法予以追究；在法律面前，任何组织或个人都没有超出宪法和法律之外的特权。[②] 平等意味着公民的人格一律平等。人格指的是人在社会中能够担当权利主体和义务主体的资格，它关系到每个个体的切身利益，是每个个体在社会上生存和发展的基本前提，是现代社会对普遍人性的一种法治表达。我国《宪法》明确规定，中华人民共和国公民的人格尊严不受侵犯，禁止用任何方法对公民进行侮辱、诽谤和诬告陷害。由《宪法》所规定的人格权是个人同社会中的其他个人、法人以及主管部门等发生关系时，所必备的一些基本权利，是个人在社会中存在和发展的前提与基础。除《宪法》外，我国的民法体系也有对公民各项人格权的具体规定和保护，如《民法通则》《侵权责任法》及相关司法解释对生命权、健康权、身体权、姓名权、肖像权、名誉权、荣誉权、隐私权，甚至死者的相应人格保护都做了详细而严格的规定。随着社会主义物质文化生活的不断丰富，人格权的发展已经成为法律理论和司法实践中的不争事实，加强人格权的立法和保护已经成为我国法治建设的一项重要内容，这必将引导人们在尊重自己和尊重他人的人文关怀中不断捍卫人格平等。[③]

公正是人类文明的基本价值。公正作为人类社会文明程度的重要标准，是人类文明基本价值的核心和要旨。古往今来，人们对公正的追求推动着人类社会文明的发展和进步。[④] 公正是马克思主义的崇高价值追求。马克思强调，一切人，或至少是一个国家的一切公民，或一个社会的一切成员，都应当有平等的政治地位和社会地位。[⑤] 1871 年，马克思在起草《国际工人协会共同章程》

---

① 《中华人民共和国宪法》第 33 条规定，凡具有中华人民共和国国籍的人都是中华人民共和国公民。中华人民共和国公民在法律面前一律平等。国家尊重和保障人权。任何公民享有宪法和法律规定的权利，同时必须履行宪法和法律规定的义务。

② 吴晓云编著：《社会主义核心价值观 · 关键词——平等》，中国人民大学出版社 2015 年版，第 27—32 页。

③ 吴晓云编著：《社会主义核心价值观 · 关键词——平等》，中国人民大学出版社 2015 年版，第 37—43 页。

④ 桑学成主编：《社会主义核心价值观研究丛书——公正篇》，江苏人民出版社 2015 年版，第 2 页。

⑤ 《马克思恩格斯选集（第 3 卷）》，人民出版社 1995 年版，第 444 页。

中又写到："加入协会的一切团体和个人，承认真理、正义和道德是他们彼此间和对一切人的关系的基础，而不分肤色、信仰或民族。"[①] 可见，在马克思主义理论中处处体现出对社会公正的向往和追求，渗透着社会公正的理念。[②] 公正是社会主义的本质体现。公正是人类社会发展的重要目标，更是社会主义的本质要求。从一定意义上讲，公正是社会主义的代名词。没有公正的价值追求就没有社会主义。公正是社会主义最核心的价值追求，是社会主义实践的价值目标，是构建社会主义和谐社会的价值准则。党的十七大报告明确指出实现社会公平正义是中国共产党人的一贯主张，是发展中国特色社会主义的重大任务。党的十八大报告进一步指出必须坚持维护社会公平正义。公平正义是中国特色社会主义的内在要求。要在全体人民共同奋斗、经济社会发展的基础上，加紧建设对保障社会公平正义具有重大作用的制度，逐步建立以权利公平、机会公平、规则公平为主要内容的社会保障体系，努力营造公平的社会环境，保证人民平等参与、平等发展权利。习近平同志在政法工作会议上指出，公平正义是政法工作的核心价值，政法工作是公平正义的最后一道防线。[③] 公平正义作为社会主义制度的本质要求和体现，建立在广大人民根本利益一致的基础上，是中国共产党坚持立党为公、执政为民的必然要求，贯穿于社会主义经济、政治、文化、社会和生态文明建设的各个方面。可以说，没有公正就没有社会主义；坚持社会主义，必须坚持公平正义。公正是和谐社会的客观需要。社会的稳定与和谐，离不开公平正义。任何社会都是矛盾的统一体，社会不同群体和个人之间的差异、矛盾和冲突是难以避免的。构建和谐社会，就是要使各种矛盾因素趋于平衡和协调，使社会良性运行。倡导"公正"价值观有利于营造和谐文化，增强民族凝聚力和向心力。和谐文化是和谐社会建设的精神支撑，而培育和践行社会主义核心价值观则是营造和谐文化的根本。以"公正"价值观规范人们在各个生活领域特别是政治生活领域的行为，有利于营造公道正派的社会风气，增强全民族的凝聚力和向心力，激发全社会为全面建成小康社会、实现中华民族伟大复兴的"中国梦"而奋发向上的创造力。[④]

马克思、恩格斯、列宁认为，法律是调整社会关系、巩固国家政权的基本

---

① 《马克思恩格斯选集（第2卷）》，人民出版社1995年版，第610页。

② 桑学成主编：《社会主义核心价值观研究丛书——公正篇》，江苏人民出版社2015年版，第4—6页。

③ 桑学成主编：《社会主义核心价值观研究丛书——公正篇》，江苏人民出版社2015年版，第6—7页。

④ 桑学成主编：《社会主义核心价值观研究丛书——公正篇》，江苏人民出版社2015年版，第8—9页。

手段。马克思恩格斯认为，一个社会只有首先建立正常的法律秩序，人民的自由、社会的公道与正义方有可能实现。①

法制与法治既有联系，又有本质的区别。法制的英文是“legal system”，是法律制度的简称。法治强调的是法的统治，是一种治国方略，奉行法律至上，主张一切权力都要受到法律的制约。由于“法治”的“治”是三点水旁，所以被有些法学专家称为“水治”，表明这是一种治国之策。法制是一个非常中性的概念，并不必然包含法律至上的含义，法制既可以被奉行法治者使用，也可以被独裁者利用。法制作为法律制度的统称，早在奴隶制社会初期就产生了。从严格的意义上讲，现代资本主义法治是资产阶级革命的产物，是资本主义时代才产生并建立的；社会主义法制是到了社会主义社会才产生并建立的。法治都是与一定民主、自由等价值观念相联系的，在我国社会主义核心价值观中，法治是与民主、自由、公正等价值观并列的。但法制与这些价值都没有必然的联系，它既可以为这些价值服务，也可以为反对这些价值的制度服务。法治和法制之间的联系也是显而易见的。法制是法治的基础和前提条件，要实行法治，必然要求完备法制，加强法制建设。②

在法治社会中，法律是至高无上的，领导人或统治者都必须服从法律。即使领导人或统治者认为法律有所不妥，在法律未改变之前，也必须遵守法律，而不能违背法律的规定。在人治社会中，领导人或统治者具有超越于法律的权力，也就是所谓的“朕即国家”。人治所依赖的是领导人或统治者个人或少数人的智慧和能力，其意志直接就是行动的指南，就是根据；即使有规则，也经常可以被权力拥有者一言以立，一言以废。法治社会奉行法律至上的原则，法律的地位是至高无上的，并且法律既是手段更是目的。法律一旦制定就必须获得全社会的普遍遵守，即便统治者也不能例外。与此相适应，法律在社会生活中发挥着极为重要的作用，可以说法律成了国家治理社会的主要方式。而在人治社会，由于统治者具有超越于法律的权力，因此法律充其量只是统治者实现社会统治的工具。在这种情况下，法律的作用经常得不到有效发挥，在法律与权力相冲突的时候，法律经常只能屈从于权力。③

法治作为上层建筑，是由经济基础决定的，是一个国家在特定经济、政治

---

① 韩震、严育编著：《社会主义核心价值观关键词——法治》，中国人民大学出版社2015年版，第12页。

② 韩震、严育编著：《社会主义核心价值观关键词——法治》，中国人民大学出版社2015年版，第5—6页。

③ 韩震、严育编著：《社会主义核心价值观关键词——法治》，中国人民大学出版社2015年版，第6—7页。

和文化条件下的治国模式。世界上没有放之四海而皆准的法治道路。社会制度不同的国家，法治道路必然不同；社会制度相近但历史文化传统不同的国家，法治道路也必然不同。纵观世界近现代史，西方资本主义国家走向法治的道路就各不相同。正是基于历史与现实的经验教训、立足于我国的基本国情，党的十八届四中全会提出，全面推进依法治国必须坚定不移走中国特色社会主义法治道路。这抓住了我国法治建设的根本，向国内外明确宣示了法治中国建设的方向。中国特色社会主义法治道路，是中国特色社会主义道路这条总道路的重要组成部分，是总道路在法治建设领域的具体体现。作为迈向法治中国的必由之路，中国特色社会主义法治道路指明了中国法治建设的目标和方向、经验和原则、任务和要求等，内涵十分丰富。①

中国特色社会主义法治道路有八项要素，一是制度基础，即中国特色社会主义制度。二是领导核心，即中国共产党。三是指导思想，即马克思列宁主义、毛泽东思想、邓小平理论、“三个代表”重要思想、科学发展观和习近平新时代中国特色社会主义理论。四是总目标，即建设中国特色社会主义法治体系，建设社会主义法治国家。五是总要求，即坚持党的领导、人民当家做主、依法治国有机统一。② 六是基本遵循，即坚持中国共产党的领导，坚持人民主体地位，坚持法律面前人人平等，坚持依法治国和以德治国相结合，坚持从中国实际出发。七是总布局，即坚持依法治国、依法执政、依法行政共同推进，坚持法治国家、法治政府、法治社会一体建设。八是总方向，即实现科学立法、严格执法、公正司法、全民守法，促进国家治理体系和治理能力现代化。总的来说，中国特色社会主义法治道路的核心要义，就是坚持党的领导，坚持中国特色社会主义制度，贯彻中国特色社会主义法治理论。③

---

① 韩震、严育编著：《社会主义核心价值观关键词——法治》，中国人民大学出版社 2015 年版，第 19—20 页。

② 首先，党的领导是人民当家做主和依法治国的根本保证。我国这样一个发展中大国，离开了共产党的领导，就不可能把全国人民的力量和意志凝聚起来，发展社会主义民主也就无从谈起。其次，人民当家做主是社会主义民主政治的本质要求，是社会主义政治文明建设的根本出发点和归宿。社会主义民主政治的根本是人民当家做主。共产党执政就是领导和支持人民当家做主。党只有领导人民创造各种有效的当家做主的民主形式，坚持依法治国，才能充分实现人民当家做主的权利，巩固和发展党的执政地位。最后，依法治国是党领导人民治理国家的基本方略。依法治国与人民民主、党的领导是紧密联系、相辅相成、相互促进的。依法治国不仅从制度上、法律上保证人民当家做主，而且也从制度上、法律上保证党的执政地位。人民在党的领导下，依照宪法和法律治理国家，管理社会事务和经济文化事业，保障自己当家做主的各项民主权利，这是依法治国的实质。依法治国的过程，实际上就是在党的领导下，维护人民主人翁地位的过程，保证人民实现当家做主的过程。

③ 韩震、严育编著：《社会主义核心价值观关键词——法治》，中国人民大学出版社 2015 年版，第 20—21 页。

法治观念是法治的重要基础。如果一个社会大多数人对法律没有信任感，认为靠法律解决不了问题，那么法律就只能是聋子的耳朵——摆设，不会有什么权威，更不可能建成法治社会。法律只有被认同、被信仰，成为内化在人们心目中、熔铸到人们头脑中的强大观念，人们才会自觉自愿地遵守法律，把依法办事当成自己的生活习惯。①

法治观念是公民在参与法律实践过程中对法治认识的内化和积淀，是以公民的法律认识、法律感情和法律意识为基础的一系列观念集合。②“法，国之权衡也，时之准绳也”。法律是一定社会历史条件下稳定化的行为规范，普遍适用于每个社会成员。全社会树立法治信仰，就意味着法律面前人人平等，社会行为的理性化和人们树立程序意识。信仰法治，可以避免将法律简单理解为手段和工具，守法成为只针对个别群体的要求，可以使社会每个成员将外在的法律要求内化为自我的要求，成为自觉行动的约束和指南，这样才能真正实现法治的效果。全民信仰法治，就是要坚持宪法和法律的至上性和法律适用上的平等性。任何组织和个人，都不具有超越宪法和法律以上的特权，要绝对杜绝以权压法、以言代法、徇私枉法。如果我们不能将宪法和法律置于至上的地位，一个国家的法治就无从谈起。③

英国著名哲学家弗朗西斯·培根说过：“一次不公正的审判，其恶果甚至超过十次犯罪。因为犯罪虽是无视法律——好比污染了水流，而不公正的审判则毁坏了法律——好比污染了水源。”这句名言形象地说明，公平、公正是法治的生命线，也是司法的灵魂，司法是否公平、公正，不仅是司法工作的价值所在，也是衡量国家法治程度的重要标尺之一。党的十八届四中全会强调指出，司法公正对社会公众具有重要引领作用，司法不公对社会公正具有致命破坏作用。全面推进依法治国，必须通过公正司法活动维护社会公平正义，努力让人民在每一个司法案件中感受到公平正义。④

所谓司法公正，是指司法机关在执法活动中必须坚持以事实为根据，以法

① 韩震、严育编著：《社会主义核心价值观关键词——法治》，中国人民大学出版社 2015 年版，第 89—90 页。

② 法治文化是指从一定的政治、经济、文化的历史和现实环境中生长出来，经过长期社会化过程积淀下来的，人们对法律生活所持有的以价值观为核心的思维方式和行为方式，包括法治意识、法治观念、法治思想、法律价值取向等内容。法治文化意味着法治精神得以普遍化地实践和实现，社会活动是按照法治精神实践的方式、过程和实现的结果。

③ 韩震、严育编著：《社会主义核心价值观关键词——法治》，中国人民大学出版社 2015 年版，第 90 页。

④ 韩震、严育编著：《社会主义核心价值观关键词——法治》，中国人民大学出版社 2015 年版，第 69 页。

律为准绳，严格贯彻有法必依，执法必严，违法必究，做到严肃执法，秉公办案，实现法律所追求的社会公平正义。① 对于建设法治国家来说，有好的立法是基础，但若没有司法公正，法治国家依然是纸上谈兵，全面落实依法治国的目的依然实现不了。司法公正是依法治国的基本要求。依法治国作为一种治国方略，不仅要求有一套完整的法律体系作为公民的行为准则或规范，更重要的是，法治的存在以其本身的价值取向为支柱，它蕴含着人类对公平、文明、秩序、和平等理想的追求，要求法在从制定到实施的整个过程中对任何社会主体都是公正的。司法作为使法治从“应然”走向“实然”的关键环节，是实行法治的保障，要求其公正是必定无疑的。② 司法公正是保障人们权益的重要手段。随着社会主义市场经济的发展，人们越来越习惯于用法律手段来维护自身权益、“讨个说法”，司法公正是使人们合法权益不受侵害的重要保障，特别是在一些“民告官”的案件中，老百姓处于弱势，如果没有司法公正的保障，就很难实现自己的权利主张。司法公正是维护法治权威和公信力的重要方式。法治的正义性，在相当程度上是通过司法公正体现出来的。因为在法治的过程中，司法活动所产生的结果，往往也是法治的结果。由于司法活动的重要性，司法活动中的任何不公正因素或结果，都将直接影响法治正义性的实现。由此，司法不公对于法治权威和公信的危害性更大，这是因为在加强法治的口号下所产生的司法不公，容易导致人们对法治本身产生错误认识，从而动摇人们对法治的信念，不利于人们树立正确的法律意识。司法公正是实现社会公平正义的重要保障。司法是维护社会公平正义的最后一道防线，如果司法不公，罪犯就不能得到应有惩处、人们对公平公正的希望就会破灭，社会公正就会受到质疑，而社会公平正义的实现，在很大程度上有赖于司法公正的实现。司法公正不仅是社会公平正义的一部分，而且对社会公平正义具有引领作用，只有用司法公正来

---

① 党的十八届四中全会提出的依法独立公正行使审判权、检察权与西方“司法独立”有本质区别，“司法独立”的概念是根据一些国家三权分立的政体提出来的。我国实行的是议行合一的人民代表大会制度。人民代表大会不仅是立法机关，而且是权力机关。人民法院、人民检察院由人民代表大会产生，对其负责，并受其监督。在这个意义上，我们提出依法独立公正行使审判权、检察权，与三权分立政体下的“司法独立”是两回事。我国高度重视为司法机关依法独立公正行使职权提供有力制度保障。党的十八届三中、四中全会都对确保依法独立公正行使审判权和检察权作出具体部署，提出一系列重大举措和改革要求。十八届四中全会通过的决定明确要求“任何党政机关和领导干部都不得让司法机关做违反法定职责、有碍司法公正的事情，任何司法机关都不得执行党政机关和领导干部违法干预司法活动的要求”。这是对确保依法独立公正行使审判权、检察权最好的阐释。

② 韩震、严育编著：《社会主义核心价值观关键词——法治》，中国人民大学出版社 2015 年版，第 70—71 页。

为社会公平正义保驾护航，社会公平正义才能得到更好的实现。①

社会主义核心价值观中的法治，与马克思主义的法治观既一脉相承又与时俱进，既继承了中国传统文化中法治的丰富思想，又借鉴了西方法治理论的有益营养，同时又具有鲜明的时代特色。社会主义法治是以马克思主义为指导的法治、立足于中国实际国情的法治、维护人民群众根本利益的法治。②

道路指引方向，道路汇聚力量。一条好的道路，必然会指引我们走向光明的前景，实现美好的蓝图。中国特色社会主义法治道路指引的前景、蓝图，就是党的十八届四中全会明确提出的全面推进依法治国的总目标，即建设中国特色社会主义法治体系，建设社会主义法治国家。③ 党的十八大把法治确立为社会主义核心价值观的基本要素之一，充分体现了坚持和发展中国特色社会主义的法治要求。党的十八届四中全会对全面推进依法治国作出重要部署，明确要求更好发挥法治的引领和规范作用。因此，我们讨论和理解中国话语语境下的法治概念，离不开中国特色社会主义的法治实践，离不开党的十八届四中全会关于加强法治的一系列新观点新论断新要求。④ 在当今中国，东西南北中，工农商学兵，中国共产党是领导一切的核心力量。中国治国理政的根本是中国共产党的领导，中国特色社会主义的最大特色、最本质特征也是党的领导。当前，我们正行进在建设社会主义法治国家的征途上，走好这条道路，也一刻不能离开党的领导。党的十八届四中全会强调指出，坚持党的领导，是社会主义法治的根本要求，是党和国家的根本所在、命脉所在，是全国各族人民的利益所系、幸福所系，是全面推进依法治国的题中应有之义。⑤

（四）国家层面的基本内涵

富强、民主、文明、和谐是我国社会主义现代化国家的建设目标，也是从价值目标层面对社会主义核心价值观基本理念的凝练，在社会主义核心价值观中居于最高层次，对其他层次的价值理念具有统领作用。

---

① 韩震、严育编著：《社会主义核心价值观关键词——法治》，中国人民大学出版社 2015 年版，第 71—72 页。

② 郝青杰、杨志芳著：《社会主义核心价值观导论——价值理想：自由平等公正法治》，安徽人民出版社 2013 年版，第 130—131 页。

③ 韩震、严育编著：《社会主义核心价值观关键词——法治》，中国人民大学出版社 2015 年版，第 23 页。

④ 韩震、严育编著：《社会主义核心价值观关键词——法治》，中国人民大学出版社 2015 年版，第 111 页。

⑤ 韩震、严育编著：《社会主义核心价值观关键词——法治》，中国人民大学出版社 2015 年版，第 99 页。

富强即国富民强，是社会主义现代化国家经济建设的应然状态，是中华民族梦寐以求的美好夙愿，也是国家繁荣昌盛、人民幸福安康的物质基础。富强首先在于人民富裕。人民的富裕，不是指财富金钱的富有，而是指物质生活条件的富足充裕，即通常所说的丰衣足食，是个人和家庭物质生活条件的富足和充裕状态。[①]“富强”是社会主义核心价值观中的重要范畴，作为国家层面的社会主义核心价值观，居首要地位。它是中国共产党在科学理解马克思主义原理基础上的理论自觉，也是在客观分析中国国情和时代特征基础上的科学判断，在准确把握中国梦价值目标基础上的必然认知。实现“两个一百年”的奋斗目标，最为基础的就是实现国家富强。[②] 马克思主义生产力理论是社会主义富强价值观的理论基石，人民利益至上是社会主义富强价值观的根本导向，在实现富强的过程中，人民利益的实现程度是衡量一个国家富强程度的重要尺度。马克思主义政党的一切理论和奋斗都应致力于实现最广大人民的根本利益，这是马克思主义富强观最鲜明的政治立场。所以，坚持人民利益至上，始终代表人民利益是马克思主义政党一条不变的历史红线。中国共产党执政合法性依据就在于实现好、维护好、发展好最广大人民群众的根本利益。我们实现国家富强，就是要秉承立党为公、执政为民的政治立场，以实现最广大人民的根本利益为目的，牢牢把握富强的价值导向不动摇。[③]

富强是社会进步、个人自由发展的物质基础和制度保障；富强是中华民族千年来的梦想，是国家繁荣昌盛、人民幸福安康的物质条件；富强是中国共产党人的不懈追求，是社会主义现代化国家的应然状态。富强体现了马克思主义唯物史观的根本要求，也集中体现了中国共产党人的奋斗目标。[④]

实现国家富强是几代中国人的共同梦想。中国梦的本质是国家富强、民族振兴、人民幸福。实现国家富强是中国梦的首要内容，是我们党和国家的首要奋斗目标。富强梦，把国家的追求、民族的向往、人民的期盼融为一体，体现了中华民族和中国人民的整体利益，表达了每一个中华儿女的共同愿景。在推进中国特色社会主义伟大事业、实现中华民族伟大复兴的战略进程中，实现富强始终是国家发展的首要追求和根本保证。总起来说，实现国家富强是所有中国人的共同梦想，既深深反映了我们先人们的不懈追求，也深深体现了今天中

---

① 倪霞等编著：《社会主义核心价值观——富强》，中国人民大学出版社2015年版，第5页。

② 王明生主编：《社会主义核心价值观丛书——富强篇》，江苏人民出版社2015年版，第1页。

③ 王明生主编：《社会主义核心价值观丛书——富强篇》，江苏人民出版社2015年版，第1—8页。

④ 倪霞等编著：《社会主义核心价值观——富强》，中国人民大学出版社2015年版，第3页。

国人的共同理想。[1] 贫穷不是社会主义。社会主义的富强，是国家和人民既富又强，是人民生活富足幸福、社会发展良好、国家综合实力强大。它不仅是人民物质生活条件的富足充裕，社会经济的繁荣发展，也是国家、社会和个人的现代化、文明化。社会主义的富强观，就是要求我们把发展社会生产力、增强综合国力、提高人民物质和精神生活水平作为建设中国特色社会主义的重要价值目标。[2]

民主是人类社会的美好诉求。我们追求的民主是人民民主，其实质和核心是人民当家做主。社会主义民主不是"为民做主"，而是"人民当家做主"；社会主义民主不是绝对的"少数服从多数"，而是"少数服从多数"与"多数尊重少数"的辩证统一；社会主义民主不是"否定个体"，而是"弘扬个体"；社会主义民主不仅是"实体正义"，而是"程序正义"与"实体正义"的有机统一；社会主义民主不是"一蹴而就"的，而是渐进的建构与发展过程；社会主义民主不是抽象空洞的普适原则，而是"共产党领导、人民当家做主与依法治国"三者的有机统一。党的领导、人民当家做主与依法治国三者的相互结合与有机统一，是社会主义民主观的具体内涵和基本要求，既是我国具体国情的体现，也符合我国社会主义民主在当前阶段的发展规律。[3] 它是社会主义的生命力，也是创造人民美好幸福生活的政治保障。

文明是社会进步的重要标志，也是社会主义现代化国家的重要特征。它是社会主义现代化国家文化建设的应有状态，是对面向现代化、面向世界、面向未来的，民族的科学的大众的社会主义文化的概括，是实现中华民族伟大复兴的重要支撑。

和谐是中国传统文化的基本理念，集中体现了学有所教、劳有所得、病有所医、老有所养、住有所居的生动局面。它是社会主义现代化国家在社会建设领域的价值诉求，是经济社会和谐稳定、持续健康发展的重要保证。

（五）社会主义核心价值观与社会主义核心价值体系

关于社会主义核心价值观与社会主义核心价值体系的关系，中共中央办公厅印发的《关于培育和践行社会主义核心价值观的意见》指出，首先，社会主义核心价值观是社会主义核心价值体系的内核。这就是说体系包括了价值观。

---

① 王明生主编：《社会主义核心价值观丛书——富强篇》，江苏人民出版社 2015 年版，第 13—14 页。

② 倪霞等编著：《社会主义核心价值观——富强》，中国人民大学出版社 2015 年版，第 11 页。

③ 刘旺洪主编：《社会主义核心价值观丛书——民主篇》，江苏人民出版社 2015 年版，第 158—166 页。

其次，社会主义核心价值观体现社会主义核心价值体系的根本性质和基本特征。也就是说，价值观必须体现出价值体系的性质与特征，价值体系是根本。再次，社会主义核心价值观反映社会主义核心价值体系的丰富内涵和实践要求。最后，社会主义核心价值观是社会主义核心价值体系的高度凝练和集中表达。①

社会主义核心价值体系是社会主义核心价值观的直接指导，比如说社会主义核心价值体系中的马克思主义指导、中国特色社会主义的共同理想为社会主义核心价值观中的富强、民主、文明、和谐、自由、平等、公正、法治提供了实质性的界定。也就是说，这16个字就是从马克思主义指导、中国特色社会主义共同理想这两个方面当中提炼出来的。社会主义核心价值体系中的民族精神、时代精神和社会主义荣辱观的内容就为爱国、敬业、诚信、友善这些个人层面的内容提供了实质性的界定。也就是说，核心价值观个人层面的8个字是从核心价值体系中的民族精神、时代精神和社会主义荣辱观中提炼出来的。②

三、培育和践行社会主义核心价值观的基本原则

坚持马克思主义基本原理、坚持以人为本、坚持以理想信念为核心、坚持联系实际、坚持改革创新是培育和践行社会主义核心价值观的基本准则，准确把握这些准则是保障培育和践行社会主义核心价值观政治方向的重要标准和依托。

（一）坚持马克思主义基本原理

党的十九届四中全会提出，当今世界正经历百年未有之大变局，我国正处于实现中华民族伟大复兴关键时期，必须坚持以马克思列宁主义、毛泽东思想、邓小平理论、“三个代表”重要思想、科学发展观、习近平新时代中国特色社会主义思想为指导。③

社会主义核心价值观是一种价值观念、一种价值取向，体现了社会价值的特性和本质。践行社会主义核心价值观是坚持以马克思主义为指导，以科学社会主义价值观为基础，体现社会主义的本质，具备一定的理论依据。④

马克思主义是严密而完整的科学思想体系，是全世界无产阶级和人民群众

① 贺亚兰主编：《社会主义核心价值观若干重大理论与现实问题》，人民出版社2016年版，第65—66页。

② 贺亚兰主编：《社会主义核心价值观若干重大理论与现实问题》，人民出版社2016年版，第68页。

③ 摘自《中共中央关于坚持和完善中国特色社会主义制度、推进国家治理体系和治理能力现代化若干重大问题的决定》。

④ 韩春艳：践行社会主义核心价值观的策略研究，辽宁大学2013年硕士毕业论文。

争取自身解放的强大理论武器。马克思主义不仅是科学的思想体系，而且是科学的世界观、方法论，即辩证唯物主义和历史唯物主义，其精髓是从实际出发，理论联系实际，实事求是。坚持马克思主义的指导地位，是社会主义国家存在和发展的思想基础。而社会主义核心价值观不仅是在马克思主义指导下建立起来，而且是以马克思主义作为指导思想来发展和践行。正是这样科学的世界观、方法论，使我们能够正确认识人类社会发展的基本规律、社会主义社会发展的规律、党的执政规律，等等。①

价值观是法治的灵魂，法治是价值观的保障。马克思认为，人是法律的主体和目的，“法律是肯定的、明确的、普遍的规范，在这些规范中自由获得了一种与个人无关的、理论的、不取决于个别人的任性的存在。法典就是人民自由的圣经”。②

在马克思主义的指导下践行社会主义核心价值观是可行的，有助于保证我国的社会主义方向，有助于形成思想共识，凝聚力量共同建设社会主义。结合中国具体国情，把马克思主义基本原理同中国实践相结合成了马克思主义中国化的理论成果，而这些重大理论中都包含了极其丰富的社会主义价值观思想，这就为中国特色社会主义核心价值观的培育和践行提供了坚实的理论基础。社会主义核心价值观代表着广大人民群众的根本利益，符合社会主义发展的趋势，具有强大的生命力和远大的发展前途，因而在践行过程中必然得到人民的拥护和认同。③

坚持马克思列宁主义毛泽东思想，高举中国特色社会主义伟大旗帜，以邓小平理论和“三个代表”重要思想、科学发展观为指导，深入学习贯彻党的十八大精神和习近平同志系列讲话精神，紧紧围绕坚持和发展中国特色社会主义这一主题，紧紧围绕实现中华民族伟大复兴中国梦这一目标，紧紧围绕“三个倡导”这一基本内容，注重宣传教育、示范引领、实践养成相统一，注重政策保障、制度规范、法律约束相衔接，使社会主义核心价值观融入人们生产生活和精神世界，激励全体人民为夺取中国特色社会主义新胜利而不懈奋斗。

（二）坚持以人为本

党的十九届四中全会提出，坚持人民当家做主，发展人民民主，密切联系群众，紧紧依靠人民推动国家发展是我国国家制度和国家治理体系的显著优势

---

① 韩春艳：践行社会主义核心价值观的策略研究，辽宁大学2013年硕士毕业论文。

② 冯玉军：“把社会主义核心价值观融入法治建设的要义和途径”，载《当代世界与社会主义（双月刊）》，2017年第4期。

③ 韩春艳：践行社会主义核心价值观的策略研究，辽宁大学2013年硕士毕业论文。

之一。①

“以人为本”是社会主义价值观的出发点和最终归宿。以人为本的理念强调人是社会历史的根本，人是社会价值的根本即人既是社会中价值主体又是人的活动和社会发展的终极目标，符合人民的根本利益，符合社会主义法律的本质，应是新时期法律核心价值观中首要的，居于决定地位的最基本的价值理念。② 尊重群众主体地位，关注人们利益诉求和价值愿望，促进人的全面发展。

马克思主义唯物史观认为，人民群众在社会历史的发展过程中发挥着主体作用，人民群众是历史的创造者。这既是因为人民群众是社会物质财富的创造者，也是社会精神财富的创造者，还是实现社会变革的决定力量。③ 我们党在领导革命、建设和改革的过程中，始终坚持了党的根本性质和全心全意为人民服务的根本宗旨，坚持了以人为本、执政为民的根本要求，并把它始终贯彻于党的全部工作和全部活动之中。④ 在新的历史条件下，要想始终保持党同人民群众的血肉联系，就必须不断强化全党的宗旨意识，不断夯实以人为本、执政为民的思想基础，自觉做到权为民所用、情为民所系、利为民所谋，自觉把实现好、维护好、发展好最广大人民群众的根本利益作为一切工作的出发点和落脚点。⑤

党的十九届四中全会提出，坚持和完善人民当家做主制度体系，发展社会主义民主政治。必须坚持人民主体地位，坚定不移走中国特色社会主义政治发展道路，确保人民依法通过各种途径和形式管理国家事务，管理经济文化事业，管理社会事务。⑥

以人为本，就是一切从人民群众的需要出发，以人民的根本利益为本，以每个公民的基本人权为本，尊重人、爱护人、理解人、关心人、依靠人，努力实现好、维护好、发展好人民群众的根本利益，在经济发展的基础上，不断提高人民群众的生活水平和健康水平，创造人们充分发挥聪明才智的社会环境，促进人的全面发展。⑦

党的十九届四中全会提出，健全为人民执政、靠人民执政各项制度。坚持

---

① 摘自《中共中央关于坚持和完善中国特色社会主义制度、推进国家治理体系和治理能力现代化若干重大问题的决定》。

② 余萍：新时期我国法律核心价值观研究，西安建筑科技大学2008年硕士论文。

③ 刘旺洪主编：《社会主义核心价值观丛书——民主篇》，江苏人民出版社2015年版，第176页。

④ 刘旺洪主编：《社会主义核心价值观丛书——民主篇》，江苏人民出版社2015年版，第177页。

⑤ 刘旺洪主编：《社会主义核心价值观丛书——民主篇》，江苏人民出版社2015年版，第177页。

⑥ 摘自《中共中央关于坚持和完善中国特色社会主义制度、推进国家治理体系和治理能力现代化若干重大问题的决定》。

⑦ 王学江：“人权入宪体现以人为本”，载《沈阳晚报》2004年3月18日。

立党为公、执政为民，保持党同人民群众的血肉联系，把尊重民意、汇集民智、凝聚民力、改善民生贯穿党治国理政全部工作之中，巩固党执政的阶级基础，厚植党执政的群众基础，通过完善制度保证人民在国家治理中的主体地位，着力防范脱离群众的危险。贯彻党的群众路线，完善党员、干部联系群众制度，创新互联网时代群众工作机制，始终做到为了群众、相信群众、依靠群众、引领群众，深入群众、深入基层。健全联系广泛、服务群众的群团工作体系，推动人民团体增强政治性、先进性、群众性，把各自联系的群众紧紧团结在党的周围。①

以人为本，是一个符合时代潮流、符合民心、符合我党宗旨的执政理念。坚持以人为本就是要坚持以人民为本，这不仅是我们党全心全意为人民服务根本宗旨的终极体现，也是我们做好一切工作的根本出发点和立足点。坚持以人为本，就是要不断强化公仆意识、服务意识，要尊重科学、尊重规律、尊重群众，一切从人民利益出发，一切从实际出发，真正按规律办事，真正对事业负责，对人民负责。②

（三）坚持以理想信念为核心

党的十九届四中全会提出，推动理想信念教育常态化、制度化，弘扬民族精神和时代精神，加强党史、新中国史、改革开放史教育，加强爱国主义、集体主义、社会主义教育，实施公民道德建设工程，推进新时代文明实践中心建设，完善青少年理想信念教育齐抓共管机制。③

抓住世界观、人生观、价值观这个总开关，在全社会牢固树立中国特色社会主义共同理想，着力铸牢人们的精神支柱；坚持以理想信念为核心，用社会主义核心价值观引领社会思潮、凝聚社会共识。深入开展中国特色社会主义和中国梦宣传教育，不断增强人们的道路自信、理论自信、制度自信，坚定全社会全面深化改革的意志和决心。

实现中华民族伟大复兴是中华民族的中国梦，它不是部分人的梦想而是中华民族的伟大理想，中国梦的最终目标就是要全国人民都过上幸福美满的生活，就是要实现国家的“富强、文明、民主、和谐”。只有我们每一个人都能够做到友善对待他人、社会和自然，实现中华民族伟大复兴的中国梦才能真正得以

---

① 摘自《中共中央关于坚持和完善中国特色社会主义制度、推进国家治理体系和治理能力现代化若干重大问题的决定》。

② 管向群主编：《社会主义核心价值观丛书——和谐》，江苏人民出版社2015年版，第257页。

③ 摘自《中共中央关于坚持和完善中国特色社会主义制度、推进国家治理体系和治理能力现代化若干重大问题的决定》。

实现。实现中华民族的伟大复兴，实现亿万人心中的中国梦，离不开伟大精神的支撑，离不开人人向善的精神的塑造。[①]

（四）坚持联系实际

党的十九届四中全会提出，完善和发展我国国家制度和治理体系，必须坚持从国情出发、从实际出发。[②]

历史唯物主义认为，社会存在决定社会意识，社会意识对社会存在具有反作用，而且具有自己的相对独立性和发展规律。而价值观属于社会意识的范畴，社会意识有自己的发展规律，显然核心价值观也有自己形成和发展的客观规律。[③]

践行社会主义核心价值观必须遵循核心价值观形成和发展的客观规律。价值观作为一种社会意识，反映社会存在，其发展取决于一定阶段的社会生产方式。因而社会生产方式是社会主义核心价值观践行的基础，生产力的大力发展为社会主义核心价值观践行提供了物质保障，生产关系的确立为处理好人与人，人与社会的关系奠定了社会基础。不仅如此，还要正确处理人与自然的关系，力求做到经济、政治、文化、社会、生态领域协调发展。另外，践行社会主义核心价值观，还要遵循规律正确处理内部矛盾。[④] 社会主义核心价值观是在尊重差异、包容多样的原则下，对古今中外优秀价值理念进行吸收借鉴的基础上形成的。在践行社会主义核心价值观的过程中，要处理好普遍性与特殊性、多样性与统一性、批判与继承之间的关系，通过矛盾的对立统一来推动社会主义核心价值观的践行。所以说，社会主义核心价值观在践行过程中，必须遵循核心价值观形成和发展的客观规律，在求同存异中增进思想共识，在包容多样中扩大社会认同，把不同阶层、不同认识水平的人团结起来共同奋进，从而推动社会主义核心价值观的有效践行，形成奋发向上的文化力量。[⑤]

（五）坚持改革创新

党的十九届四中全会提出，坚持改革创新、与时俱进，善于自我完善、自

---

① 李荣、冯芸编著：《社会主义核心价值观·关键词——友善》，中国人民大学出版社2015年版，第63页。

② 摘自《中共中央关于坚持和完善中国特色社会主义制度、推进国家治理体系和治理能力现代化若干重大问题的决定》。

③ 韩春艳：践行社会主义核心价值观的策略研究，辽宁大学2013年硕士毕业论文

④ 韩春艳：践行社会主义核心价值观的策略研究，辽宁大学2013年硕士毕业论文

⑤ 韩春艳：践行社会主义核心价值观的策略研究，辽宁大学2013年硕士学位论文。

我发展，使社会充满生机活力是我国国家制度和国家治理体系的显著优势之一。①

坚持思想建党、理论强党，不断用创新理论指导实践是我们党的一个好传统。习近平同志指出："理论的生命力在于不断创新，推动马克思主义不断发展是中国共产党人的神圣职责。"

创新是当今时代发展的不竭动力。随着时代节奏的不断加快，紧跟时代步伐、坚持与时俱进、推动改革创新是当前背景下社会各方面发展的迫切需求。社会主义核心价值观融入国家治理现代化，同样要紧跟当代中国与世界的发展浪潮。社会主义核心价值观融入国家治理现代化，本身就是时代发展的客观要求和时代创新的生动体现，也是国家治理现代和社会主义核心价值观创新发展的重要趋势。推动社会主义核心价值观融入国家治理现代化，应与时代发展保持同步，紧跟时代发展的步伐，既不超前，也不落后。因此，我们应在推动国家治理现代化和社会主义核心价值观建设共同发展的具体实践中，把握时代特点、紧握时代脉搏、关注发展热点、关切群众诉求，推动国家治理现代化和社会主义核心价值观的融合创新。②

党的十九届四中全会提出，社会治理是国家治理的重要方面。必须加强和创新社会治理，完善党委领导、政府负责、民主协商、社会协同、公众参与、法治保障、科技支撑的社会治理体系，建设人人有责、人人尽责、人人享有的社会治理共同体，确保人民安居乐业、社会安定有序，建设更高水平的平安中国。③ 善于运用群众喜闻乐见的方式，搭建群众便于参与的平台，开辟群众乐于参与的渠道，积极推进理念创新、手段创新和基层工作创新，增强工作的吸引力以及感染力。"社会治理创新是党在治国理政理念升华后对社会建设提出的基本要求，是确保社会既充满活力又和谐有序的必然要求，也是实现国家治理体系和治理能力现代化的重要环节。社会治理创新的主要任务就是保障和改善民生，促进社会公平正义，增强社会发展活力，促进社会和谐稳定"④。党的十八届三中全会提出，创新社会治理，必须着眼于维护最广大人民根本利益，最大限度增加和谐因素，增强社会发展活力，提高社会治理水平，维护国家安

---

① 摘自《中共中央关于坚持和完善中国特色社会主义制度、推进国家治理体系和治理能力现代化若干重大问题的决定》。

② 佟川：社会主义核心价值观融入国家治理现代化研究，沈阳航空航天大学2018年硕士学位论文。

③ 摘自《中共中央关于坚持和完善中国特色社会主义制度、推进国家治理体系和治理能力现代化若干重大问题的决定》。

④ 江必新、李沫："论社会治理创新"，《新疆师范大学学报》2014年第2期。

全，确保人民安居乐业、社会安定有序。要改进社会治理方式，激发社会组织活力，创新有效预防和化解社会矛盾体制，健全公共安全体系。①

要坚定“四个自信”，传承弘扬中国传统法律文化，吸收国外法治建设的积极成果，深入研究新时代法治建设的重大课题，推进法学知识创新、理论创新和方法创新，建立中国特色的法学学科体系、学术体系和话语体系，为法学教育注入历史底蕴、文化基因和时代血液。

四、社会主义法治与德治的关系

2016年12月9日，习近平同志在主持中央政治局第三十七次集体学习时强调，必须坚持依法治国和以德治国相结合，使法治和德治在国家治理中相互补充、相互促进、相得益彰，推进国家治理体系和治理能力现代化。这是对依法治国和以德治国关系的全面阐发，深刻揭示了中国特色社会主义法治建设和道德建设的重要准则。②

习近平总书记指出，中国特色社会主义法治道路的一个鲜明特点，“就是坚持依法治国和以德治国相结合，强调法治和德治两手抓、两手都要硬。这既是历史经验的总结，也是对治国理政规律的深刻把握”。党的十八届四中全会提出，“坚持依法治国和以德治国相结合”是实现全面推进依法治国总目标必须坚持的重要原则。“坚持依法治国和以德治国相结合”内涵丰富，对推进新时代中国特色社会主义法治建设具有重要意义。③

（一）法律与道德相辅相成

在社会主义初级阶段，法律与道德具有共同的价值取向和理念内涵，内容交叉，目标相同，效果互补：一方面，要通过法治宣传道德理念，强化法律对道德建设的促进作用；另一方面，还要通过道德滋养法治精神，强化道德对法治文化的支撑作用。国家和社会治理需要法律和道德共同发挥作用，既重视发挥法律的规范作用，又重视发挥道德的教化作用，实现法律和道德相辅相成、法治和德治相得益彰。坚持依法治国和以德治国相结合所要解决的是全面依法治国的精神动力问题。全面依法治国、建设社会主义法治体系，必须坚持一手抓法治、一手抓德治，大力弘扬社会主义核心价值观，弘扬中华传统美德，培

---

① 刘旺洪主编：《社会主义核心价值观丛书——民主篇》，江苏人民出版社2015年版，第173页。

② 李林：“让法治与德治相得益彰”，载《政府法治》2017年第2期。

③ 王淑芹：“法治与德治相结合的现代意蕴”，载《光明日报》2019年10月11日。

育高尚的社会主义道德情操。①

德治在中国传统社会中所指的主要是治国方式，其含义基本有两重，一是指充分重视道德的教化作用，并通过道德的教化与规范作用进行社会管理和国家治理的治国方式。孔子就曾在《论语·为政》中说过："道之以政，齐之以刑，民免而无耻；道之以德，齐之以礼，有耻且格。"二是指充分重视为政者的道德典范意义，并通过这种典范作用来治理国家和管理社会的治国方式。在这个意义上，儒家特别强调政治领袖的个人操守，如《论语·子路》中就有"其身正，不令而行；其身不正，虽令不从"之说。中国传统社会中的德治实质上接近于人治，但与人治这个概念相比，德治概念更强调道德对人，尤其是对统治者约束的重要性以及统治者道德的示范意义；由于德治宣扬道德自律对于社会和国家治理的好处，因此德治实际上非常富有理想主义色彩。这种道德理想主义在中国古代伦理社会确实能够在一定程度上对统治者起到制约作用，但在缺乏外在强制性制约力量的情况下，德治最终很容易蜕变为纯粹的人治。②

现代德治运行的社会基础是法治社会。道德与法律是人类交往与合作得以共存共处不可或缺的行为规范体系，自国家产生后，它们始终都是国家治理的两种重要方式。古代中国有着丰厚的德治思想，并形成了独特的德治传统。如荀子坚持"礼刑合用"，"明德慎罚，国家既治四海平"。董仲舒主张德本刑末，提出"教，政之本也；狱，政之末也"。传统儒家既推崇道德的教化作用，也没有排除刑罚的抑恶功能，这种将道德教化与刑罚措施相结合的观念和做法，奠定了古代中国治国理政的基本理念和方式。但传统德治实施的社会基础是人治社会，现代德治实施的社会基础是法治社会，二者运行的社会基础不同，权和法的地位不同。人治社会是人的统治，人（帝王）说了算，皇权不受法律制约，法律制度是治民的工具。③法治社会是法的统治，人依法而为，任何个人和组织都要受到法律的制约，无人处于法之外，无人居于法之上。进言之，传统德治所倡导的德政和德教，是为政者权力无法律制约，仅靠道德自律向善，往往难以形成稳定的行为预期。现代德治是在法律对公权力进行约束以及法律面前人人平等的法治框架下，即在确保法律对公权力制约的前提下强调为政者的道德修养、品德情操与社会道德教化。党的十八大以来，我们党把全面依法治国纳入"四个全面"战略布局，党的十八届四中全会对全面依法治国作出专

① 冯玉军："把社会主义核心价值观融入法治建设的要义和途径"，载《当代世界与社会主义（双月刊）》2017 年第 4 期。

② 韩震、严育编著：《社会主义核心价值观关键词——法治》，中国人民大学出版社 2015 年版，第 6 页。

③ 王淑芹：《法治与德治相结合的现代意蕴》，载《光明日报》，2019 年 10 月 11 日。

题部署，推动法治建设驶入快车道。① 习近平同志指出："党领导人民制定宪法法律，党领导人民实施宪法法律，党自身必须在宪法法律范围内活动。"《中共中央关于全面推进依法治国若干重大问题的决定》指出："任何组织和个人都必须尊重宪法法律权威，都必须在宪法法律范围内活动，都必须依照宪法法律行使权力或权利、履行职责或义务，都不得有超越宪法法律的特权。必须维护国家法制统一、尊严、权威，切实保证宪法法律有效实施，绝不允许任何人以任何借口任何形式以言代法、以权压法、徇私枉法。"一言以蔽之，在法律面前，包括执政党在内的任何组织和个人都没有逾越法律的特权，不存在凌驾于法律之上的特殊个体或组织。全面推进依法治国、建设社会主义法治国家，为依法治国与以德治国相结合奠定了坚实社会基础。②

法治与德治之间具有重要的区别。首先，行为的基本准则不同。法治社会中的基本准则是法律规范，德治的基本准则是道德规范。其次，冲突的解决方式不同。在法律与道德之间产生冲突的时候，在法治社会，法律通常要压倒道德，在德治社会，道德更容易压倒法律。最后，与人治的关系不同。法治与人治是根本对立的，而德治与人治则具有一定的相通性。由于德治这种治国方式是建立在道德理想主义基础上的，它在实践的过程中很难真正得到实现。因此，德法合治是现实中较为普遍的做法。从历史上看，德法合治是古今中外的治国之道。我国既有悠久的法制文化，又有厚重的道德传统。从孔子提出"宽猛相济"、荀子提出"隆礼而重法"，到汉代董仲舒强调"阳为德，阴为刑"，从唐代提出"制礼以崇敬，立刑以明威"，到宋元明清时期一直延续德法合治，都体现了德治与法治相结合的治国之道。在西方，古希腊时期柏拉图就认为执法和守法都离不开道德，亚里士多德、苏格拉底主张法律的制定必须着眼于德和善。现在从世界范围看，凡是社会治理比较有效的国家，大都坚持把法治作为治国的基本原则，同时注重用道德调节人们的行为。③

（二）社会主义道德是法律的高线和基础

法律是社会主义道德的底线和后盾，凡是法律禁止的，通常也是社会主义道德反对的；凡是法律鼓励的，通常也是社会主义道德支持的。社会主义道德是法律的高线和基础，是法律具有合理性、正当性与合法性的内在依据。法律的价值、精神、原则等大多建立在社会主义道德的基础上，道德所要求或者禁

---

① 王淑芹：《法治与德治相结合的现代意蕴》，载《光明日报》，2019 年 10 月 11 日。

② 王淑芹：《法治与德治相结合的现代意蕴》，载《光明日报》，2019 年 10 月 11 日。

③ 韩震、严育编著：《社会主义核心价值观关键词——法治》，中国人民大学出版社 2015 年版，第 7 页。

止的许多行为，往往是法律作出相关规定的重要依据，而多数调整社会关系和规范社会行为的立法，都是道德法律化的结果。例如国家立法规定：禁止杀人放火、禁止抢劫盗窃、杀人偿命、借债还钱、赡养父母、抚养子女等等，总体上都反映或体现了道德的基本要求。社会主义道德是法律的源泉，是制定法律的内在要求和评价法律善恶的重要标准。正因为法律和道德在意志属性、规范特征、实现方式等方面的区别，所以法律不能取代道德，道德也不能取代法律，两者必须相互融合，相辅相成。法安天下，德润人心。国家法律和社会主义道德都具有规范社会行为、调节社会关系、维护社会秩序的作用，在国家治理中都有其地位和功能。①

有效实施社会主义法律，自觉遵守社会主义道德，是法治与德治的必然要求。正因为法治是外在控制之治，德治是内在约束之治；法治是低度行为的规范之治，德治是高度行为的倡导之治；法治是国家的强制之治，德治是社会的教化之治；所以法治不能否定德治，德治不能取代法治，两者必须相互依存，取长补短。从法律实施角度来看，执法机关和司法机关严格执行法律化了的道德规范，就能够从法治上有效地保证社会公德、职业道德和家庭美德的充分实现；反之，国家的宪法和法律不能有效实施，有法不依，执法不严，违法不究，徇私枉法，则必然严重损害社会主义道德体系和道德建设。对于执法司法人员而言，在实施法律的过程中，既要以事实为根据，以法律为准绳，严格依法办事，坚持法律面前人人平等，秉公执法，公正司法，不徇私情，刚直不阿，把法律化的社会主义道德要求落实到法律实践中；又要统筹法律、伦理和人情的关系，关注普遍法律规则和复杂事实背后的道德伦理因素，使法律实施的结果（如法院裁判）尽可能与社会主义道德的要求评价相一致，至少不与社会主义道德的价值相冲突。如果一项法院判决有可能导致人们不敢见义勇为，不敢救死扶伤，不愿扶老携幼，不愿拾金不昧……那么，法官就需要特别审慎地对待，否则这种司法判决就可能陷入“赢了法律，输了道德”的困境。此外，执法司法人员要带头作社会主义道德的表率，坚决防止执法腐败和司法腐败，保证法律公器的纯洁和神圣。法治和德治两手抓、两手都要硬。这既是历史经验的总结，也是对治国理政规律的深刻把握。坚持依法治国和以德治国相结合，是中国特色社会主义法治道路的鲜明特点。②

（三）社会主义道德对依法治国具有重要支撑作用

推进依法治国与以德治国相结合，一方面，应当大力弘扬社会主义核心价

① 李林：“让法治与德治相得益彰”，载《政府法治》2017年第2期。

② 李林：“让法治与德治相得益彰”，载《政府法治》2017年第2期。

值观，弘扬中华传统美德，培育社会公德、职业道德、家庭美德、个人品德，更加重视发挥道德的教化作用，提高全社会文明程度，为全面依法治国创造良好人文环境；应当在社会主义道德体系中体现法治要求，发挥道德对法治的滋养作用，努力使道德体系同社会主义法律规范相衔接、相协调、相促进；应当在道德教育中更加突出法治内涵，注重培育人们的法律信仰、法治观念、规则意识，引导人们自觉履行法定义务、社会责任、家庭责任，营造全社会都讲法治、守法治的文化环境，不断强化社会主义道德对依法治国的支撑作用。[①] 法律与道德各自的优势与局限是鲜明的，法律既具有规范要求的明确性、惩治的强制性、协同力的平等性与普遍性等优势，也具有法律制定与修改的迟滞性、法律条文的封闭性、法律惩治的滞后性、法律实施的高成本性等劣势。同样，道德虽然具有调节的广泛性、约束的内在性、运行的低成本性等优势，但也有道德的弱规范性、弱强制性、评价标准的多元性等劣势。这就预示，无论是法律还是道德，在规范社会行为、协调社会利益关系方面都不是万能的，都不能独立担当维护社会秩序的重任，需要合作互济，即调整范围宽窄互补、规范要求高低互补、制约程度刚柔互补、约束方式自律与他律互补、干预方式滞后性与预防性互补。[②]

（四）社会主义法治对道德建设具有重要促进作用

另一方面，应当更加重视发挥全面依法治国的作用，以法治体现道德理念、强化法律对道德建设的促进作用，把道德要求贯彻到法治建设中。在立法上，法律应当树立鲜明道德导向，弘扬美德义行，推进社会主义道德的法律化，把实践中广泛认同、较为成熟、操作性强的道德要求及时上升为法律规范，用法治强化对社会文明行为的褒奖，对失德行为的惩戒，引导全社会崇德向善。在执法司法上，要体现社会主义道德要求，坚持严格执法，弘扬真善美、打击假恶丑，让败德违法者受到惩治、付出代价，坚持公正司法，发挥司法断案惩恶扬善功能，使社会主义法治成为良法善治。在守法上，要把全民普法与公民道德建设工程紧密结合起来，把全民普法和全民守法作为依法治国的基础性工作，使全体人民成为社会主义法治的忠实崇尚者、自觉遵守者、坚定捍卫者，同时要深化群众性精神文明创建活动，引导广大人民群众自觉践行社会主义核心价值观，树立良好道德风尚，争做社会主义道德的示范者、良好风尚的维护者，努力构建崇德尚法的社会主义法治社会。[③]

① 李林："让法治与德治相得益彰"，载《政府法治》2017 年第 2 期。
② 王淑芹："法治与德治相结合的现代意蕴"，载《光明日报》2019 年 10 月 11 日。
③ 李林："让法治与德治相得益彰"，载《政府法治》2017 年第 2 期。

法律要具有良善性质。法治与德治相结合，不单是实现道德与法律功能上的互补，更强调道德对法理念、法灵魂的价值统摄性，要求在法律的立改废释中，坚持价值引领原则，使社会主义法律法规反映和体现社会主流价值，从源头上减少或避免合乎法定程序但与善性相悖的立法的产生。习近平同志明确指出，“法律法规要树立鲜明道德导向，弘扬美德义行，立法、执法、司法都要体现社会主义道德要求，都要把社会主义核心价值观贯穿其中，使社会主义法治成为良法善治”。法律不能离开或背离道德是现代法治社会的一个重要特征，即法治与德治不能分离。法治在广义上是“法的统治”，但“法治”的本质是“良法善治”。[①] 法律制度不是现代社会特有的产物，自古有之。而新时代中国特色社会主义法治建设，不仅在于社会主义法律制度的健全完备和有效实施，更在于坚持法治与德治相结合的原则，制定出体现人民利益、反映人民愿望、维护人民权益、增进人民福祉的良善法律。为了提高立法质量，保障法律的良善性质，必须推进科学立法、民主立法、依法立法，以良法促进发展、保障善治。良法虽是法治的本质要求，但它不是法律的天然本性，因为立法质量总会受到主客观多种因素的影响。如立法者由于理性能力的有限性以及社会利益关系和矛盾的复杂性所产生的认识和概括能力的局限等，致使有的法律法规未能全面反映客观规律和人民意愿，针对性、可操作性不强。有些实在法，由于个别条款不能随社会利益关系的变化而及时修订或废止，就会导致一些法律法规渐渐失去维护社会公平正义的良善性质而成为恶行的孵化器。因此，要制定出合乎正义精神和良善道德的高质量法律，需要多种条件的保障。需要立法者自身有德，能够秉持正义原则，不为个人或集团特殊利益所羁绊；需要立法者有专业素养，能够遵循立法程序与立法规律，科学立法；要求立法者有人民情怀，能够洞察社会各种利益关系，制定出反映人民普遍利益与意志的法律法规。所以，我国法治建设的一项重要任务，就是制定能够满足人民对美好生活的需要、促进人的全面发展、有利于实现共同富裕的良法，既惩治恶行又保护人民的合法权益。应秉持正义的法理念以及合乎良善道德要求的法原则，及时制定与修订相关法律法规，以克服不完善性和偏私性。“立善法于天下，则天下治；立善法于一国，则一国治。”真正好的法治是良法的治理，而法治与德治相结合是良法善治的基础。[②]

习近平同志指出：“法治和德治不可分离、不可偏废，国家治理需要法律和道德协同发力。”依法治国与以德治国相结合，要着力于发挥好法律与道德

---

① 王淑芹：“法治与德治相结合的现代意蕴”，载《光明日报》2019 年 10 月 11 日。

② 王淑芹：“法治与德治相结合的现代意蕴”，载《光明日报》，2019 年 10 月 11 日。

各自的独特功能与作用，取长补短而达至相辅相成、相得益彰，最终实现法律与道德同频共振的社会善治。德润心，法治行，心主行。国家对社会利益关系的有效协调，需要法律与道德无缝衔接，内外兼治、刚柔相济，以促进社会成员既有德心又有法行。习近平同志指出："法安天下，德润人心。法律有效实施有赖于道德支持，道德践行也离不开法律约束。"显而易见，法治与德治相结合，根本问题在于寻求法律与道德如何有机结合而实现融通互补，以避免在现实生活中出现法律与道德的冲突。一旦法律规定与道德倡导的原则和精神相悖，就会模糊社会成员的道德价值标准，瓦解社会成员的道德信念，削弱社会成员的道德意志，引发道德混乱，加剧道德冲突。对于社会上一些违背道德的恶行，一旦道德自身难以遏制，法律就要及时给予严厉惩处，以实现"矫正性公正"，否则，恶行就会产生消极示范而蔓延。这无不表明，在文化多样、价值多元的现代社会中，只有在法治框架下才能讲好德治。与此同时，加强法治建设，也不能忽视道德的教化作用，要把道德要求贯彻到立法、执法、司法、守法等各环节，实现法律和道德相辅相成、法治和德治相得益彰。①

① 王淑芹："法治与德治相结合的现代意蕴"，载《光明日报》2019年10月11日。

第四章

法治中国建设提出的时代背景与时代价值

改革开放40多年来，随着我国社会主义市场经济的发展与依法治国方略的确立和实施，中国特色社会主义法律体系的形成以及不断发展完善，为全面推进依法治国、法治中国建设提供了前提和基础。党的十八大以来，以建设中国特色社会主义法治体系为全面依法治国总抓手的法治事业波澜壮阔地展开，迈出了重大步伐，取得了重大进展。

一、法治中国建设提出的时代背景

法治中国建设的提出与当下我国社会主义法律体系的形成并不断完善，社会主义法治理念、法治意识普遍树立，国家治理体系和治理能力现代化关键是法治化，中国特色社会主义政治实践不断丰富和发展，社会主义国家政权建设的规律性认识不断深化和积累，国家治理制度体系制度化、规范化、程序化程度不断提高，我国生动活泼、安定团结的政治局面得到巩固和发展以及改革与法治建设共同推进的基本要求等时代背景密不可分。

（一）中国特色社会主义法律体系形成并不断发展完善

全面依法治国是中国特色社会主义的本质要求和重要保障，是国家治理的一场深刻革命。40多年来，中国特色社会主义法律体系作为中国特色社会主义制度的重要组成部分，伴随着我国改革开放和现代化建设，经历了一个不断发展和完善的过程。1979年7月，五届全国人大二次会议通过了关于修正宪法若干规定的决议和选举法、地方组织法、法院组织法、检察院组织法、刑法、刑事诉讼法、中外合资经营企业法等7部重要法律。一次会议通过7部法律，这在人大历史上是很少有的，由此拉开了新时期立法工作的序幕。随后，1982年宪法以根本法的形式确立了国家的根本制度和根本任务，这是新时期改革开放和现代化建设的总章程，也是社会主义法治建设的总依据。① 从20世纪80年代初到90年代中期，适应深化改革、扩大开放和建立社会主义市场经济体制的需要，我国经济、民商等各领域立法加快推进——六届全国人大及其常委会制定法律37件，其中有关经济方面的法律22件、有关对外开放的法律10件；七届全国人大及其常委会通过有关经济建设和改革开放的法律21件，出台了一批对改革开放具有重大影响的法律；八届全国人大一次会议对现行宪法作出第二次修改，确定了实行社会主义市场经济体制作为国家经济体制改革的目标模式，并制定了一批经济和民商事法律。20世纪90年代后期到2010年，九届、十届、十一届全国人大及其常委会贯彻党中央决策部署，紧紧围绕形成中国特色社会主义法律体系这一目标接续努力，有计划、有重点、有步骤地开展立法工作。至2003年3月，中国特色社会主义法律体系初步形成。到2010年年底，经过各方面共同努力，以宪法为统帅，以宪法相关法、民法商法、行政法、经济法、社会法、刑法、诉讼与非诉讼程序法等多个法律部门的法律为主干，由法律、行政法规、地方性法规等多个层次的法律规范构成的中国特色社会主义法律体系如期形成。2011年3月召开的十一届全国人大四次会议郑重宣布中国特色社会主义法律体系已经如期形成。这在中国特色社会主义法治道路的形成与发展历程中具有里程碑的意义。② 党的十八大以来，我国立法工作又开拓出了新的局面。十二届全国人大及其常委会的立法工作呈现数量多、分量重、节奏快、效果好的特点。以立法引领、保障和推动重大改革举措实施，是党的十八大以来人大立法工作的一大时代特色。比如，十二届全国人大及其常委会共作出21件授权决定和改革决定，为改革先行先试提供法律支撑；通过15个统筹修改法律的决定，涉及修改法律95件次，持续推进行政审批、职业资格认定等方面改革。党的十九大提出“以良法促进发展、保障善治”，完善以宪法为核心的中国特色社会主义法律体系。2018年3月，十三届全国人大一次会议高票通过宪法修正案，将党的十九大确定的重大理论观点和重大方针政策特别是习近平新时代中国特色社会主义思想载入宪法。③ “这次修改是对现行宪法的第5次修改，是党中央依宪治国、依宪执政、领导立法的一次生动实践，在我国法治建设进程中具有重要里程碑意义。”

改革开放40多年来，随着我国社会主义市场经济的发展和依法治国方略的

---

① 朱宁宁：“推动重大改革举措落地全面推进落实依法治国——改革开放40年全国人大及其常委会工作综述”，载《法制日报》2018年12月11日。

② 公丕祥：“新中国70年社会主义法治建设的成就与经验”，载《光明日报》2019年8月23日。

③ 朱宁宁：“推动重大改革举措落地全面推进落实依法治国——改革开放40年全国人大及其常委会工作综述”，载《法制日报》2018年12月11日。

确立和实施，全国人大及其常委会全面担负起法定监督职责，监督工作思路、内容、方式和机制等方面取得新发展，有力推动党中央决策部署的贯彻落实，保证宪法和法律全面有效实施，促进依法行政、公正司法。① 中国特色社会主义法律体系的形成以及不断发展完善，为全面推进依法治国、法治中国建设提供了前提和基础。

（二）社会主义法治理念、法治意识普遍树立

社会主义法治理念的基本内涵包括：依法治国、执法为民、公平正义、服务大局、党的领导五个方面。“我宣誓：忠于中华人民共和国宪法，维护宪法权威，履行法定职责，忠于祖国、忠于人民，恪尽职守、廉洁奉公，接受人民监督，为建设富强民主文明和谐美丽的社会主义现代化强国努力奋斗！”2018年3月17日，北京人民大会堂，新当选为中华人民共和国主席、中华人民共和国中央军事委员会主席的习近平同志进行了宪法宣誓。这是我国宪法宣誓制度实行以来首次在全国人民代表大会上举行的宪法宣誓，充分体现了以习近平同志为核心的党中央坚持依宪治国、依宪执政、维护宪法权威的坚定意志和坚强决心。大力弘扬宪法精神、维护宪法权威，始终是我国法治宣传教育的重要内容之一。2014年，全国人大常委会作出决议，以国家立法形式将12月4日设立为国家宪法日，规定国家通过多种形式开展宪法宣传教育活动。在一个有十几亿人口的发展中大国，实现人人尊法、信法、守法，是一项长期艰巨的历史任务。建设社会主义法治文化、开展法治宣传教育是依法治国的长期基础性工作。自1985年起，我国先后出台并实施7个五年普法规划。全国人大常委会在每个五年普法规划实施之际都作出有关开展法治宣传教育的决议，同时听取和审议有关普法决议实施情况的专项工作报告。特别是2016年通过的“七五”普法决议，把各级领导干部带头学法、模范守法、严格执法作为全社会树立法治意识的关键，提出推进社会主义法治文化建设、创新法治宣传教育方式、健全普法责任制等务实举措，为推动“七五”普法工作顺利开展提供了法治保障。加强宪法学习宣传教育是实施宪法的重要基础，要在全社会普及宪法知识，弘扬宪法精神，使全体人民成为宪法的忠实崇尚者、自觉遵守者、坚定捍卫者。②

宪法的根基在于人民发自内心的拥护，宪法的伟力在于人民出自真诚的信

① 朱宁宁：“推动重大改革举措落地全面推进落实依法治国——改革开放40年全国人大及其常委会工作综述”，载《法制日报》2018年12月11日。

② 朱宁宁：“推动重大改革举措落地全面推进落实依法治国——改革开放40年全国人大及其常委会工作综述”，载《法制日报》2018年12月11日。

仰。只有宪法精神、宪法理念深入人心，宪法权威才能真正树立起来。近年来，随着我国法治建设的推进，宪法在中国特色社会主义法律体系中的核心地位已经形成，人民当家做主的宪法精神不断深入人心。当然，培育和弘扬宪法精神是一个长期的过程，与建设中国特色社会主义法治国家的目标要求相比，全社会自觉遵守、维护、运用宪法的意识还需要不断加强。党的十八届四中全会提出，要在全社会普遍开展宪法教育，弘扬宪法精神，同时全会还提出了一些重大举措。要结合实际深入开展宪法教育，使宪法走入人民群众，真正成为全体人民的自觉行动。①

（三）国家治理体系和治理能力现代化关键是法治化

法治是人类文明进步的重要标志。在当代中国，法治是治国理政的基本方式，旨在把国家和社会生活纳入制度化、规范化、程序化的轨道之中，实施有效规则之治。党的十八届三中全会通过的《中共中央关于全面深化改革若干重大问题的决定》把完善和发展中国特色社会主义制度、推进国家治理体系和治理能力现代化确定为全面深化改革的总目标。

党的十九届三中全会对深化党和国家机构改革作出重大部署，指出："加快推进国家治理体系和治理能力现代化，努力形成更加成熟、更加定型的中国特色社会主义制度，这是摆在我们党面前的一项重大任务。"并且根据党的十九大的总体部署，决定组建中央全面依法治国委员会，借以加强党中央对法治中国建设的集中统一领导。习近平同志强调："法律是治国之重器，法治是国家治理体系和治理能力的重要依托。"党的十八大以来，法治中国建设全方位展开，国家治理现代化进程取得了重要进展，中国特色社会主义法治道路显示出旺盛的活力和强大的生命力。②

明确新时代全面依法治国的总目标、战略安排和重点任务。在当代中国，作为国家治理现代化的制度基础和重要依托，全面依法治国有其确定的内在目标。党的十八届四中全会通过的《中共中央关于全面推进依法治国若干重大问题的决定》把建设中国特色社会主义法治体系、建设社会主义法治国家确立为全面推进依法治国的总目标，强调要形成完备的法律规范体系、高效的法治实施体系、严密的法治监督体系、有力的法治保障体系，形成完善的党内法规体系。从形成法律体系到建设法治体系，反映了当代中国共产党人对中国法治发展规律的深刻认识和把握，记载了坚持和拓展中国特色社会主义法治道路的时

① 韩震、严育编著：《社会主义核心价值观关键词——法治》，中国人民大学出版社2015年版，第34—36页。

② 公丕祥："新中国70年社会主义法治建设的成就与经验"，载《光明日报》2019年8月23日。

代轨迹。[①] 党的十八大以来，以建设中国特色社会主义法治体系为全面依法治国总抓手的法治事业波澜壮阔地展开，迈出了重大步伐，取得了重大进展。在此基础上，党的十九大基于新时代我国社会主要矛盾的新变化，对开启全面推进法治中国新征程、实现中国法治现代化作出了战略安排，确定了建成法治中国、实现国家治理现代化的两步走的路线图和时间表，即从2020年到2035年，在全面建成小康社会的基础上，再奋斗15年，基本实现社会主义现代化，在这一过程中，“法治国家、法治政府、法治社会基本建成，各方面制度更加完善，国家治理体系和治理能力现代化基本实现”；从2035年到本世纪中叶，在基本实现现代化的基础上，再奋斗15年，把我国建成富强民主文明和谐美丽的社会主义现代化强国，在这一过程中，包括法治文明在内的政治文明将全面提升，“实现国家治理体系和治理能力现代化”。党的十九大关于新时代法治中国建设的战略安排，清晰地表达了当代中国共产党人矢志不渝加快建设社会主义法治国家的坚定意志。实现新时代全面依法治国的战略安排，必须精心谋划、把握重点、扎实推进。在中央全面依法治国委员会第一次会议上的讲话中，习近平同志部署了推进新时代全面依法治国的新的伟大革命的七项重点任务：一是研究制定法治中国建设规划；二是全面贯彻实施宪法；三是推进科学立法工作；四是加强法治政府建设；五是深化司法体制改革；六是推进法治社会建设；七是加强法治工作队伍建设和法治人才培养。很显然，这七项战略性的重点任务，有力地回应了新时代我国社会主要矛盾新变化对法治中国建设提出的新要求，确立了新时代深化全面依法治国实践的主攻方向，必将对坚持和拓展中国特色社会主义法治道路产生深远影响。[②]

中国共产党第十九届中央委员会第四次全体会议于2019年10月28日至31日在北京举行。全会提出，中国特色社会主义制度是党和人民在长期实践探索中形成的科学制度体系，我国国家治理一切工作和活动都依照中国特色社会主义制度展开，我国国家治理体系和治理能力是中国特色社会主义制度及其执行能力的集中体现。全会提出，坚持和完善中国特色社会主义法治体系，提高党依法治国、依法执政能力。建设中国特色社会主义法治体系、建设社会主义法治国家是坚持和发展中国特色社会主义的内在要求。必须坚定不移走中国特色社会主义法治道路，全面推进依法治国，坚持依法治国、依法执政、依法行政共同推进，坚持法治国家、法治政府、法治社会一体建设。要健全保证宪法全面实施的体制机制，完善立法体制机制，健全社会公平正义法治保障制度，加

① 公丕祥：“新中国70年社会主义法治建设的成就与经验”，载《光明日报》2019年8月23日。

② 公丕祥：“新中国70年社会主义法治建设的成就与经验”，载《光明日报》2019年8月23日。

强对法律实施的监督。[①]

法治是国家治理、政府治理、社会治理的基本方式，国家治理、政府治理、社会治理的现代化有赖于各个领域的法治化。也就是说，国家治理体系和国家治理能力现代化的关键是法治化。

党的十八大以来，我们坚定不移走中国特色社会主义法治道路，不断建设和完善中国特色社会主义法治体系，人民群众切实感受到依法治国在体现人民利益、反映人民愿望、维护人民权益、增进人民福祉中所发挥的重要作用。因此，公众对于全面推进依法治国、建设更加公平正义的社会主义现代化国家充满期待，对法治中国建设充满期待。

从宏观层面来看，全面依法治国是国家治理领域一场广泛而深刻的革命，也是坚持和发展中国特色社会主义的本质要求和重要保障，事关我们党执政兴国，事关人民幸福安康，事关党和国家长治久安。法治是治国理政不可或缺的重要手段。法治兴则国家兴，法治衰则国家乱。什么时候重视法治、法治昌明，什么时候就国泰民安；什么时候忽视法治、法治松弛，什么时候就国乱民怨。

从微观层面来看，公平正义是党和社会公众共同追求的崇高价值。如果无法做到“一碗水端平”，就会影响社会的和谐稳定。因此，对于未来的国家治理，公众期待“社会公平正义”这一法治价值追求能够贯穿到立法、执法、司法、守法的全过程和各个方面，并希望能够在每一项法律制度、每一个执法决定和每一宗司法案件中都感受到公平正义的实现。

法治中国建设是推进国家治理体系和治理能力现代化的主要手段和重要路径。全面推进依法治国，建设法治中国就要从科学立法、严格执法、公正司法、全民守法这四个方面具体贯彻落实，促进国家治理体系和治理能力现代化。科学立法是前提，严格执法是关键，公正司法是保障，全民守法是基础。

一个现代国家，必须是一个法治国家；国家要走向现代化，必须首先走向法治化。依法治国是建设中国特色社会主义法治国家的重要战略举措，公平正义是我们党治国理政的一贯主张，也是我国政治文明的重要内涵，体现了社会主义制度的本质要求，符合人民群众的共同愿望。

法治中国建设应着重以下四个方面的工作：

首先，实施科学立法，健全现代化法律制度体系，实现法律制度现代化，确保善治能够有良法可依。充分发挥立法的引领和推动作用。法律制度建设要与时俱进，使每一项立法都符合宪法、法律精神，反映人民意志，得到人民拥护。

---

① 《中国共产党第十九届中央委员会第四次全体会议公报》。

其次，建设法治政府，严格执法，有法必依；深化行政执法体制改革，执法必严；加强行政执法监督，确保执法切实有效。法律如果不能被有效执行和贯彻，就是一部空法、废法；如果执法不力，不能通过法律的手段来推动社会公平，维护社会正义，那么久而久之，公众就会对法治变得淡漠、失去信心，法律制度也就形同虚设。

再次，公正司法，司法为公，让人民群众在每一个案件当中都能感受到公平和正义，让司法真正成为保障人民群众合法权益的最后一道防线。

最后，全面深入普法教育。全民守法、用法、找法，前提是做好全民普法。影响社会公平正义的法律纠纷，往往出现在强者和弱者之间。当出现矛盾纠纷的时候，要让弱者知道如何用法律的武器维护自己的合法权益，而不必采取过激的行动，这非常有利于社会稳定和谐。法律的制定、法律条文的解读、司法活动等，要考虑社情民意，要让老百姓感到善法良治就在自己身边。

（四）中国特色社会主义政治实践不断丰富和发展

近代以来，为实现中华民族伟大复兴的中国梦，中国人民进行了不屈不挠的斗争，无数仁人志士对救国救民的道路进行了苦苦探索。在一个相当长的时期里，“要救国，只有维新，要维新，只有学外国”，成为许多中国先进分子的共识。为此，各种政治势力及其代表人物纷纷登场，君主立宪制、议会制、多党制、总统制等各种资产阶级政治方案和制度模式都试用过，但均以失败而告终。中国人学西方的迷梦，在现实面前一次又一次被碾得粉碎。正如毛泽东同志在《论人民民主专政》中指出的：“就是这样，西方资产阶级的文明，资产阶级的民主主义，资产阶级共和国的方案，在中国人民的心目中，一齐破了产。资产阶级的民主主义让位给工人阶级领导的人民民主主义，资产阶级共和国让位给人民共和国。”中国共产党成立后，坚持把马克思主义基本原理同中国具体实际相结合，历经革命、建设和改革，成功开辟了中国特色社会主义政治发展道路。① 中国特色社会主义政治发展道路，是中国特色社会主义道路的重要组成部分，其核心思想、主体内容、基本原则等，已经明确写在宪法中。70 年的实践证明，中国社会主义民主政治具有强大生命力，中国特色社会主义政治发展道路不是简单套用马克思主义经典作家设想的“模板”，不是延续中国传统政治的“母版”，不是其他国家社会主义实践的“再版”，也不是西式民主的“翻版”，而是我们党团结带领中国人民经过长期探索、反复比较、实践验证的“新版”，是符合中国国情、体现国家性质、保证人民当家做主、巩固和发展人

① 徐永军：“新中国70年国家政权建设的光辉历程、伟大成就和经验启示”，载中国人大网，2019－09－17。

民民主专政的国家政权的正确道路。①

中国共产党自成立以来，团结带领人民，坚持把马克思主义基本原理同中国具体实际相结合，赢得了中国革命胜利，并深刻总结国内外正反两方面经验，不断探索实践，不断改革创新，建立和完善社会主义制度，形成和发展党的领导和经济、政治、文化、社会、生态文明、军事、外事等各方面制度，加强和完善国家治理，取得历史性成就。党的十八大以来，我们党领导人民统筹推进“五位一体”总体布局、协调推进“四个全面”战略布局，推动中国特色社会主义制度更加完善、国家治理体系和治理能力现代化水平明显提高，为政治稳定、经济发展、文化繁荣、民族团结、人民幸福、社会安宁、国家统一提供了有力保障。实践证明，中国特色社会主义制度和国家治理体系是以马克思主义为指导、植根中国大地、具有深厚中华文化根基、深得人民拥护的制度和治理体系，是具有强大生命力和巨大优越性的制度和治理体系，是能够持续推动拥有近十四亿人口大国进步和发展、确保拥有五千多年文明史的中华民族实现“两个一百年”奋斗目标进而实现伟大复兴的制度和治理体系。②

（五）社会主义国家政权建设的规律性认识不断深化和积累

实践基础上的理论创新是社会发展和变革的先导。70年来，我们党坚持以马克思主义国家学说为指导，充分吸收民主革命时期领导根据地政权建设的历史经验，借鉴人类政治文明的有益成果，从我国独特的文化传统、独特的历史命运、独特的基本国情出发，形成了适应我国国情和发展要求的国家政权建设理论。③ 作为毛泽东思想、邓小平理论、“三个代表”重要思想、科学发展观、习近平新时代中国特色社会主义思想的重要内容，这一理论以坚持和巩固人民民主专政的国家政权为核心，具有丰富的内容，主要包括：党是最高政治领导力量，坚持党对一切工作的领导；坚持人民当家做主，发展我国社会主义民主政治，发展社会主义协商民主，建设社会主义政治文明；坚持全面深化改革，完善和发展中国特色社会主义制度，推进国家治理体系和治理能力现代化，积极稳妥推进政治体制改革，推动各项制度更加成熟更加定型；实行依法治国基本方略，坚持依法治国和以德治国相结合，建设中国特色社会主义法治体系，建设社会主义法治国家；坚持总体国家安全观，统筹发展和安全两件大事；建

① 徐永军：“新中国70年国家政权建设的光辉历程、伟大成就和经验启示”，载中国人大网，2019－09－17。

② 《中国共产党第十九届中央委员会第四次全体会议公报》。

③ 徐永军：“新中国70年国家政权建设的光辉历程、伟大成就和经验启示”，载中国人大网，2019－09－17。

立健全多层次监督体系，让人民监督权力，让权力在阳光下运行；等等。这一具有原创性、时代性的国家政权建设理论，科学回答了建设一个什么样的社会主义国家政权、怎么样建设社会主义国家政权等重大问题，创造性地发展了马克思主义国家学说，把我们党对加强国家政权建设规律性的认识提升到了新高度，为不断开辟中国特色社会主义民主政治发展新境界指明了方向，提供了遵循。①

十八大以来，习近平同志站在实现“两个一百年”奋斗目标、实现中华民族伟大复兴的中国梦的时代高度，围绕坚定“四个自信”、坚持走中国特色社会主义政治发展道路、发展社会主义民主政治、完善和发展中国特色社会主义制度、推进国家治理体系和治理能力现代化等国家政权建设的重大问题，发表了一系列重要论述。作为习近平新时代中国特色社会主义思想的重要组成部分，这些重要论述包含着对人类社会治乱规律的深刻借鉴，包含着对近代以后我国政治生活惨痛教训和新中国70年国家政权建设成功经验的深刻总结。新时代加强国家政权建设、发展社会主义民主政治，必须坚持不懈地用习近平新时代中国特色社会主义思想武装全党、教育人民，把这一思想贯穿和体现到加强国家政权建设的各个领域、各个方面、各个环节，不断开创国家政权建设新局面。②

（六）国家治理制度体系制度化、规范化、程序化程度不断提高

怎样治理社会主义社会这样全新的社会，在以往的世界社会主义中没有解决得很好。马克思、恩格斯没有遇到全面治理一个社会主义国家的实践，他们关于未来社会的原理很多是预测性的。列宁在俄国十月革命后不久就过世了，没来得及深入探索这个问题。苏联在这个问题上进行探索，取得一些实践经验，但也犯下严重错误，没有解决好这个问题。我们党经过艰辛探索，积累了丰富经验、取得了丰硕成果，形成了党领导人民治理国家的一整套制度体系。它包括人民代表大会制度这一根本政治制度，中国共产党领导的多党合作和政治协商制度、民族区域自治制度以及基层群众自治制度等基本政治制度，中国特色社会主义法律体系，以及建立在这些制度基础上的经济、政治、文化、社会、生态文明建设和党的建设等各领域的体制机制。这一整套相互衔接、相互联系的制度体系，是在我国历史传承、文化传统、经济社会发展的基础上长期发展、

① 徐永军：“新中国70年国家政权建设的光辉历程、伟大成就和经验启示”，载中国人大网，2019-09-17。

② 徐永军：“新中国70年国家政权建设的光辉历程、伟大成就和经验启示”，载中国人大网，2019-09-17。

渐进改进、内生性演化的结果，是确保拥有5000多年文明史的中华民族实现“两个一百年奋斗”目标进而实现伟大复兴的制度体系。新中国70年取得的世所罕见的经济发展奇迹和政治稳定奇迹，充分证明了这套制度体系的独特优势和强大生命力。①

（七）我国生动活泼、安定团结的政治局面得到巩固和发展

中华人民共和国成立后不久，毛泽东同志就提出：“我们的目标，是想造成一个又有集中又有民主，又有纪律又有自由，又有统一意志、又有个人心情舒畅、生动活泼，那样一种政治局面。”这样一种政治局面，始终是党、国家、人民追求的目标。中华人民共和国成立之初，面对国外敌对势力的孤立、封锁和挑衅，我们党调动一切积极因素，团结一切可以团结的力量，在一穷二白的基础上，迅速医治战争创伤，确立社会主义基本制度，建立起符合我国实际的先进社会制度，进行社会主义建设的艰辛探索，取得历史性的巨大成就。改革开放以来，特别是苏联解体、东欧剧变以后，唱衰中国的舆论在国际上不绝于耳，各式各样的“中国崩溃论”从来没有中断过。但是，中国非但没有崩溃，反而“风景这边独好”。与国际上不断出现的乱局形成鲜明对照的是，我国政治稳定、经济发展、社会和谐、民族团结。我们用几十年时间走完了发达国家几百年走过的工业化历程，建成了包括养老、医疗、低保、住房在内的世界最大的社会保障体系，成为世界上最有安全感的国家之一。中华民族彻底扭转近代以来不断衰落的命运，迎来了伟大复兴的光明前景。这一切，是党正确领导的结果，是中国人民辛勤努力的结果，是中国特色社会主义政治制度优越性的生动体现，也是70年国家政权建设辉煌成就的生动体现。②

新时代，新征程。深化依法治国实践，实现良法善治，必须坚持习近平新时代中国特色社会主义思想，牢固树立“四个意识”，自觉坚定“四个自信”，贯彻落实党中央关于依法治国的重大决策部署，坚持人民代表大会制度，发挥人大及其常委会在立法工作中的主导作用，强化人大立法、监督、决定、任免等各项职能，持续完善以宪法为核心的社会主义法治体系，深入开展法治宣传教育和法治文化建设，让法治成为国家的核心竞争力，不断把法治中国建设推

① 徐永军：新中国70年国家政权建设的光辉历程、伟大成就和经验启示，载中国人大网，2019-09-17。

② 徐永军：新中国70年国家政权建设的光辉历程、伟大成就和经验启示，载中国人大网，2019-09-17。

向前进。①

（八）改革与法治建设共同推进的基本要求

坚持在法治下推进改革、在改革中完善法治。在当代中国，中国特色社会主义法治发展进程与法治改革进程是内在地结合在一起的。新时代全面推进依法治国的历史性任务，对深化法治领域改革提出了新的更高的要求。坚定不移推进法治领域改革，有效破解法治实践中存在的法治难题，努力克服影响法治发展的体制性、机制性、保障性问题，进而推动中国特色社会主义法律制度的自我完善和发展，这是在新时代伟大社会革命的引领下坚持和拓展中国特色社会主义法治道路面临的一项重大而紧迫的任务。党的十八大以来，以习近平同志为核心的党中央从中国的实际出发，遵循中国法治发展的内在机理与规律，在借鉴吸收世界法治文明有益成果的同时，坚持“在法治下推进改革、在改革中完善法治”的基本要求，走出了一条自主型的中国法治改革之路。迈入新时代的中国法治改革，注重加强顶层设计和统筹谋划，更加突出法治领域改革的系统性、整体性和协同性，强化法治改革措施的全面考量、相互配合、整体协同、形成合力，从而使法治改革方案更具针对性、实效性和可操作性；注重强化问题导向，抓住法治工作中人民群众反映强烈、事关法治建设全局的突出问题和关键问题，在深入调查研究的基础上，推出强有力的法治改革举措，攻坚克难，锐意进取，开创了法治领域改革的新局面；注重增强人民群众的获得感，坚持以人民为中心，把促进和实现社会公平正义作为法治改革的出发点和落脚点，努力使法治改革合乎民心、顺乎民意；注重恪守依法改革的原则，把法治领域改革纳入法治化的轨道加以推进，做到重大改革于法有据，努力实现改革决策与立法工作有机衔接、相互促进，坚持运用法治方式来推进法治领域改革，从而着力解决好人民不断增长的法治新需要与不平衡不充分的法治发展之间的矛盾，为更好发挥法治固根本、稳预期、利长远的保障作用奠定坚实有力的法治体制、法治制度和法治机制基础，开拓中国特色社会主义法治道路的新境界。②

二、法治中国建设提出的时代价值

人类历史潮流浩浩荡荡，从神治到人治再到法治，是人类文明进化的方向，也是治国理政方式的变革。法治不是简单的概念推理或口号呼吁，而是一个国

① 朱宁宁：“推动重大改革举措落地全面推进落实依法治国——改革开放40年全国人大及其常委会工作综述”，载《法制日报》2018年12月11日。

② 公丕祥：“新中国70年社会主义法治建设的成就与经验”，载《光明日报》2019年8月23日。

家和民族走向现代化的必然选择。党的十八届四中全会对全面推进依法治国作出了重大部署，体现了我国将法治作为通往现代化基本路径的坚定选择，代表着我国在治国方略、治理体系和执政方式等方面实现了理念上的重大突破。但是，在法治中国建设的征途中还有诸多未解的难题，需要我们上下求索，寻找解决中国问题的密码，为世界文明发展进程贡献中国力量、提供中国方案和中国智慧。①

（一）建设法治中国是国家治理体系和治理能力现代化的必然选择

法治中国是历史演进发展的必然。法治是历史的必然，是不以人的意志为转移的客观规律，建设法治国家是人类社会文明进步的基本要求，也是实现现代化的必然选择。中国的历史与法治的实践已经充分证明，只有依法治国，建设中国特色社会主义法治国家，才能保障国家的繁荣稳定和人民的幸福安康。法治中国不是智者学人的发明创造，也不是圣贤先知的逻辑推演，我们对这一道路的认知都是基于历史的经验教训而得出的结论。我国在通往法治的道路上曾经历踌躇徘徊，但正是这些失败的教训有力地证明，法治是历史演进发展的必然，任何国家和社会都不能脱离这一历史规律。②

更需深入辨析的是，“法治中国”之“法治”，不是古代法家之“法治”，即将律法规则作为管理国家社会的工具，着重强调其威慑惩罚。“法治中国”之“法治”，是将公权力之制约和私权利之保障作为首要目标，将人民群众的福祉置于最高位阶，旨在实现国家政治、经济、社会和文化等多方面生活以法治作为最高准则，并与“人治”划清界限、具有现代精神的法治，根本上是顺应人权保障和国家现代化的需要而实现的法治。

（二）建设法治中国是新时代治国安邦的战略布局

法治兴则中国兴，法治强则中国强。1999 年，依法治国被正式写入宪法，明确提出“中华人民共和国实行依法治国，建设社会主义法治国家”。党的十八届四中全会描绘了中国特色社会主义法治体系的蓝图。党的十九大报告更是把“坚持全面依法治国”明确为新时代坚持和发展中国特色社会主义的基本方略，进一步提升了全面依法治国的战略地位。党的十九届四中全会提出，严格依照宪法和基本法对香港特别行政区、澳门特别行政区实行管治，坚定维护国家主权、安全、发展利益，维护香港、澳门长期繁荣稳定，绝不容忍任何挑战

---

① 王静、祖博媛：“法治中国的愿景”，载《学习时报》2019 年 10 月 9 日。

② 王静、祖博媛：“法治中国的愿景”，载《学习时报》2019 年 10 月 9 日。

“一国两制”底线的行为，绝不容忍任何分裂国家的行为。①

法治是治国理政的基本方式，意味着国家治理的方方面面都必须坚持法治的原则、精神和方法，必须坚持科学立法、严格执法、公正司法、全民守法，必须坚决维护宪法法律权威，依法维护人民权益，依法维护社会公平正义，依法维护国家安全稳定。②

党的十九届四中全会提出，坚持和完善中国特色社会主义法治体系，提高党依法治国、依法执政能力。建设中国特色社会主义法治体系、建设社会主义法治国家是坚持和发展中国特色社会主义的内在要求。③

全面依法治国是国家治理的一场深刻革命，是中国特色社会主义的本质要求和重要保障。而迈向现代化过程中的种种陷阱，唯有通过法治才能避免。以大健康领域为例，近年来我国暴露出在食品药品和医疗健康等领域内存在生产水平落后、道德滑坡、法律缺位和监管不力等问题，化解这些问题并避免问题重复出现必须坚持法治思维和法治方式，也就是说必须将对问题本身的追责、处理和赔偿与建立健全相关的法律制度结合起来，将危机应对与常规处理结合起来，将运动式执法与加强日常监管结合起来，要通过对制度上的漏洞和盲区进行科学严谨的评估，扎紧制度的藩篱，对市场和社会加强监管，而且对监管者更要加强监管。④

（三）建设法治中国是人民当家做主的保障

党的十九届四中全会提出，坚持人民当家做主，发展人民民主，密切联系群众，紧紧依靠人民推动国家发展以及坚持全面依法治国，建设社会主义法治国家，切实保障社会公平正义和人民权利是我国国家制度和国家治理体系的显著优势。这两大优势结合在一起就会发出无穷的力量。⑤

世界诸多国家在通往现代化进程中的历史经验都反复证明，保护公民基本权利是法治的精髓，只有将保障人权作为首要目标的国家和地区，才是真正意义上的法治。我国作为社会主义国家，更是强调国家一切权力属于人民，而法治正是人民主权的制度保障。我国宪法规定：“中华人民共和国的一切权力属

---

① 摘自《中共中央关于坚持和完善中国特色社会主义制度　推进国家治理体系和治理能力现代化若干重大问题的决定》。

② 王静、祖博媛：“法治中国的愿景”，载《学习时报》2019年10月9日。

③ 摘自《中共中央关于坚持和完善中国特色社会主义制度　推进国家治理体系和治理能力现代化若干重大问题的决定》。

④ 王静、祖博媛：“法治中国的愿景”，载《学习时报》2019年10月9日。

⑤ 摘自《中共中央关于坚持和完善中国特色社会主义制度　推进国家治理体系和治理能力现代化若干重大问题的决定》。

于人民。人民行使国家权力的机关是全国人民代表大会和地方各级人民代表大会。人民依照法律规定，通过各种途径和形式，管理国家事务，管理经济和文化事业，管理社会事务。”这反映出我国的国家性质，即工人阶级领导的、以工农联盟为基础的人民民主专政的社会主义国家；人民实现当家做主的政权组织形式，就是人民通过各级人民代表大会行使国家权力；国家通过建立健全法律制度和体制机制，保证人民依法当家做主的制度途径。[①]

党的十九大报告指出，中国特色社会主义进入新时代，中国社会主要矛盾已经转化为人民日益增长的美好生活需要和不平衡不充分的发展之间的矛盾。党的十九届四中全会提出，健全为人民执政、靠人民执政各项制度。坚持立党为公、执政为民，保持党同人民群众的血肉联系，把尊重民意、汇集民智、凝聚民力、改善民生贯穿党治国理政全部工作之中，巩固党执政的阶级基础，厚植党执政的群众基础，通过完善制度保证人民在国家治理中的主体地位，着力防范脱离群众的危险。[②] 人民对美好生活的向往需要法治的保障，法治中国应当是人人幸福的中国。例如，我国针对在城镇化过程中征地拆迁矛盾比较突出的问题，始终将保护公民权利置于最突出的地位，将一些征地拆迁的公共事件作为制度变革的契机，如出台新的《国有土地上房屋征收与补偿条例》，并在法治的前提和框架下推动农村土地流转、征地制度完善和房产税试点等改革措施，力图根本上解决征地拆迁的制度问题，切实保护公民的人身权、财产权。从全局上来讲，依法治国的前提是依宪治国，加强宪法实施，完善以宪法为核心的中国特色社会主义法律体系，加强民主立法、科学立法和依法立法，通过良法推动发展、实现善治；深入推进依法行政，加快建设法治政府；保障司法公正，增强全民法治观念，推进建设法治社会。只有这样，才能更好地满足人民对美好生活的需求。[③]

（四）建设法治中国是参与构建世界命运共同体的基础和保障

党的十九届四中全会提出，坚持独立自主和对外开放相统一，积极参与全球治理，为构建人类命运共同体不断作出贡献是我国国家制度和国家治理体系显著优势之一，是我们坚定中国特色社会主义道路自信、理论自信、制度自信、

---

① 王静、祖博媛：“法治中国的愿景”，载《学习时报》2019年10月9日。

② 摘自《中共中央关于坚持和完善中国特色社会主义制度　推进国家治理体系和治理能力现代化若干重大问题的决定》。

③ 王静、祖博媛：“法治中国的愿景”，载《学习时报》2019年10月9日。

文化自信的基本依据。① 现代社会技术发展日新月异，商业创新层出不穷，政府面对公众和社会进行管理的能力和水平能否与经济技术发展相匹配，决定着一个国家或一个地区在竞争中是否能够最终获胜。当今世界的竞争是综合国力的竞争，这其中包括国与国之间的制度竞争，而且制度竞争更为隐形。法治贯穿于政治制度、经济制度、文化制度、科技制度等多重制度之中，与之相伴相生。

党的十九届四中全会提出，建设更高水平开放型经济新体制。实施更大范围、更宽领域、更深层次的全面开放，推动制造业、服务业、农业扩大开放，保护外资合法权益，促进内外资企业公平竞争，推动建立国际宏观经济政策协调机制。健全外商投资国家安全审查、反垄断审查、国家技术安全清单管理、不可靠实体清单等制度。完善涉外经贸法律和规则体系。②

法治中国是世界竞争的制度选择，彰显出中华文明在现代社会焕发的崭新生机，将助力我国在世界政治、经济、文化、科技等多个领域增加核心竞争力，全面提升国家能力，为在全球开放合作中发挥中国的作用奠定坚实的制度基础。通过法治全面提升国家实力，还有很多方面亟待研究和解决，包括夯实人权保障的基础，进一步落实市场在资源配置中的决定性作用，实现更加公平的社会分配，推动科学技术进步、产业升级调整和经济平稳快速发展，社会矛盾纠纷有效化解等等，都需要贯穿法治的原则、精神和方法。

党的十九届四中全会提出，完善以宪法为核心的中国特色社会主义法律体系，加强重要领域立法，加快我国法域外适用的法律体系建设，以良法保障善治。③ 世界命运共同体以及世界大国之间的竞争主要是人才、资本以及制度的竞争，这里的制度更是法律制度的安排。特别是在人工智能、大数据、云计算和互联网等技术发展的新阶段，人才和资本的争夺更加激烈，如何在新的产业革命的背景下发挥出中国的吸引力和优势，我们又一次站在历史的十字路口。如何通过法治促进数据信息流动并更好地保护公民个人隐私，如何通过法治为新技术、新业态提供制度支持，如何通过法治平衡调整社会各方关系，如何通过法治实现创新发展，我国不仅是跟随者，更应当是引领者。

---

① 摘自《中共中央关于坚持和完善中国特色社会主义制度　推进国家治理体系和治理能力现代化若干重大问题的决定》。

② 摘自《中共中央关于坚持和完善中国特色社会主义制度　推进国家治理体系和治理能力现代化若干重大问题的决定》。

③ 摘自《中共中央关于坚持和完善中国特色社会主义制度　推进国家治理体系和治理能力现代化若干重大问题的决定》。

第五章

法治中国建设的历史进程与基本经验

法治建设是国家政治文明发展到一定历史阶段的重要标志。中华人民共和国成立以来，在中国共产党的领导下，法治建设经历了一个从不健全到中国特色社会主义法律体系基本形成的伟大过程，并取得了法治建设的巨大成就。

一、法治中国建设的历史进程

法治中国建设的历史进程是一个循序渐进的过程，先后经历了新民主主义革命时期革命根据地的法治建设、社会主义革命和建设时期的法治建设、改革开放至党的十八大召开前法治建设以及党的十八大以来法治建设四个阶段，这个过程是在中国共产党的领导下，白手起家，从无到有，根据不同阶段不同时期中国革命的发展情况和发展需要，逐步发展并成熟起来的。

（一）新民主主义革命时期革命根据地的法治建设

第二次国内革命战争、抗日战争和解放战争等时期，根据地和解放区先后制定了《劳动立法原则》《劳动法案大纲》《中华苏维埃共和国根本法〈宪法〉大纲草案》《中华苏维埃宪法大纲》《陕甘宁边区施政纲领》，以及一系列抗日根据地的施政纲领、宪法原则和解放区人权保障方面的宪法性文件等。[①] 1931年11月7日，中国共产党在江西瑞金召开了中华工农兵苏维埃第一次代表大会，宣布成立中华苏维埃临时中央政府，毛泽东任政府主席，会议通过了《中华苏维埃共和国宪法大纲》以及劳动法、土地法、经济政策等重要法令。作为革命根据地历史上的第一部宪法，《中华苏维埃共和国宪法大纲》明确规定：无产阶级是苏维埃革命的先锋队，领导农民推翻地主资产阶级的国民党政权，

① 韩延龙、常兆儒编：《中国新民主主义革命时期根据地法制文献选编》（第1卷），中国社会科学出版社1984年版，第1—108页。

建立苏维埃政权。政权的性质是“工人和农民的民主专政的国家”，“是属于工人、农民、红军士兵及一切劳苦民众的”，代表着人民的利益，给予人民以最大的民主权利，“所有工人、农民、红军士兵及一切劳苦民众都有权选派代表参加政权的管理”。① 革命根据地内的人民，不分性别、种族、宗教，在法律面前一律平等。凡年满 16 岁以上者均享有公民权，有选举权和被选举权，有参政、武装自卫、受教育、婚姻自主及经济等权利。工农民主政府并给予一切民众以完全的集会、结社、言论、出版等自由，吸引广大人民群众对政府的工作进行监督和批评。“中华苏维埃共和国之最高政权为全国工农兵会议（苏维埃）的大会，在大会闭会期间，全国苏维埃临时中央执行委员会为最高政权机关……发布一切法令和决议案”。② 中央政府建立和健全了以普遍、平等、公开为基本原则的选举制度，颁布和实施了《中华苏维埃共和国选举细则》《苏维埃暂行选举法》等多种选举法令，详细规定了如何进行规范的民主选举，以保障人民的民主权利得以实现。③ 1940 年《山东省人权保障条例》第 1 条规定：“兹为发扬民主，动员全民参战，贯彻法令保障人权之真精神，特根据抗战建国纲领、国民政府法令制定本条例。”《条例》还规定了人民的平等权、参政权等广泛的自由权利。新民主主义时期根据地民主政治建设体现了人民民主的精神，开辟了中国民主政治新的道路，指明了中国民主政治建设的方向，也为毛泽东同志为代表的中国共产党人用马克思主义民主理论的普遍原理与中国新民主主义根据地政权建设实践相结合，形成新民主主义的民主政治理论奠定了实践基础。④ 1940 年，毛泽东同志在《新民主主义论》中第一次正式提出“各革命阶级联合专政”和人民代表大会制度构想和理论。⑤

1941 年，为全面贯彻抗日民族统一战线政策，巩固和发展抗日民主政权，加强和改善中国共产党对抗日民主政权的领导，中共中央接受毛泽东同志的意见，决定陕甘宁边区及各抗日根据地在原有抗日人民民主政权的基础上，全面贯彻和落实“三三制”原则，进行民主改革。规定在各级政权机构中，共产党员的比例只能占到三分之一，其余的由“非党的左派进步分子占三分之一，不

---

① 《苏维埃中国》，苏联外国工人出版社编选，中国现代史资料编辑委员会翻印 1957 年版。

② 韩延龙、常兆儒编：《中国新民主主义革命时期根据地法制文献选编》（第 1 卷），中国社会科学出版社 1984 年版，第 8—9 页。

③ 刘旺洪主编：《社会主义核心价值观研究丛书——民主篇》，江苏人民出版社 2015 年版，第 121—122 页。

④ 刘旺洪主编：《社会主义核心价值观研究丛书——民主篇》，江苏人民出版社 2015 年版，第 24 页。

⑤ 徐永军：“新中国 70 年国家政权建设的光辉历程、伟大成就和经验启示”，载中国人大网，2019－09－17。

左不右的中间派占三分之一”。[①] “三三制”原则是我党的一次创造，它并非仅仅着眼于政权内部人员组成的比例分配，更重要的是真正体现政权的民主性质。通过这次改选，进一步健全了边区的民主制度。1941 年 5 月 1 日公布的《陕甘宁边区施政纲领》（即“五一纲领”）明确列举了四种基本权利即人权、政权、财权和自由权应予以保障。为了加强廉政建设，陕甘宁边区政府专门制定了公务人员必须遵守的十条公约。[②] 1948 年 4 月 30 日，党中央发布关于迅速召开新的政治协商会议、成立民主联合政府的“五一口号”，得到各民主党派、无党派民主人士积极响应。1948 年 9 月，在中央政治局扩大会议上，毛泽东同志进一步阐述了建立各级人民代表大会的问题，强调中华人民共和国既不采用资产阶级的议会制和立法、行政、司法三权鼎立等，也不照搬苏联的苏维埃政权形式，而应该实行基于民主集中制的人民代表大会制度，由人民代表大会决定大政方针，选举政府。1949 年 6 月，毛泽东同志发表《论人民民主专政》一文，指出：“总结我们的经验，集中到一点，就是工人阶级（经过共产党）领导的以工农联盟为基础的人民民主专政。”《共同纲领》采纳中国共产党的主张，确定人民民主专政为新中国国体，人民代表大会制度为新中国政体。1949 年 9 月新政协会议的召开，标志着中国共产党领导的多党合作和政治协商制度的正式确立。从此，这一符合当代中国实际、符合中华民族优秀文化传统、从中国土壤中生长出来的新型政党制度，成为新中国的一项基本政治制度。[③]

（二）社会主义革命和建设时期的法治建设

1949 年 10 月 1 日中华人民共和国的建立，开启了中国法治建设的新纪元。从 1949 年到 20 世纪 50 年代中期，是中国社会主义法制的初创时期。1949 年 9 月，中国人民政治协商会议第一届全体会议在北平召开，会议通过了具有临时宪法性质的《中国人民政治协商会议共同纲领》，用国家大法的形式规定了我国实行“以工农联盟为基础的、团结各民主阶级和国内各民族的人民民主专政”的国家政权，正式确定人民代表大会制度为中华人民共和国的政权组织形式，确立了共产党领导的多党合作制和政治协商制度作为我国的政党制度，建立了民族区域自治制度，使我国的民主政治建设初具规模。[④] 这一时期中国制

---

① 《毛泽东选集（第二卷）》，人民出版社 1991 年版，第 742 页。

② 孙静：“中国共产党民主政治建设的历程与启示”，载《前沿》2011 年第 16 期。

③ 徐永军：“新中国 70 年国家政权建设的光辉历程、伟大成就和经验启示”，载中国人大网，2019－09－17。

④ 魏文章：“中国共产党领导中国民主政治建设的历程及基本经验”，载《理论导刊》2011 年第 8 期。

定了具有临时宪法性质的《中国人民政治协商会议共同纲领》和其他一系列法律、法令，对巩固新生的共和国政权，维护社会秩序和恢复国民经济，起到了重要作用。①

《中国人民政治协商会议共同纲领》第 1 条规定：中华人民共和国“实行工人阶级领导的、以工农联盟为基础的、团结各民主阶级和国内各民族的人民民主专政，反对帝国主义、封建主义和官僚资本主义，为中国的独立、民主、和平、统一和富强而奋斗”。1954 年 9 月 15 日至 28 日，第一届全国人民代表大会第一次会议在北京举行。中华人民共和国第一届全国人民代表大会通过了第一部《中华人民共和国宪法》，为社会主义民主政治制度建构了基本框架。宪法规定，国家的性质是工人阶级领导的、以工农联盟为基础的人民民主专政的社会主义国家，国家的一切权力属于人民，国家的根本制度是人民代表大会制度，公民享有广泛的民主权利和自由。以宪法的颁布为起点，全国人大又先后制定颁布了一批具体的法律、法令、条例和章程，使我国民主的法律化、制度化建设向前迈出了重要的一步。② 还通过全国人大组织法、国务院组织法、地方组织法、法院和检察院组织法等一系列法律，规定了国家的政治制度、经济制度和公民的权利与自由，规范了国家机关的组织和职权，确立了国家法制的基本原则，初步奠定了中国法治建设的基础。③

1954 年宪法是我国第一部社会主义宪法，它的颁行，标志着中国民主政治建设进入了社会主义民主的新时期。宪法第 1 条规定，中华人民共和国是工人阶级领导的、以工农联盟为基础的人民民主国家。第 2 条规定，中华人民共和国的一切权力属于人民。人民行使权力的机关是全国人民代表大会和地方各级人民代表大会。全国人民代表大会、地方各级人民代表大会和其他国家机关，一律实行民主集中制。第 3 条规定，中华人民共和国是统一的多民族国家。各民族一律平等。禁止对任何民族的歧视和压迫，禁止破坏各民族团结的行为。各民族都有使用和发展自己的语言文字的自由，都有保持或者改革自己的风俗习惯的自由。各少数民族聚居的地方实行区域自治。各民族自治地方都是中华人民共和国不可分离的部分。宪法序言明确指出：“我国人民在建立中华人民共和国的伟大斗争中已经结成以中国共产党为领导的各民主阶级、各民主党派、

---

① 韩震、严育编著：《社会主义核心价值观关键词——法治》，中国人民大学出版社 2015 年版，第 13 页。

② 刘旺洪主编：《社会主义核心价值观研究丛书——民主篇》，江苏人民出版社 2015 年版，第 124 页。

③ 韩震、严育编著：《社会主义核心价值观关键词——法治》，中国人民大学出版社 2015 年版，第 13 页。

各人民团体的广泛的人民民主统一战线。今后在动员和团结全国人民完成国家过渡时期总任务和反对内外敌人的斗争中，我国的人民民主统一战线将继续发挥它的作用。”这些规定明确了我国政权的人民民主专政的社会主义性质，构建起保证人民当家做主的社会主义民主政治基本制度，为社会主义民主奠定了坚实的根本法基础。①

中华人民共和国成立初期还制定了婚姻法、土地改革法、惩治反革命条例、惩治贪污条例、选举法等一系列法律法令，为巩固新生政权、实现和保障人民当家做主、实现过渡时期总任务打下坚实制度基础。

（三）改革开放至党的十八大召开前法治建设

20 世纪 70 年代末，我们党总结历史经验，特别是汲取“文化大革命”的惨痛教训，作出把国家工作中心转移到社会主义现代化建设上来的重大决策，强调为了保障人民民主，必须加强社会主义法制，使民主制度化、法律化，使这种制度和法律具有稳定性、连续性和极大的权威。② 1978 年 12 月召开的党的十一届三中全会总结了历史的经验教训，吹响了改革开放的号角，将社会主义民主法制建设提上日程，揭开了中国民主政治建设的崭新一页。党的十一届三中全会总结中华人民共和国成立以来的历史经验教训，明确提出发展社会主义民主，健全社会主义法制的基本方针，标志着国家政权建设进入新的发展时期。邓小平同志强调指出，要“使这种制度和法律不因领导人的改变而改变，不因领导人的看法和注意力的改变而改变”。我们党提出“有法可依，有法必依，执法必严，违法必究”的社会主义法制建设十六字方针。在发展社会主义民主、健全社会主义法制的基本方针指引下，现行宪法以及刑法、刑事诉讼法、民事诉讼法、民法通则、行政诉讼法等一批基本法律出台，中国的法制建设进入了全新发展阶段。这一时期，我国共制定、修改法律 94 部、行政法规 598 部，从根本上改变了许多重要领域无法可依的局面。1979 年五届全国人大二次会议通过的七部法律③和 1982 年五届全国人大五次会议通过的我国现行宪法，对于恢复、重建国家政权机关和政治制度起了重要推动作用，是国家政权建设和社会主义民主政治制度化、法律化的重要标志和成果。在“五四宪法”基础

---

① 刘旺洪主编：《社会主义核心价值观研究丛书——民主篇》，江苏人民出版社 2015 年版，第 24—25 页。

② 韩震、严育编著：《社会主义核心价值观关键词——法治》，中国人民大学出版社 2015 年版，第 13—14 页。

③ 这七个法律是地方各级人民代表大会和地方各级人民政府组织法、全国人民代表大会和地方各级人民代表大会选举法、人民法院组织法、人民检察院组织法、刑法、刑事诉讼法和中外合资经营企业法。

上制定的“八二宪法”，深刻总结我国社会主义建设正反两方面经验，适应改革开放和社会主义现代化建设、加强社会主义民主法制建设的新要求，就国家政权建设作出一系列规定，为改革开放和社会主义现代化建设提供了有力法制保障。例如，在完善人民代表大会制度方面，将原来属于全国人民代表大会的一部分职权交由它的常委会行使，规定在县级以上地方各级人民代表大会设立常务委员会，赋予省、自治区、直辖市人民代表大会及其常委会制定和颁布地方性法规权，还规定各级人大代表选举由等额选举改为差额选举，直接选举人大代表的范围扩大到县一级等。在加强地方政权建设方面，决定取消地方各级革命委员会，恢复设立人民政府，改变农村人民公社政社合一的体制，恢复设立乡镇政权机关，等等。这些规定的确立，为中国特色社会主义制度体系增添了重要内容。①

从民法通则到合同法，从消费者权益保护法到反不正当竞争法，再到公司法、保险法、仲裁法……一批经济领域立法，撑起了社会主义市场经济法律的“四梁八柱”。

1979 年 7 月 1 日，第五届全国人民代表大会第二次会议审议通过刑法，成为我国第一部刑法典。其历史功绩在于：使新中国刑法规范第一次得以体系化；使我国刑事司法办案工作做到有法可依；颁行之后的刑事司法文书一概都要引用法律条文；为我国刑法学教学和研究，提供了丰富的思想源泉和现实的规范依据。这部刑法典由于规定得比较原则，覆盖面不足，施行不久就感到不敷应用。全国人大常委会从 1981 年到 1996 年期间，通过了 25 个单行刑法，并在 107 个非刑事法律中设置附属刑法规范，实质上作了一系列补充和修改，及时地对刑事司法实践起到了引领和规范作用。但是，如此众多的单行刑法和附属刑法缺乏体系上的归纳，给司法机关的适用带来了一些不便。加之随着社会主义市场经济体制的建立，对外开放日益扩大，犯罪现象出现了许多新情况、新特点和新问题，党中央和全国人大常委会认为确有必要对刑法作一次全面系统的修订。1997 年 3 月 14 日，第八届全国人民代表大会第五次会议通过了新修订的《中华人民共和国刑法》。这部刑法典的伟大贡献在于：其一，明文规定了刑法的三大基本原则，即罪刑法定原则、适用刑法人人平等原则、罪责刑相适应原则，表明我国刑法已迈上现代化法治轨道，筑起了人权保障根基；其二，具有承前启后、与时俱进、不断革新的鲜明特色，不仅条文由 192 条增加到 490 条，罪名由 130 个增加到 469 个，而且还有不少亮点和创新之举，如逐步减

---

① 徐永军：“新中国 70 年国家政权建设的光辉历程、伟大成就和经验启示”，载中国人大网，2019－09－17。

少适用死刑的罪名、提高死缓犯执行死刑的门槛、依法实行社区矫正等；其三，开启了刑法理论研究的新局面，同时也奠定了中国刑法学走向世界的坚实基础。[①]

20 世纪 90 年代，我国开始全面推进社会主义市场经济建设，由此进一步奠定了法治建设的经济基础，也对法治建设提出了更高的要求。1992 年十四大后，我们党开始探索在社会主义市场经济条件下如何建设国家政权这一前所未有的历史性课题，推动社会主义民主政治建设沿着民主化、制度化、法治化轨道不断健康发展。十四大后，为适应发展社会主义市场经济需要，坚持和发展社会主义政治制度成为政治体制改革的出发点和重要内容，党的历次代表大会都作出部署。例如，关于坚持和完善人民代表大会制度，十四大报告提出加强人民代表大会及其常委会的立法和监督等职能，更好地发挥人民代表的作用。[②] 1993 年，党的十四届三中全会作出建立社会主义市场经济体制的决定，第一次提出要建立和完善社会主义市场经济法律体系。[③] 1997 年召开的党的十五大，将“依法治国”确立为基本治国方略，将“建设社会主义法治国家”确定为社会主义现代化的重要目标，提出到 2010 年形成中国特色社会主义法律体系的目标，并提出了建设中国特色社会主义法律体系的重大任务。党的十五大报告提出建设有中国特色社会主义的政治，就是在中国共产党领导下，在人民当家做主的基础上，依法治国，发展社会主义民主政治。又提出没有民主就没有社会主义，就没有社会主义现代化。“发展民主必须同健全法制紧密结合，实行依法治国。”[④] 党的十五大以来，我国围绕社会主义市场经济体系，开始构建符合社会主义市场经济的法律体系框架，如公司法、合同法、中国人民银行法、劳动法、对外贸易法等法律法规相继出台。这期间，我国共制定、修改法律 190 部，行政法规 353 部，促进中国特色社会主义法律体系的各个法律部门尽快齐全。[⑤] 1999 年，将“中华人民共和国实行依法治国，建设社会主义法治国家”

---

① 高铭暄：“新中国刑法立法的伟大成就——新中国法治建设成就与经验座谈会发言摘编”，载《人民日报》2019 年 10 月 9 日。

② 徐永军：“新中国 70 年国家政权建设的光辉历程、伟大成就和经验启示”，载中国人大网，2019 - 09 - 17。

③ 韩震、严育编著：《社会主义核心价值观关键词——法治》，中国人民大学出版社 2015 年版，第 14 页。

④ 江泽民：《全面建设小康社会，开创中国特色社会主义事业新局面——在中国共产党第十五次全国代表大会上的报告》。

⑤ 郝青杰、杨志芳：《社会主义核心价值观导论——价值理想：自由平等公正法治》，安徽人民出版社 2013 年版，第 135—136 页。

作为治国方略载入宪法。中国的法治建设揭开了新篇章。[①]

进入21世纪，中国的法治建设继续向前推进。2002年党的十六大将社会主义民主更加完善，社会主义法制更加完备，依法治国基本方略得到全面落实，作为全面建设小康社会的重要目标。2004年，将“国家尊重和保障人权”载入宪法。党的十六大以来，以胡锦涛同志为总书记的党中央继续大力推进法治建设，确立了科学执政、民主执政、依法执政的基本原则，积极推进科学立法、民主立法，不断提高立法质量。2004年，我国又对宪法进行了修改，颁布了宪法修正案第14条，将“公民合法的私有财产不受侵犯”“国家尊重和保障人权”等写入宪法。这个时期，制定和修改了《监督法》《反分裂国家法》《行政许可法》《物权法》《劳动合同法》等法律89部，以及《信访条例》《政府信息公开条例》等行政法规180部。[②] 2007年党的十七大明确提出全面落实依法治国基本方略，加快建设社会主义法治国家，并对加强社会主义法治建设作出了全面部署。1995年、2004年和2010年三次修改选举法，2000年出台立法法，标志着中国特色社会主义立法体制已经建立起来，成为我国立法体制发展道路上的里程碑。2006年制定监督法，健全完善了人大代表选举制度、立法制度和监督制度。至2010年年底，我国已制定宪法和现行有效法律共237件、行政法规690多件、地方性法规8600多件。2010年年底，以宪法为核心，法律为主干，包括行政法规、地方性法规等多层次法律规范的中国特色社会主义法律体系如期形成，国家的各个方面实现有法可依。这是我们党领导人民发展社会主义民主、健全社会主义法制取得的重大成果，标志着中国特色社会主义法律体系已经形成，是我国社会主义民主法制建设史上的重要里程碑。[③]

尊重和保障人权、关注民生的法律制度日益完善。1991年，《中国的人权状况》白皮书首次以政府文件的形式肯定了人权在中国社会主义政治发展中的地位。1997年，人权概念写进党的十五大报告，尊重和保障人权成为社会经济建设的内容。2004年，十届全国人大二次会议通过宪法修正案，将“国家尊重和保障人权”载入宪法。以宪法为根本依据，我国制定和完善了一系列保障人权的法律制度，一大批保护人民生命财产和身体健康、人身自由和人格尊严，关注民生问题的法律法规相继出台。2007年通过的《物权法》明确了公民享有

---

① 韩震、严育编著：《社会主义核心价值观关键词——法治》，中国人民大学出版社2015年版，第14页。

② 郝青杰、杨志芳：《社会主义核心价值观导论——价值理想：自由平等公正法治》，安徽人民出版社2013年版，第136页。

③ 徐永军：“新中国70年国家政权建设的光辉历程、伟大成就和经验启示”，载中国人大网，2019-09-17。

的物权，规定了公民享有物权的范围和内容；《劳动合同法》和《劳动合同法实施条例》则是关注和关心劳动者的权利和利益的专门法律法规。2008年修订的《残疾人保障法》体现了立法对残疾人生活的关心和救助，《消防法》体现了国家对消防工作的重视和对人民生命财产安全的全面保护。2009年通过的《食品安全法》更是明确规定其立法目的乃是保证食品安全，保障公众身体健康和生命安全。[①]

依法行政的规范化、程序化和法制化水平稳步提高。依法行政，建设法治政府，是全面落实依法治国基本方略的重要内容，也是中华人民共和国政府施政的基本准则。改革开放以后，我国贯彻依法行政、建设法治政府的步伐大大提速。1993年3月，国务院再次明确提出："各级政府都要依法行政，严格依法办事。"1999年11月，国务院颁布了《关于全面推进依法行政的决定》，对全面推进依法行政作出了重要部署。2004年，我国政府又发布了《全面推进依法行政实施纲要》，明确了建设法治政府的目标，提出了此后10年全面推进依法行政的指导思想和具体目标、基本原则和要求、主要任务及措施。目前，我国各级政府的行政基本纳入法治化轨道。[②]

司法制度日趋完善。改革开放后，我国制定了新的《人民法院组织法》和《人民检察院组织法》，并根据时代的发展不断进行修订，逐步恢复和完善了司法制度。人民法院和人民检察院作为专门的审判机关和法律监督机关，分别独立行使审判权和检察权的制度已完全确立。同时，确立了两审终审制度、公开审判制度、回避制度、辩护制度、合议制度、上诉制度、调解制度、死刑复核制度等一系列司法审判制度。近年来，人民法院系统和人民检察院系统认真落实有关法律规定，大力深化司法改革，取得了令人瞩目的成绩。如：近年来人民法院建立了死刑核准制度、审判委员会工作机制、未成年人审判制度、审判监督程序，实施了执行工作机制改革；检察机关则围绕"强化法律监督，维护公平正义"的主题，推进人民监督员制度、完善讯问职务犯罪嫌疑人全程同步录音录像制度、渎职侵权检察机构统一更名为反渎职侵权局等改革；而司法行政机关开展了监狱体制改革和社区矫正试点，进一步完善了刑罚执行制度等。这一切，为维护社会秩序和建立现代法治国家提供了司法保障。同时，通过制定《仲裁法》《律师法》《公证法》《劳动争议调解仲裁法》等，建立了仲裁制

① 郝青杰、杨志芳：《社会主义核心价值观导论——价值理想：自由平等公正法治》，安徽人民出版社2013年版，第136—137页。

② 郝青杰、杨志芳：《社会主义核心价值观导论——价值理想：自由平等公正法治》，安徽人民出版社2013年版，第136—137页。

度、律师制度、公证制度、法律援助制度和司法考试制度等。①

法治建设的国际交流与合作不断深入。改革开放后，随着经济全球化的发展，我国坚持从国情出发，同时也充分借鉴和吸收国外法治建设的有益经验，不断完善中国特色社会主义市场经济法律体系。2001 年 11 月，我国加入 WTO，以"入世"为契机，我国更主动和有效地运用法律手段处理涉外经济关系和纠纷，并大规模清理、修订、废除与 WTO 规则相冲突的法律法规。如修订《中外合资企业法》《中外合作企业法》和《外资企业法》及其实施细则，制定《反倾销条例》《反补贴条例》《保障措施条例》及相关司法解释等。这在促进我国积极参与经济全球化进程、维护国家政治经济利益方面发挥着越来越重要的作用。近年来，我国先后启动了与欧盟、东盟、阿盟、上海合作组织以及美、英、德、法、澳等国家的双边及多边法治交流机制，在反恐、反腐败、打击跨国有组织犯罪，"一带一路"建设以及国际司法协助等方面取得了新的成果，提高了我国在国际法治社会中的地位。②

截至 2012 年 12 月底，我国除现行宪法外，现行有效的法律共 243 部、行政法规共 721 部、地方性法规共 8600 多部。以宪法为核心，以法律为主干，包括行政法规、地方性法规等规范性文件在内的，由宪法及宪法相关法、民商法、行政法、经济法、社会法、刑法、诉讼及非诉讼程序法等七个法律部门、三个层级法律规范构成的中国特色社会主义法律体系已经基本形成。国家的经济、政治、文化、社会生活的各个方面基本做到有法可依。③ 可以说，中华人民共和国成立以来，特别是改革开放 30 多年来，经过长期持续不懈的努力，依法治国基本方略和依法执政基本方式已经确立，中国特色社会主义法律体系已经形成，法治政府建设稳步推进，司法体制不断完善，全社会法治观念明显增强，我国的法治建设取得了历史性成就。④

（四）党的十八大以来法治建设

2012 年党的十八大强调全面推进依法治国，全面落实依法治国方略，法治政府基本建成，司法公信力不断提高，人权得到切实尊重和保障作为全面建成

---

① 郝青杰、杨志芳：《社会主义核心价值观导论——价值理想：自由平等公正法治》，安徽人民出版社 2013 年版，第 137—138 页。

② 郝青杰、杨志芳：《社会主义核心价值观导论——价值理想：自由平等公正法治》，安徽人民出版社 2013 年版，第 139 页。

③ 郝青杰、杨志芳：《社会主义核心价值观导论——价值理想：自由平等公正法治》，安徽人民出版社 2013 年版，第 136 页。

④ 韩震、严育编著：《社会主义核心价值观关键词——法治》，中国人民大学出版社 2015 年版，第 14—15 页。

小康社会的奋斗目标，并将法治纳入社会主义核心价值观。

党的十八大报告强调必须继续积极稳妥推进政治体制改革，发展更加广泛、更加充分、更加健全的人民民主。必须坚持党的领导、人民当家做主、依法治国有机统一，以保证人民当家做主为根本，以增强党和国家活力、调动人民积极性为目标，扩大社会主义民主，加快建设社会主义法治国家，发展社会主义政治文明。①

党的十八大以来，以习近平同志为总书记的党中央高度重视法治，就加强法治建设作出一系列重要部署，为加快建设社会主义法治国家进一步指明了方向和道路。党的十八届三中全会提出建设法治中国的新要求，而2014年召开的党的十八届四中全会，是党的历史上第一次以全面推进依法治国为主题的全会，全会通过的《中共中央关于全面推进依法治国若干重大问题的决定》（简称《决定》）和习近平同志在全会上发表的重要讲话以及关于《决定》所做的说明，科学回答了全面推进依法治国的一系列重大理论和实践问题，为加快建设社会主义法治国家、推进国家治理体系和治理能力现代化勾画了新的蓝图，是社会主义法治建设的新的里程碑。《决定》第一次明确提出建设中国特色社会主义法治体系，第一次以全会文件的形式阐明了党的领导和依法治国的关系，第一次明确提出依法治国是实现国家治理体系和治理能力现代化的必然要求，第一次将守法提高到与立法、执法、司法在依法治国中同等重要的地位，第一次明确了“党法”与“国法”的衔接协调，第一次提出设立国家宪法日，等等。《决定》还提出完善以宪法为核心的中国特色社会主义法律体系，加强宪法实施；深入推进依法行政，加快建设法治政府；保证公正司法，提高司法公信力；增强全民法治观念，推进法治社会建设；加强法治工作队伍建设；加强和改进党对全面推进依法治国的领导六项任务。这些任务涉及依法治国各个方面和各个环节，覆盖了法治工作的基本格局，是我们推进法治建设的基本遵循。这些全面推进依法治国的重大突破和创新举措，充分体现了我们党对法治建设本质规律的深刻把握，具有理论和实践创新的重大意义。②

2015年3月，对立法法作出修改，赋予所有设区的市地方立法权。我国地方立法主体从无到有、从少到多，增加到353个。

2016年，十八届中央纪委六次全会明确提出，建立覆盖国家机关和公务人

---

① 胡锦涛：《坚定不移沿着中国特色社会主义道路前进，为全面建成小康社会而奋斗——在中国共产党第十八次全国代表大会上的讲话》。

② 韩震、严育编著：《社会主义核心价值观关键词——法治》，中国人民大学出版社2015年版，第15—16页。

员的国家监察体系。同年12月，中央政治局召开会议，研究部署深化国家监察体制改革，确定改革的时间表、路线图。此后，改革试点工作在北京市、山西省、浙江省有序展开。

2017年，十九大对深化依法治国实践作出新部署，明确提出加强宪法实施和监督、推进合宪性审查工作、维护宪法权威等要求。2018年，十九届三中全会决定组建中央全面依法治国委员会，负责全面依法治国的顶层设计、总体布局、统筹协调、整体推进、督促落实。十三届全国人大一次会议通过宪法修正案，确立习近平新时代中国特色社会主义思想在国家政治和社会生活中的指导地位，把十九大确定的重大理论观点和重大方针政策纳入国家根本法。这一系列战略举措，推进全面依法治国迈出坚实步伐。①

2018年，十三届全国人大一次会议通过宪法修正案和监察法，设立国家监察委员会，实现国家机构、党和国家监督体系重大创新，形成中国特色国家监察体制。这一新的体制，把行政监察部门、预防腐败机构和检察机关反腐败相关职责进行整合，解决了过去监察范围过窄、反腐败力量分散、纪法衔接不畅等问题，优化了反腐败资源配置，实现了党内监督和国家监察、依规治党和依法治国有机统一。②

党的十八大以来，在习近平新时代中国特色社会主义思想的引领下，全国人大及其常委会聚焦重点领域立法，不断完善国家安全、高质量发展、对外开放、税收法定、生态环境、社会民生等方面的法律制度。民法典编纂取得重要进展。立法呈现出数量多、分量重、节奏快的新特点。2018年3月，十三届全国人大一次会议对现行宪法进行第五次修改，适应新形势、吸纳新经验、确认新成果、作出新规范。截至2019年8月底，现行有效法律274件，行政法规700多件，地方性法规12000多件，我国的法律体系进一步完善。③

2019年6月29日，全国人大常委会作出决定，国家主席习近平签署发布特赦令，对部分服刑罪犯予以特赦。

70年来，人民法院始终为经济社会发展保驾护航。充分发挥审判执行职能，服务党和国家中心工作。人民法院在中华人民共和国成立初期，为巩固新生的人民民主政权；在建设时期，为发展社会主义制度；在改革开放后，为保

① 徐永军："新中国70年国家政权建设的光辉历程、伟大成就和经验启示"，载中国人大网，2019-09-17。

② 徐永军："新中国70年国家政权建设的光辉历程、伟大成就和经验启示"，载中国人大网，2019-09-17。

③ 许安标："立法顺应实践发展、人民要求——新中国法治建设成就与经验座谈会发言摘编"，载《人民日报》2019年10月9日。

障经济高速发展、社会持续稳定；党的十八大以来，为统筹推进“五位一体”总体布局和协调推进“四个全面”战略布局，都提供了有力司法服务和司法保障。人民法院高度重视依法保障公民的人身权利、民主权利、财产权利。坚持罪刑法定原则，疑罪从无，依法纠正冤错案件；注重依法平等保护各类市场主体的合法权益，切实维护社会主义市场经济秩序；公正审理行政案件，有效化解行政争议，保障行政相对人合法权益；审理国家赔偿案件，使蒙受冤屈的公民及时获得司法救济。深化司法体制改革，人民群众获得感显著增强。人民法院“让审理者裁判、由裁判者负责”的办案机制基本确立，审判监督管理机制逐步健全；深入推进以审判为中心的刑事诉讼制度改革，构建速裁程序、简易程序、普通程序有序衔接的多层次诉讼体系；全面实施立案登记制改革，解决人民群众“立案难”问题；为切实兑现人民群众合法权益，打响“基本解决执行难”攻坚战；建立完善高效、便捷、亲民的诉讼服务体系，矛盾纠纷一站解决，诉讼服务一站到位。在世界首创互联网法院、移动微法院，以网络化、阳光化、智能化为特征的智慧法院初步形成。主动接受社会监督，“庭审网上直播+裁判文书上网”成为互联网时代司法公开最彻底、最集中的方式。人民法院70年的发展历程充分表明，只有始终坚持党对人民法院工作的绝对领导，始终坚持中国特色社会主义法治道路，始终坚持司法为民、公正司法，始终坚持改革创新、奋发有为，中国特色社会主义司法事业才能不断发展。①

70年来，检察机关始终坚持党的领导，始终紧紧围绕党和国家中心工作，认真履行宪法法律赋予的职责，为维护国家安全与社会秩序、维护国家与社会公共利益、维护社会公平正义、维护国家法制的统一尊严权威，保障中国特色社会主义建设顺利进行作出了重要贡献。70年来，在中国共产党的领导下，在中国革命、建设和改革的伟大征程中，中国特色社会主义检察制度不断丰富发展、优势凸显，以独特的中国风范屹立于世界司法制度之林。70年来，人民检察队伍从小到大、从大到强，涌现出一大批忠于职守、无私奉献、公正执法、勇于创新的先进典型。回顾人民检察70年来的艰辛探索和光辉历史，我们在新时代新的实践中必须做到“五个坚持”：一是必须始终坚持以发展着的马克思主义为指导，坚持用党的最新理论成果——习近平新时代中国特色社会主义思想武装检察队伍，筑牢检察事业发展的思想根基。二是必须始终坚持党对检察工作的绝对领导，不断增强“四个意识”，坚定“四个自信”，做到“两个维护”，坚持党的领导、人民当家做主、依法治国有机统一，坚定不移走中国特

---

① 姜伟：“人民法院为经济社会发展保驾护航——新中国法治建设成就与经验座谈会发言摘编”，载《人民日报》2019年10月9日。

色社会主义法治道路，确保检察工作始终沿着正确方向胜利前进。三是必须始终坚持检察机关的宪法定位，强化法律监督职能，担起服务党和国家工作大局的政治责任，践行全心全意为人民服务的根本宗旨，更好地为大局服务、为人民司法。四是必须始终坚持以改革创新精神推进人民检察制度自我完善和发展，解放思想、实事求是，大力推进实践基础上的检察理论创新、理念创新、体制机制创新，永葆中国特色社会主义检察制度的生机与活力。五是必须始终坚持加强过硬检察队伍建设，坚持以党的政治建设为统领，不断提高检察队伍革命化正规化职业化专业化水平。①

党的十八大以来，习近平同志不仅高度重视法治历史经验的借鉴问题，而且将中华法文化的传承上升到文化自信的高度，在讲话中多次提到“奉法者强则国强，奉法者弱则国弱”“法安天下，德润人心”等，为我们树立了如何总结法治历史经验为现实服务的标准范例。习近平同志全面依法治国新理念新思想新战略为中华法文化的创造性转化和创新性发展提供了根本遵循。当前，如何激活中华法文化中的民主性因素，既是全面推进依法治国和实现中华民族伟大复兴的内在要求，也是从事中国法律史研究的光荣历史任务。党的十八大以来，习近平同志更加重视法治人才培养，提出“立德树人，德法兼修”的教育理念，并以此作为衡量法治人才基本素养的尺度。习近平同志强调，法学学科体系建设对于法治人才培养至关重要。我们要立足中国的国情和历史，在人才培养上既要做到“立德树人，德法兼修”，也要不断完善法学学科体系，努力以中国智慧、中国经验为世界法治文明建设作出贡献。②

纵观这一时期的国家政权及法治建设，在以习近平同志为核心的党中央坚强领导下，更加突出政治属性，更加彰显以人民为中心的理念，更加注重改革的系统性、整体性、协同性，更加强调法治思维和法治方式，以一系列历史性成就和历史性变革，推动中国特色社会主义政治发展道路越走越宽广，国家政权建设理论和实践越来越丰富，人民当家做主制度体系越来越健全，中国人民走自己路的信心越来越坚定。③ 党的十八大以来，新时代的国家立法，从“有法可依”走向“良法善治”的步伐更加铿锵有力。曾经“先改革后立法”“边改革边立法”，如今“凡属重大改革必须于法有据”，立法工作更加科学化、民

---

① 陈国庆：“人民检察与法治中国建设同行——新中国法治建设成就与经验座谈会发言摘编”，载《人民日报》2019 年 10 月 9 日。

② 张晋藩：“大力弘扬中华法文化——新中国法治建设成就与经验座谈会发言摘编”，载《人民日报》2019 年 10 月 9 日。

③ 徐永军：“新中国 70 年国家政权建设的光辉历程、伟大成就和经验启示”，载中国人大网，2019 - 09 - 17。

主化、法治化，让改革开放各项决策更符合人民期待和时代要求。274 部现行有效的法律、700 多部行政法规、12000 多件地方性法规，有力支撑起中国特色社会主义法律体系的“参天大树”。

党的十八大以来，政法机关在以习近平同志为核心的党中央坚强领导下，坚决贯彻落实全面推进依法治国战略部署，政法领域法治建设范围不断扩展、内容不断丰富、理念不断创新、改革不断深化，在中国特色社会主义法治道路上迈出坚实步伐。一是维护国家政治安全的法治机制不断健全。政法机关始终把维护国家安全特别是政权安全、制度安全放在第一位。党的十八大以来，面对世界百年未有之大变局，政法机关牢固树立总体国家安全观，把坚定的政治立场、鲜明的法治思维和灵活的政策措施结合起来，推动出台网络安全、境外非政府组织管理、反恐怖主义等方面法律制度，严密维护国家政治安全的制度之网。二是社会治理法治化水平不断提高。在探索国家治理特别是社会治理道路上，实现了从“社会管控”到“社会管理”再到“社会治理”的历史性跨越，我国成为全球公认的最安全国家之一。特别是党的十八大以来，政法机关积极推进国家治理体系和治理能力现代化，根据党中央部署，顺利完成政法机构改革和跨军地改革。坚持共建共治共享，充分发挥法治、德治、自治等作用，创新发展“枫桥经验”，推动构建多元化纠纷解决体系等改革，形成现代社会治理新格局。三是执法司法公信力不断提升。政法机关坚持顺应时代发展、回应人民群众期待，以改革为抓手不断提升公信力。党的十八大以来，以司法责任制为核心的司法体制改革、以审判为中心的刑事诉讼制度改革不断深化，政法领域全面深化改革新格局加快形成，中国特色社会主义司法制度更加公正高效权威。四是经济社会法治保障能力不断增强。政法机关执法司法理念不断提升，从注重管控打击，逐渐转变为管理与服务并重。党的十八大以来，政法机关增强大局意识、服务意识，坚持依法打击经济犯罪与加强产权保护相结合，坚持依法加强监督管理与深化“放管服”改革相结合，深入推进扫黑除恶专项斗争等多措并举，为经济社会健康发展营造公平、公正、透明、稳定的法治环境。①

二、法治中国建设的基本经验②

中国特色社会主义法治道路是依靠中国共产党自上而下的领导力与人民群

① 景汉朝：“推动政法领域法治建设——新中国法治建设成就与经验座谈会发言摘编”，载《人民日报》2019 年 10 月 9 日。

② 该部分参考了中国法学会副会长、全国人大监察和司法委员会副主任委员徐显明教授在新中国法治建设成就与经验座谈会上的发言——“新中国法治建设的宝贵经验”的部分内容。

众自下而上改革的推动力相结合，而走出的一条适合中国国情、符合法治规律、具有中国特色又保持了社会主义本质属性的独特道路。①

（一）中国共产党领导是中国特色社会主义法治的根本特征

习近平同志指出，把党的领导贯彻到依法治国全过程和各方面，是我国社会主义法治建设的一条基本经验。要坚持党的领导，充分发挥党在法治建设中统揽全局的作用。中华人民共和国成立 70 多年来，我国法治发展历程尽管有一些曲折，但我们党始终坚持把人民的利益摆在首位，把马克思主义与中国国情相结合，不断探索适合中国的法治建设，谱写了社会主义法治建设的新篇章。70 多年的法治发展历程告诉我们，只有坚持中国共产党的领导，才能不断开创中国特色社会主义法治建设的新局面。在新的历史条件下，我们要继续推进依法治国方略，就要不断加强和改善党的领导。党的十八报告指出：必须坚持党的领导、人民当家做主、依法治国有机统一，以保证人民当家做主为根本，以增强党和国家活力、调动人民积极性为目标，扩大社会主义民主，加快建设社会主义法治国家，发展社会主义政治文明。党领导人民制定宪法和法律，党必须在宪法和法律范围内活动。任何组织或者个人都不得有超越宪法和法律的特权，绝不允许以言代法、以权压法、徇私枉法。这一论断，进一步明确了依法治国与党的领导之间的关系，使各级党委更好地充分发挥组织领导、统筹协调的作用，不断推进我国经济社会生活的法制化和规范化。②

（二）社会主义法治理论是中国特色社会主义法治的思想指南

习近平同志全面依法治国新理念新思想新战略是中国特色社会主义法治理论的精髓和核心，是中国特色社会主义法治建设的思想指南。纵观世界各国的法治建设路径，我们既不能照搬西方模式，也不能故步自封。我们必须紧密结合我国的国情和时代要求，坚持四项基本原则不动摇，坚决摒弃西方资本主义国家的三权分立、资产阶级的民主宪政模式，深入贯彻落实党的十八大提出的“深入开展法制宣传教育，弘扬社会主义法治精神，树立社会主义法治理念，增强全社会学法尊法守法用法意识”等精神，并真正把这一精神落到实处。③

---

①　徐显明：“新中国法治建设的宝贵经验——新中国法治建设成就与经验座谈会发言摘编”，载《人民日报》2019 年 10 月 9 日。

②　郝青杰、杨志芳：《社会主义核心价值观导论——价值理想：自由平等公正法治》，安徽人民出版社 2013 年版，第 140—141 页。

③　郝青杰、杨志芳：《社会主义核心价值观导论——价值理想：自由平等公正法治》，安徽人民出版社 2013 年版，第 141 页。

（三）以人民为主体是中国特色社会主义法治的根本属性

党的领导、人民当家做主、依法治国三者有机统一是中国特色社会主义法治的本质。我们的法治为了人民、依靠人民、造福人民、保护人民。倡导法治的价值观念，是维护人民群众利益的根本保障。在阶级社会，法律是统治阶级阶级意志的体现。社会主义国家的法律反映的是人民的根本意志，保护人民的根本利益。依法治国是社会主义民主政治的基本要求。维护人民权益，法治是必由之路，也是根本保障。习近平同志强调，要依法保障全体公民享有广泛的权利，努力维护最广大人民根本利益，保障人民群众对美好生活的向往和追求。这既突出了法治的核心价值，也使社会主义法治建设具有广泛深厚的群众基础。这就要求我们在立法、执法、司法等各个领域和环节，都必须贯彻执行好党的群众路线，尊重和保障人权，坚持法律面前人人平等，依法保护一切当事人的程序权利和实体权益，使受到侵害的权利依法得到保护和救济，使违法犯罪行为依法受到制裁和惩罚，努力实现社会公平正义。①

法治和法律规范的权威源自人民的内心拥护和真诚信仰，要通过全民守法观念的增强，努力使法律规范由他律变为自律。历史经验表明，法律规范要得到广大公民的自发认同和自觉践行，不仅在于其内涵的科学性和执法、司法的公正性，还在于公民自身有高度的守法理念。只有公民爱国、诚信、法治等价值观念增强了，才会去自觉地学法、知法、爱法、护法。② 党的十九大报告提出：坚持人民当家做主。坚持党的领导、人民当家做主、依法治国有机统一是社会主义政治发展的必然要求。必须坚持中国特色社会主义政治发展道路，坚持和完善人民代表大会制度、中国共产党领导的多党合作和政治协商制度、民族区域自治制度、基层群众自治制度，巩固和发展最广泛的爱国统一战线，发展社会主义协商民主，健全民主制度，丰富民主形式，拓宽民主渠道，保证人民当家做主落实到国家政治生活和社会生活之中。③

（四）把法治作为治国理政的基本方式

习近平总书记强调，什么时候重视法治、法治昌明，什么时候就国泰民安；什么时候忽视法治、法治松弛，什么时候就国乱民怨。只有法治才具有固根本、

---

① 郝青杰、杨志芳：《社会主义核心价值观导论——价值理想：自由平等公正法治》，安徽人民出版社 2013 年版，第 144 页。

② 李泽泉：《培育和践行社会主义核心价值观理论与实践探索》，人民出版社 2018 年版，第 308—309 页。

③ 习近平："决胜全面建成小康社会夺取新时代中国特色社会主义伟大胜利——在中国共产党第十九次全国代表大会上的报告"，2017 - 10 - 18。

稳预期、利长远的功能。建立良好的社会秩序，是经济社会健康稳定可持续发展的内在要求，是社会主义现代化建设程度的重要标志。以邓小平同志为核心的第二代领导集体提出了“有法可依、有法必依、执法必严、违法必究”法治建设总方针。“我们这个国家有几千年封建社会的历史，缺乏社会主义的民主和社会主义的法制。现在我们要认真建立社会主义的民主制度和社会主义的法制。只有这样，才能解决问题。”① 不断强调要“处理好法治和人治的关系”，要“靠法制，搞法制靠得住些”②。以江泽民同志为核心的中国共产党第三代领导集体高度重视社会主义法治，坚决反对人治。在党的十五大上，江泽民同志明确提出依法治国的基本方略，将过去“建设社会主义法制国家”的提法，改变为“建设社会主义法治国家”，极其鲜明地突出了对“法治”的强调。党的十六大提出全面落实依法治国基本方略。党的十七大进一步提出“全面落实依法治国基本方略，加快建设社会主义法治国家”的战略任务。党的十八大提出：“全面推进依法治国。法治是治国理政的基本方式。要推进科学立法、严格执法、公正司法、全民守法，坚持法律面前人人平等，保证有法必依、执法必严、违法必究。”

（五）以良法善治作为中国特色社会主义法治的价值目标

良法是善治之前提，善治是良法之结果。以良法促进发展，以善治保障安全，既建设法治中国，也建设平安中国。党的十八届三中全会提出：“全面深化改革的总目标是完善和发展中国特色社会主义制度，推进国家治理体系和治理能力现代化。”法治作为治国理政的重要手段和基本方略，是国家治理现代化的基本标志和重要保障。刚刚闭幕的党的十九届四中全会提出，我国国家制度和国家治理体系的一大显著优势就是坚持全面依法治国，建设社会主义法治国家，同时，提出要坚持和发展中国特色社会主义法治体系，提高党依法治国、依法执政能力。可见，全面依法治国、建设社会主义法治体系，是坚持和完善中国特色社会主义的内在要求，也是推进国家治理体系和治理能力现代化的必然要求。

建设中国特色社会主义法治体系，必须抓住提高立法质量这个“牛鼻子”。而推进科学立法、民主立法、依法立法，则是提高立法质量，实现良法促进发展、保障善治的根本途径。党的十九大报告指出：“推进科学立法、民主立法、依法立法，以良法促进发展、保障善治。”良法是善治的前提，善治是国家治理的理想状态，良法善治体现了国家治理现代化的本质要求。习近平同志明确

① 《邓小平文选（第2卷）》，人民出版社1994年版，第348页。

② 《邓小平文选（第3卷）》，人民出版社1993年版，第177、379页。

指出，推进科学立法、民主立法、依法立法，是提高立法质量的根本途径。这是对完善中国特色社会主义法律体系的基本要求。科学立法体现了立法活动的科学属性，民主立法突出了立法活动的人民属性，而依法立法核心是对立法活动的合法性、规范性予以关注，重点解决法出多门、部门利益和地方保护主义法律化等问题。三者密不可分、相辅相成，形成严密的立法逻辑，体现了立法活动内在的科学性、人民性和合法性。

科学立法、民主立法、依法立法是一个有机的统一体，科学立法是总体要求和目标，民主立法和依法立法是科学立法的途径和保障。具体而言，科学立法就是要以科学的标准保证所立之法的形式合理性与实质合理性。前者主要是指立法的过程和方法必须科学化，必须符合立法本身的规律，要成熟一个制定一个，而不是开个会议一拍脑袋一蹴而就的；后者是指所制定的法律内容必须反映中国的实际，符合客观规律，体现公平、正义、自由、平等、民主、人权、秩序、安全等价值要求。民主立法是要以民主的形式保证立法更加科学。体现立法的民主性，就要不断拓宽公众参与立法的渠道和途径，广泛听取各种利益群体的意见，建立起事先和事后的立法评估机制等。依法立法要坚持立法行为和立法内容的合宪性、合法性，要求立法主体遵守立法权限，不得越权立法；重大立法必须有宪法和上位法依据，不得擅自立法；立法的内容不得与上位法，尤其是宪法相抵触，不得违法立法。习近平同志提出："要努力使每一项立法都符合宪法精神、反映人民意愿、得到人民拥护。"坚持科学立法、民主立法、依法立法，这样制定和完善的社会主义法律体系必然经得起实践考验、能得到人民真心拥护，对经济社会发展能起到真正的引领和推动作用，是名副其实的"良法"。

《王安石文集》记载道："立善法于天下，则天下治；立善法于一国，则一国治。"科学立法是建立和完善社会主义法律体系的必由之路，是建立社会主义法治体系的重要前提，也是推进国家治理体系和治理能力现代化的必然要求。十八届三中全会将推进国家治理体系和治理能力现代化作为全面深化改革的总目标，意义重大而深远。"国家治理体系和治理能力"，是指一个国家的制度体系和制度执行能力。二者是一个有机整体，有了完备科学的国家制度体系，才能提高制度执行能力，相反，只有提高制度执行能力，才能充分发挥国家制度体系的效能。而在二者的互动中，科学立法制定出来的"良法"是重要支撑和保障。党的十九届四中全会提出，要突出坚持和完善支撑中国特色社会主义制度的根本制度、基本制度、重要制度。可见，国家治理体系现代化依赖于顶层的制度设计和宏观指导，而这一系列制度的有效实施都需要"良法"的基础引领和保驾护航，都需要在法治的轨道上具体执行才能落地生根。国家治理能力现代化的直接动力来自于压力、激励和制度，其中制度是长久性的动力所在。而受到群众拥护的制度，最终都需要以法律的形式得以固定和推广，科学立法对这种制度的固化起着非常关键的作用。因此，推进国家治理体系和治理能力的现代化，充分体现了中国特色社会主义制度的优越性，也充分肯定了建设社会主义法治体系中科学立法的重要性。

党的十九届四中全会提出了分三步走的总体目标，其中第一步基本实现，第二步是到2035年，我国各方面制度更加完善，基本实现国家治理体系和治理能力现代化。这是高瞻远瞩的宏伟目标，更是一项光荣而艰巨的历史任务。完成这项战略任务，需要凝聚社会共识和人民智慧，必须超越任何组织和群体的局部利益，使不同利益主体求同存异，依法追求和实现自身利益最大化，努力推动形成办事依法、遇事找法、解决问题用法、化解矛盾靠法的良好法治环境，在法治轨道上推动国家治理现代化。这其中，科学立法所发挥的作用是第一位的，也是基础性的。国家治理体系和治理能力的现代化进程，综合反映着以科学立法引领的中国民主法治的进程，反过来，只有坚持科学立法，推动社会主义法治体系的科学化和规范化，才能在法治轨道内实现国家治理现代化。

（六）改革是中国特色社会主义法治的发展动力

习近平同志指出，改革与法治如鸟之两翼、车之两轮。中国特色社会主义法治在改革中形成，在改革中成长，在改革中完善，在改革中发展。党的十九大报告提出坚持全面深化改革，并指出只有社会主义才能救中国，只有改革开放才能发展中国、发展社会主义、发展马克思主义。坚持改革就是要必须坚持和完善中国特色社会主义制度，不断推进国家治理体系和治理能力现代化，坚决破除一切不合时宜的思想观念和体制机制弊端，突破利益固化的藩篱，吸收人类文明有益成果，构建系统完备、科学规范、运行有效的制度体系，充分发挥我国社会主义制度优越性。

（七）依法治国与以德治国相结合是中国法治的主要特色

党的十九大报告提出坚持依法治国和以德治国相结合。坚持把社会主义核心价值观贯穿于全面依法治国的各个环节，引领法治进步、树立法治信仰、形成法治文化，实现德法共治、德法融合。依法治国和以德治国的实施，就是表现为法律和道德两种规范的确立和被认同、践行。核心价值观是意识形态的本质属性，而法律规范和道德规范则是意识形态的两种具体表现形态，受核心价值观的主导。有怎么样的核心价值观，就有怎么样的法律和道德规范，法律规范和道德规范的制定水平和实践程度，反映着一定核心价值观的要求以及对核心价值观的认知度。① 坚持依法治国与以德治国“两手抓，两手都要硬”，推动法律规范与道德规范在实践中“一外一内”“一表一里”相协调，促进社会主义核心价值观外化于行、内化于心。党的十八届四中全会作出的全面推进依法治国的决定，再次强调坚持依法治国与以德治国相结合是实现建设中国特色社会主义法治体系，建设社会主义法治国家，促进国家治理体系和治理能力现代化总目标的基本原则。这表明，法治与德治相结合原则，在政策制定和制度设计层面上已被牢固确立。②

（八）依法治国与依规治党相统一是中国特色社会主义法治建设的关键

党的十九大报告提出依法治国和依规治党有机统一。实现依法治国与依规治党相统一，使纪法衔接、纪法贯通，是我们对于社会主义法治建设规律认识的重要升华。目前，中国共产党党员已达 8900 多万人，党的基层组织已达 450 多万个，在我们国家和社会的各级和各类单位中，党员普遍起着领导和骨干作用，广大党组织和党员对社会主义核心价值观融入法治建设的态度和言行表现，决定着社会主义核心价值观融入法治建设的成败。要把社会主义核心价值观融入法治建设，首先要融入党内法规，通过党组织的骨干作用和党员的先锋模范作用，促进社会主义核心价值观融入国家和社会法治。③

党的十九届四中全会提出，加快形成完善的党内法规体系，全面推进科学立法、严格执法、公正司法、全民守法，推进法治中国建设。深化纪检监察体制改革，加强上级纪委监委对下级纪委监委的领导，推进纪检监察工作规范化、法治化。④

我们党一开始就确立了社会主义的奋斗目标，就重视依规治党。党的十八大正式提出社会主义核心价值观后，以习近平同志为核心的党中央强调要实行思想建党与制度治党、以德治党与依规治党相结合，社会主义核心价值观日益融入党章和党内准则、条例、规则、规定、办法、细则等法规之中，成为建党管党治党的利器。由党的十二大制定后经多次党代会特别是党的十八大修改通过的现行党章，尽管没有明确的社会主义核心价值观字样，但已经比较全面反

---

① 李泽泉：《培育和践行社会主义核心价值观理论与实践探索》，人民出版社 2018 年版，第 301 页。

② 李泽泉：《培育和践行社会主义核心价值观理论与实践探索》，人民出版社 2018 年版，第 311 页。

③ 李泽泉：《培育和践行社会主义核心价值观理论与实践探索》，人民出版社 2018 年版，第 318—319 页。

④ 摘自《中共中央关于坚持和完善中国特色社会主义制度　推进国家治理体系和治理能力现代化若干重大问题的决定》。

映了社会主义核心价值观的基本内涵。党的十八大修改通过的党章在总纲部分阐述党在社会主义初级阶段的基本路线时，提出了“为把我国建设成为富强民主文明和谐的社会主义现代化国家而奋斗”；在阐述党在社会主义初级阶段的政治纲领时，提出了“建设社会主义法治国家”；在阐述党在社会主义初级阶段的文化纲领时，提出了“弘扬以爱国主义为核心的民族精神和以改革创新为核心的时代精神”；在阐述党在社会主义初级阶段的社会纲领时，提出了“民主法治、公平正义、诚信友爱、充满活力、安定有序、人与自然和谐相处”的总要求；党内准则也在不同程度上反映了社会主义核心价值观的内容，特别是《中国共产党廉洁自律准则》，尽管只有298个字，但紧扣廉洁自律主题，重申党的理想信念宗旨，重在立德，是党执政以来第一部坚持正面倡导、面向全体党员的言行规范，是对党章有关党员践行社会主义核心价值观和思想道德要求的概括和强调，是对党员和党员领导干部廉洁自律作出的具体规范。党内规则、规定、办法、细则等形式的法规对党的某一方面重要工作或事项作出了具体规定，如党的十八大后不久中央政治局作出的关于改进工作作风、密切联系群众的“八项规定”。这些规定都围绕党的思想建设、组织建设、作风建设等某一方面，进一步细化了党员和党员领导干部践行社会主义核心价值观的具体要求，为党员干部践行社会主义核心价值观提供了制度配套。①

（九）建设中国特色社会主义法治体系是中国特色社会主义法治的总抓手

党的十九届四中全会提出，建设中国特色社会主义法治体系、建设社会主义法治国家是坚持和发展中国特色社会主义的内在要求。必须坚定不移走中国特色社会主义法治道路，全面推进依法治国，坚持依法治国、依法执政、依法行政共同推进，坚持法治国家、法治政府、法治社会一体建设。②

中国特色社会主义法治体系既是全面依法治国的总目标也是总抓手，抓住了它，就能纲举目张。中国特色社会主义法律体系的形成，总体上解决了有法可依的问题，但是法治建设仍然任重道远。法律不能只写在纸上，而是要写在公民的心里。只有人心思法、人心思治，才能形成推动法治进步的强大力量。习近平同志强调要以法治凝聚共识，树立全社会对法治的信仰，培育法治文化，弘扬法治精神，对于加快建设社会主义法治国家意义重大、影响深远。党的十八届三中全会提出了“推进法治中国建设”的重大战略部署，这就要求我们必

① 李泽泉：《培育和践行社会主义核心价值观理论与实践探索》，人民出版社2018年版，第319—321页。

② 摘自《中共中央关于坚持和完善中国特色社会主义制度　推进国家治理体系和治理能力现代化若干重大问题的决定》。

须弘扬法治精神，必须坚持严格执法、公正司法，通过依法审判处理各类案件，把法律观念、法治精神融入当事人和社会公众的心中；必须加强法制宣传教育，让宪法和法律家喻户晓，促进在全社会形成宪法至上、守法光荣的良好氛围；必须引导公民以法治方式表达诉求，使大家相信只要是合理合法的诉求，通过法律程序就能得到合理合法的结果，从而能够发自内心地拥护法治、信仰法治。①

（十）以继承历史传统、借鉴外来文明和自我创新相结合

党的十九届四中全会提出，健全外商投资准入前国民待遇加负面清单管理制度，推动规则、规制、管理、标准等制度型开放。健全促进对外投资政策和服务体系。加快自由贸易试验区、自由贸易港等对外开放高地建设。推动建立国际宏观经济政策协调机制。健全外商投资国家安全审查、反垄断审查、国家技术安全清单管理、不可靠实体清单等制度。完善涉外经贸法律和规则体系。②古为今用，洋为中用。我国现代法律制度体系也叫中华法系，属于大陆法系。从清朝末年，我国的法律就已经开始了借鉴移植之路。从《大清律例》到目前《民法总则》《物权法》《公司法》《合同法》等等无不借鉴了国外法制发达国家的经验和规范用语。但是，我们这种借鉴，是在立足中国国情和实际，借鉴人类共同文明成果的基础上，而以自我创新为主。随着经济全球化的发展，我国“一带一路”建设的落地实施，再加上全球物联互通，“买全球卖全球”，世界就在你身边。这就为中国特色社会主义法治建设提出了新的挑战和新的机遇。

---

① 郝青杰、杨志芳：《社会主义核心价值观导论——价值理想：自由平等公正法治》，安徽人民出版社2013年版，第145页。

② 摘自《中共中央关于坚持和完善中国特色社会主义制度 推进国家治理体系和治理能力现代化若干重大问题的决定》。

第六章

社会主义核心价值观与社会主义法治

法治是社会主义核心价值观建设的重要内容之一，建设法治社会、法治政府、法治国家是中国特色社会主义伟大事业的迫切要求。但是，由于长期受到封建主义思想特别是人治传统的影响，我国的法治建设还存在不少问题，人民的法治观念还比较淡薄。因此，大力倡导法治的价值观念，在全体公民中开展法律制度的宣传和教育，使公民学法、知法、懂法，树立法治观念，增强法治意识，自觉地遵纪守法，人民群众才能自觉利用法律维护自己的利益。在中国特色社会主义伟大实践中，倡导法治的价值观念，具有十分重大的现实意义。

一、核心价值观是法治建设理念来源

从理念价值角度说，一部良好的法律，必须真正体现这个社会和国家的主流价值观。在我们国家，就是社会主义核心价值观。核心价值观，是构建国家法律体系和法律制度的思想指引、理念指导和理论支撑。比如说，我们为什么要对故意杀人、造成严重后果的犯罪分子处以死刑，为什么在婚姻法中要规定结婚自由、离婚自由，为什么在民事行为中要规定诚信原则，这些都是社会主义核心价值观的体现。①

法治作为国家及社会基本价值目标和追求的定位，通过高度凝练的话语总结和概括，法治核心价值和基本价值的地位得以凸显和呈现。一方面，法治表达及传递着一定的价值立场和价值取向，反映了使用法的权威性和强制性的手段，来维护人类社会得以运行的根本价值。这些根本性的价值立场表现为以宪法为记载的基本权利的设定，反映着对涉及公民生命权利、人身自由、财产权利等基本权利事项的捍卫以及对可能剥夺这些权利的限制。法治所承载的价值

① 范传贵、李林："法律如何推动社会主义核心价值观建设"，载《法制日报》2014年3月11日。

观立场不仅致力于防范社会群体对个体可能存在的侵害，更重要的还要从制度上防止国家权力对公民权利可能的危害。另一方面，法治在运用明确规则及司法调整的方法来明确人们需要坚守的共同价值的同时，又对那些高度抽象性、高度概括性的价值理念及规则的内容和边界加以调适，确立科学的、明晰的价值实施及实现机制。

二、法律是核心价值观外在的、具体的表现形式

一个国家的法治和法治文化建设，需要有法治精神、法治思想、法治理念甚至是法治灵魂，这些从哪里来？我们认为重要的来源就是社会主义核心价值观。它可以在很多方面给我们的社会主义法治和法治文化提供价值观和精神食粮，使它沿着我们所期待的方向和要求的目标去发展和建设。我们有各种法律制度，所有这些制度，都应该有一些制度设计的基本依循，有一些主线贯穿始终。在这条主线基础上，有一系列不同层面的价值。比如说，我们为什么要强调法律面前人人平等，为什么要讲司法公正，这些背后的制度设计，都需要有一些价值的要求和理念的支撑。①

中共中央《关于培育和践行社会主义核心价值观的意见》中对此明确指出，法律法规是推广社会主流价值的重要保证。社会主义民主价值观的实现，也离不开来自于法律制度的保障。将社会主义民主这一核心价值观贯彻到依法治国、依法执政、依法行政实践中，落实到立法、执法、司法、普法和依法治理各个方面，用法律的权威来增强人们培育和践行民主价值观的自觉性，注重把社会主义核心价值观相关要求上升为具体法律规定，充分发挥法律的规范、引导、保障、促进作用，形成有利于培育和践行社会主义核心价值观的良好法治环境，必将对社会主义民主价值观的实现发挥积极的促进作用。②

三、核心价值观对法律制度的规范和建设产生统领和指导作用

核心价值观会帮助我们形成一个更加积极的、正能量的、建设性的制度设计，而不是人云亦云，有的搬英美，有的搬德国，东拼西凑。我们有了一条主线，有了一条核心的价值灵魂，在制度设计的时候，在未来完善中国特色社会主义法律体系的时候，就会有更好的指引，更好的评价标准。短短的 24 个字，如果真正贯彻到我们法律制度立改废当中，会有非常积极的作用。立法执法司

---

① 范传贵、李林："法律如何推动社会主义核心价值观建设"，载《法制日报》2014 年 3 月 11 日。

② 刘旺洪主编：《社会主义核心价值观研究丛书——民主篇》，江苏人民出版社 2015 年版，第 216 页。

法推动核心价值观就要发挥政策导向作用，使经济、政治、文化、社会等方方面面政策都有利于社会主义核心价值观的培育。要用法律来推动核心价值观建设。这都涉及核心价值观的具体实践角度。我们现在的法律制度和规范其实已经总体体现了社会主义核心价值观的最主要要求。改革开放 30 多年的法治建设，一直朝着这个大方向前进。所以用法律推动社会主义核心价值观建设，一个重要的含义就是严格依法办事，真正做到科学立法、严格执法、公正司法、全民守法。因为法当中已经把我们核心价值观的要求体现了。[①]

四、社会主义核心价值观贯穿于法治建设的始终

法治建设的核心在于法治文化的养成，只有在强大的法治文化基础之上才能建成雄伟的法治大厦。融合了社会主义核心价值观的法治文化在宏观上将为法治建设事业注入一支“强心剂”，推动我国的法治事业蒸蒸日上。“富强、民主、文明、和谐”的价值观更加坚定了法治建设的宏伟目标和共同理想；“自由、平等、公正、法治”的价值观让法治建设更加符合“法治”本身的要求和规律；“爱国、敬业、诚信、友善”的价值观让法治建设充分体现社会主义道德的基本要求，法治和德治相互促进，相得益彰。同时，融合了社会主义核心价值观的法治文化在微观层面将始终贯穿在法治建设的各个环节，社会主义核心价值观具体指导法治建设的各个方面，法治建设的每一个领域具体展现社会主义核心价值观的要求，这样既实现了核心价值观建设从理论落实到实践，又确保了法治建设在正确轨道上不断前行。在立法层面，推动社会主义核心价值观入法入规，实现社会主义道德的法律化；执法领域，要消除特权，惩恶扬善，用法律的威严树立美德义行；司法方面，要坚守公正，保证廉洁，让“人民的名义”不被滥用，让群众的权益真正得到实现；守法环节，要用制度的力量让社会主义核心价值观在人们的内心生根发芽，让法治精神和法治信仰成为人们坚不可摧的执着追求，只有这样才是真正的法治，才是法治建设的终极目标。正如《慎子》有云：“法者，非从天下，非从地出，发乎人间，合乎人心而已。”

---

① 范传贵、李林：“法律如何推动社会主义核心价值观建设”，载《法制日报》2014 年 3 月 11 日。

第七章

社会主义核心价值观融入法治中国建设的必要性和可行性

当代中国社会主义核心价值观是实现中国梦的价值引领。当代中国社会主义核心价值观研究与探索，对于巩固马克思主义指导地位，提升国家文化软实力，引领社会思潮、凝聚社会共识与推进中国特色社会主义伟大事业，具有重大时代价值。①

一、社会主义核心价值观融入法治中国建设的必要性

面对世界范围思想文化交流交融交锋形势下价值观较量的新态势，面对改革开放和发展社会主义市场经济条件下思想意识多元多样多变的新特点，积极培育和践行社会主义核心价值观，把社会主义核心价值观融入法治建设，是坚持依法治国和以德治国相结合的必然要求，是加强社会主义核心价值观建设的重要途径。对于巩固马克思主义在意识形态领域的指导地位、巩固全党全国人民团结奋斗的共同思想基础，对于促进人的全面发展、引领社会全面进步，对于集聚全面建成小康社会、实现中华民族伟大复兴中国梦的强大正能量，具有重要现实意义和深远历史意义。

（一）有利于完善核心价值观建设的相关制度保障

促进核心价值观由“软性要求”向“硬性规范”转变，有利于推动依法治国与以德治国相结合。习近平同志指出：“核心价值观，其实就是一种德，既是个人的德，也是一种大德，就是国家的德、社会的德。”以法治承载道德理念，有利于发挥法治的规范作用，为道德建设提供可靠的制度支撑。②

---

① 孙杰：“当代中国社会主义核心价值观研究”，中共中央党校2014年博士学位论文。

② 尚长风：“社会主义核心价值观融入法治建设的意义与路径”，载《安徽日报》2017年10月17日。

法律法规是推广社会主流价值的重要保证。要把社会主义核心价值观贯彻到依法治国、依法执政、依法行政实践中，落实到立法、执法、司法、普法和依法治理各个方面，用法律的权威来增强人们培育和践行社会主义核心价值观的自觉性。厉行法治，严格执法，公正司法，捍卫宪法和法律尊严，维护社会公平正义。加强法制宣传教育，培育社会主义法治文化，弘扬社会主义法治精神，增强全社会学法尊法守法用法意识。注重把社会主义核心价值观相关要求上升为具体法律规定，充分发挥法律的规范、引导、保障、促进作用，形成有利于培育和践行社会主义核心价值观的良好法治环境。

（二）有利于推进国家治理体系和治理能力现代化

2017 年 9 月 19 日，习近平同志在会见全国社会治安综合治理表彰大会代表时指出：要坚定不移走中国特色社会主义社会治理之路，善于把党的领导和我国社会主义制度优势转化为社会治理优势，从我国实际出发，遵循治理规律，把握时代特征，加强和创新社会治理，不断完善中国特色社会主义社会治理体系，推进国家治理体系和治理能力现代化，更好解决我国社会出现的各种问题，确保社会既充满活力又和谐有序。①

从推进国家治理体系和治理能力现代化要求看，培育和弘扬核心价值观，有效整合社会意识，是国家治理体系和治理能力的重要方面。全面深化改革，完善和发展中国特色社会主义制度，推进国家治理体系和治理能力现代化，必须解决好价值体系问题，加快构建充分反映中国特色、民族特性、时代特征的价值体系，在全社会大力培育和弘扬社会主义核心价值观，提高整合社会思想文化和价值观念的能力，掌握价值观念领域的主动权、主导权、话语权，引导人们坚定不移地走中国道路。更好地发挥法治的规范和保障作用，加快建设法治文明。

十九届四中全会强调，坚持和完善中国特色社会主义制度、推进国家治理体系和治理能力现代化，是全党的一项重大战略任务。各级党委和政府以及各级领导干部要切实强化制度意识，带头维护制度权威，做制度执行的表率，带动全党全社会自觉尊崇制度、严格执行制度、坚决维护制度。加强制度理论研究和宣传教育，引导全党全社会充分认识中国特色社会主义制度的本质特征和优越性，坚定制度自信。推动广大干部严格按照制度履行职责、行使权力、开展工作，提高推进“五位一体”总体布局和“四个全面”战略布局等各项工作能力和水平。②

---

① “习近平同志《论坚持党对一切工作的领导》主要篇目介绍”，载《河南日报》2019 年 10 月 28 日。

② 摘自《中国共产党第十九届中央委员会第四次全体会议公报》。

（三）有利于推动社会主义核心价值观内化于心、外化于行

从提升民族和人民的精神境界看，有利于在法治建设中树立鲜明的价值导向。现阶段，我国正处于社会转型期，存在着多元利益格局和多样化利益诉求，特别是法治领域多元社会思潮和西方宪政民主思潮对我国法治建设的渗透和挑战。坚持把社会主义核心价值观作为社会主义法治建设的灵魂，有利于我们在法治建设中树立鲜明的价值导向，保证法治建设的社会主义方向。[①] 核心价值观是精神支柱，是行动向导，对丰富人们的精神世界、建设民族精神家园，具有基础性、决定性作用。一个人、一个民族能不能把握好自己，很大程度上取决于核心价值观的引领。发展起来的当代中国，更加向往美好的精神生活，更加需要强大的价值支撑。要振奋起人们的精气神、增强全民族的精神纽带，必须积极培育和践行社会主义核心价值观，铸就自立于世界民族之林的中国精神。不断巩固全体人民团结奋斗的共同思想道德基础。

（四）有利于提高国家文化软实力

从适应国内国际大局深刻变化看，我国正处在大发展大变革大调整时期，在前所未有的改革、发展和开放进程中，各种价值观念和社会思潮纷繁复杂。国际敌对势力正在加紧对我国实施西化分化战略图谋，思想文化领域是它们长期渗透的重点领域。面对世界范围思想文化交流交融交锋形势下价值观较量的新态势，面对改革开放和发展社会主义市场经济条件下思想意识多元多样多变的新特点，迫切需要我们积极培育和践行社会主义核心价值观，扩大主流价值观念的影响力，提高国家文化软实力。

文化的影响作用表现在支撑经济发展和引领经济发展方向两个方面。任何一个国家、一个民族、一种经济模式都需要内在的文化支持，尤其是需要具有一定文化倾向的社会成员的认同和支持。文化的重大的影响还在于为经济的进一步发展规约方向和目标，文化之所以具有这一功能是由于经济制度的选择和经济政策的制定都必然受到文化背景的影响和相关经济主体文化素质的制约，在具体的物质生产、交换、分配、消费过程中也必然会体现不同文化的差异，文化的导向得以体现。[②]

社会主义核心价值观不仅体现了社会主义意识形态的本质，而且扎根于优秀的中华传统文化。推动社会诚信、见义勇为、孝亲敬老等方面的立法工作，

---

① 尚长风："社会主义核心价值观融入法治建设的意义与路径"，载《安徽日报》2017 年 10 月 17 日。

② 王明生主编：《社会主义核心价值观丛书——富强篇》，江苏人民出版社 2015 年版，第 41—42 页。

有利于解决道德领域中的突出问题，促进中华优良传统转化为法律规范。同时，我国优秀传统文化中蕴含着丰富的法治思想，如春秋战国时期法家“刑无等级”“法不阿贵”的执法思想、唐代“礼法合一、依礼制法”的“法治”思想、明末清初以黄宗羲为代表的思想家以“天下之法”取代“一家之法”的法治观等，对于我们把社会主义核心价值观融入立法、执法和司法各环节提供了有益启示。①

（五）有利于凝聚起实现中华民族伟大复兴的中国力量

中华民族作为世界上最具创新精神的伟大民族之一，在历史上曾经创造了令世界瞩目的先进生产力、辉煌的科技成果、灿烂的精神文化。② 汉文帝、汉景帝以黄老学派清静无为的思想为指导，倡导儒家的仁义、爱民之政，这使得西汉社会的生产力得到恢复、发展，西汉社会逐渐出现了历史上少有的繁荣、富裕的景象。文景之治是中国历史上经济文化发展水平很高的盛世之一。由于西汉农业和手工业的发展，西汉的商业也有大的繁荣，对外贸易非常发达，自中国西部的河西走廊，经新疆天山南北、塔里木盆地边缘通向中亚、西亚以及更远的欧洲等地的商路，已经建立并畅通，这就是历史上有名的丝绸之路。③唐朝是中国封建社会的鼎盛和完善时期，其政治、经济制度等对后世影响巨大。在重民思想的作用下，唐太宗治国方略的主要内容是宽刑政、薄税敛，并推出了一系列重民政策，以农为本、厉行节约，从而使长期战乱的社会得到很好的休养生息，国家、社会出现了富强、安定的局面。唐太宗当时的年号是“贞观”，因此，历史上称这一时期的盛世为贞观之治。④ 长安西市是1400多年前隋代的大兴城和唐代的长安城里最著名的国际贸易中心，它始建于隋，兴盛于唐，是当时世界上最大最繁荣的商业贸易中心，占地1600亩，建筑面积100多万平方米，有220多个行业，商贾云集，贸易兴隆，被誉为“金市”，是当时世界上最重要的国际性市场和时尚娱乐中心。繁华程度盛极一时，是丝绸之路起点，世界商品贸易的鼻祖。⑤ 两宋时期是中华民族前所未有的发展、创新和文化繁荣的黄金时期。⑥ 这一时期，中华民族在农业文明、城市文明诸多方面

---

① 尚长风：“社会主义核心价值观融入法治建设的意义与路径”，载《安徽日报》2017年10月17日。

② 倪霞等编著：《社会主义核心价值观——富强》，中国人民大学出版社2015年版，第16页。

③ 倪霞等编著：《社会主义核心价值观——富强》，中国人民大学出版社2015年版，第18—20页。

④ 倪霞等编著：《社会主义核心价值观——富强》，中国人民大学出版社2015年版，第21—22页。

⑤ 倪霞等编著：《社会主义核心价值观——富强》，中国人民大学出版社2015年版，第23页。

⑥ 北宋的都城汴京经济发展极盛，城内外四河流贯，陆路交通也四通八达，当时的水陆交通中心，也是商业和贸易的中心，汴京当时的人口100多万。北宋著名画家张择端的《清明上河图》表现了当时汴京的繁华。

取得了巨大成就，城市商业和手工业得到迅猛发展，出现了以商人为代表的新富人阶层，民众生活幸福安逸富足，在生产、劳动之余开始享受生活，饮食文化、茶文化、建筑文化等发展突飞猛进，中国是当时世界上最大、生产力最先进和最发达的国家之一。① 康乾盛世在政治、经济、文化等诸多方面将中国传统社会推向了一个新的高峰，创造了中国历史上的奇迹。这一时期，国家统一最终完成，社会经济高度繁荣，学术文化集大成趋势已成，这都是康乾盛世最显著的历史特征。国家统一问题在中国历史上是至高无上的基本原则，康乾时期，统一问题尤其是边疆少数民族地方政权和中原地区中央政府的关系问题得到了有效解决，堪称盛世典范。②

中国的富强是对世界的贡献。从经济发展水平来看，古代中国的经济总量曾经占到世界经济总量的一半以上，直到18世纪末期，中国的经济规模仍然是世界上最大的。由于经济发达，10世纪末，中国民间已经出现了最早的纸币——交子，使中国成为世界上最早使用纸币的国家。元朝统一后，颁布了《至元宝钞通行条画》十四款，是世界上最早的较为完备的币制条例。16—18世纪的中国是世界上最大的商品出口国，那时英国销往中国的商品总值，尚不足以抵消中国卖给英国的茶叶一项，全世界50万以上人口的10个大城市里中国就有6个。从科技成就来看，古代中国有很多重大科技发明，使中国的农耕、纺织、冶金、手工制造技术长期处于世界先进水平，同时也对周边国家的生产生活产生了重要影响。英国科学史学家李约瑟在《中国科学技术史》的序言中指出，“在近代以前的所有文明中，没有一个国家的文明比中国文明更发达、更先进”。③

改革开放以来的40多年可能只是历史长河中的一个短暂瞬间，但它给中国带来的经济发展、人民生活水平的提高以及整个社会面貌的改变，对于整个中国而言则包含了太多的内容和意义。改革开放的伟大成就，为我们实现国家富强奠定了坚实基础。可以毫不夸张地说，只有改革开放，才能发展中国，发展社会主义，发展马克思主义。党的十八大报告明确指出，到2020年国内生产总值和城乡居民人均收入将在2010年的基础上翻一番，在中国共产党建党100年时全面建成小康社会，在中华人民共和国成立100年时建成富强民主文明和谐的社会主义现代化国家。现在，中华民族比近代以来历史上任何时期都更接近伟大复兴的目标，比近代以来历史上任何时期都更有信心有能力实现“两个一

① 倪霞等编著：《社会主义核心价值观——富强》，中国人民大学出版社2015年版，第25页。
② 倪霞等编著：《社会主义核心价值观——富强》，中国人民大学出版社2015年版，第29页。
③ 倪霞等编著：《社会主义核心价值观——富强》，中国人民大学出版社2015年版，第29—30页。

百年”这一重大战略目标。①

实现“两个一百年”的战略目标是一项伟大的事业，伟大的事业要靠强大的力量来保障，否则，那就只能是镜中月、水中花。中国力量就是以中国共产党为核心，社会主义制度为基石，人民群众为源泉，改革开放为支撑，人民军队为柱石，全国人民心往一处想、劲往一处使，汇集起来的巨大能量。这种中国力量，是国家生存发展的基础，是中华民族屹立于世界之林的根本。回顾中华民族的五千年历史，我们发现，每当我们内耗严重、一盘散沙时，就没有力量，只能任人宰割，遭受奴役。一旦我们的民众组织起来、团结起来，就能在争取自身利益的斗争中取得胜利。②

从实现民族复兴中国梦的宏伟目标看，核心价值观是一个国家的重要稳定器，构建具有强大凝聚力感召力的核心价值观，关系社会和谐稳定，关系国家长治久安。实现“两个一百年”的奋斗目标，实现中华民族伟大复兴的中国梦，必须有广泛的价值共识和共同的价值追求。这就要求我们持续加强社会主义核心价值体系和核心价值观建设，巩固全党全国各族人民团结奋斗的共同思想基础，凝聚起实现中华民族伟大复兴的中国力量。

二、社会主义核心价值观融入法治中国建设的可行性

任何一个国家、社会，想要秩序、想要和谐、想要发展，就必须建构相应的国家共同价值观。马克思说，从观念上来考察，一定意识形态的解体足以使整个时代覆灭。核心价值观是意识形态中的重中之重。法国哲学家阿尔都塞说，任何一个国家如果不在掌握政权的同时，在意识形态国家机器这套机器中行使领导权的话，它的政权就不会持久。总之，问题是时代的口号，无论是从时代任务的角度，还是从现实需要来看，我们都必须建构中国特色的社会主义核心价值观。③

（一）社会主义核心价值观及其价值体系已经基本形成并日益成熟

社会主义核心价值体系是社会主义意识形态的本质体现，它是我们党领导人民90多年革命、建设和改革开放经验的总结，反映了人民群众的根本利益、

---

① 倪霞等编著：《社会主义核心价值观——富强》，中国人民大学出版社2015年版，第63页。

② 倪霞等编著：《社会主义核心价值观——富强》，中国人民大学出版社2015年版，第82页。

③ 贺亚兰主编：《社会主义核心价值观若干重大理论与现实问题》，人民出版社2016年版，第147页。

迫切愿望和殷切要求，是为长期实践所证明的科学理论。① 胡锦涛同志在庆祝中国共产党成立 90 周年大会上的讲话中指出：一是要发展社会主义先进文化，必须把社会主义核心价值体系建设融入国民教育、精神文明建设和党的建设全过程。二是要坚持用马克思主义中国化最新成果武装全党、教育人民，引导广大干部群众深刻领会党的理论创新成果，坚定理想信念。三是要在全体人民中大力弘扬以爱国主义为核心的民族精神和以改革创新为核心的时代精神，增强民族自尊心、自信心、自豪感，激励全党全国各族人民为实现中华民族伟大复兴而团结奋斗。四是要坚持用社会主义荣辱观引领社会风尚，深入推进社会公德、职业道德、家庭美德、个人品德建设，加强对青少年的德育培养，在全社会形成积极向上的精神追求和健康文明的生活方式。胡锦涛同志的讲话深刻地指出了社会主义核心价值观及其价值体系所包含的内容和组成架构。社会主义核心价值体系的四个组成部分是相互联系、相互依存的，共同统一于中国特色社会主义。无论是从历史上的生成发展过程看，还是从对现实中国的指导功能来看，社会主义核心价值体系四方面内容都是缺一不可的，任何一方面的缺失，都会有损这个体系的完整性和科学性，削弱这个体系的战斗力，影响中国特色社会主义事业的发展。②

近代中国人民围绕救亡图存和强国富民两大目标，经过长期激烈的斗争和反复较量，在中国共产党的领导下，最终选择了马克思主义作为理论指南。正是在马克思主义科学理论的指导下，我们党领导中国人民经过新民主主义革命和社会主义革命走上了社会主义道路，继而通过改革开放进一步把这条道路发展为中国特色社会主义道路，使全国人民过上了基本小康生活，正在全面建设小康社会和基本实现现代化。我们党在领导人民进行革命、建设和改革过程中，深刻揭示了爱国主义、改革创新的重要性，并使之上升到民族精神和时代精神的高度。40 多年改革开放的实践证明，这个民族精神和时代精神与马克思主义、社会主义具有内在的统一性，是马克思主义和社会主义在当代中国发展的重要体现，是建设中国特色社会主义的重要价值内涵，是当代中国人民开拓进取、创造业绩的力量源泉。③

中华人民共和国成立以来，我们党一直努力实现马克思主义道德理论中国

---

① 李泽泉：《培育和践行社会主义核心价值观理论与实践探索》，人民出版社 2018 年版，第 253 页。

② 李泽泉：《培育和践行社会主义核心价值观理论与实践探索》，人民出版社 2018 年版，第 258—259 页。

③ 李泽泉：《培育和践行社会主义核心价值观理论与实践探索》，人民出版社 2018 年版，第 259 页。

化，先后提出并确立了“五爱”公德规范、“20 字”基本道德规范。2006 年以来，以胡锦涛为总书记的党中央提出的以“八荣八耻”为主要内容的社会主义荣辱观，进一步推进了马克思主义道德理论的中国化，为全体社会成员判断行为得失、作出道德选择提供了价值标准，体现了马克思主义理论和中国特色社会主义共同理想对人们道德选择的基本要求。社会主义核心价值体系的四个组成部分分别从理论、理想、精神和道德方面反映了当代中国意识形态的基本结构，把党的主张、国家意志和人民意愿统一起来，把政治与伦理、现实与未来结合起来，共同构成了一个结构完备、逻辑缜密的科学体系。①

社会主义核心价值体系的四个组成部分都有各自的特点，反映了理论、理想、精神和道德四个不同意识形态层次的要求，分别从不同视域对中国特色社会主义的政治上层建筑和经济基础发挥着价值观的能动作用。党的十七届六中全会提出，社会主义核心价值体系是兴国之魂，是社会主义先进文化的精髓，决定着中国特色社会主义发展方向。坚持中国特色社会主义文化发展道路，深化文化体制改革，推动社会主义文化大发展大繁荣，必须以建设社会主义核心价值体系为根本。社会主义核心价值体系作为科学价值观，决定着人的思想道德素质，对人的自由全面发展有着重大的影响作用。②

党的十九大报告指出：坚持社会主义核心价值体系。文化自信是一个国家、一个民族发展中更基本、更深沉、更持久的力量。必须坚持马克思主义，牢固树立共产主义远大理想和中国特色社会主义共同理想，培育和践行社会主义核心价值观，不断增强意识形态领域主导权和话语权，推动中华优秀传统文化创造性转化、创新性发展，继承革命文化，发展社会主义先进文化，不忘本来、吸收外来、面向未来，更好构筑中国精神、中国价值、中国力量，为人民提供精神指引。③

全会提出，坚持和完善繁荣发展社会主义先进文化的制度，巩固全体人民团结奋斗的共同思想基础。发展社会主义先进文化、广泛凝聚人民精神力量，是国家治理体系和治理能力现代化的深厚支撑。必须坚定文化自信，牢牢把握社会主义先进文化前进方向，激发全民族文化创造活力，更好构筑中国精神、中国价值、中国力量。要坚持马克思主义在意识形态领域指导地位的根本制度，

---

① 李泽泉：《培育和践行社会主义核心价值观理论与实践探索》，人民出版社 2018 年版，第 259—260 页。

② 李泽泉：《培育和践行社会主义核心价值观理论与实践探索》，人民出版社 2018 年版，第 260—265 页。

③ 习近平：《决胜全面建成小康社会夺取新时代中国特色社会主义伟大胜利——在中国共产党第十九次全国代表大会上的报告》，2017 - 10 - 18。

坚持以社会主义核心价值观引领文化建设制度，健全人民文化权益保障制度，完善坚持正确导向的舆论引导工作机制，建立健全把社会效益放在首位、社会效益和经济效益相统一的文化创作生产体制机制。[①]

（二）社会主义法治体系初步形成并逐步完善

“法治”是法律发展史上的一个经典概念。亚里士多德认为：“法治应包含两重含义：已成立的法律获得普遍的服从，而大家所服从的法律又应该本身是制定的良好的法律。”[②] 亚里士多德对于法治的界定有两个显著的特点：一是强调作为法治基础的法律必须是良法。“法律的实际意义应该是促进全邦人民都能进于正义和善德。”[③] 这就是说，唯有制定良法，才能在国家治理的过程中真正实现法治的目的。二是强调法律的遵守，认为即使有良好的法律，但假如得不到民众的服从，那么法治的要求仍旧无法转化为社会现实。[④] 在中国法律思想发展史上，最早提出“以法治国”概念的，是成书于先秦时期的《管子》一书。[⑤] 其有关“威不两措，政不两门，以法治国，则举措而已”的言论，是最早将法律和国家治理关联在一起的表述。然而在先秦时期对法治论述最为丰富的，无疑当推法家的代表人物韩非。韩非在总结商鞅等人思想的基础上，将法、术、势融合一起，提出了自己的法治思想。[⑥] 在中国社会进入封建时代以后，虽然君主帝王的专制占据了国家政治生活的主流，但从治理国家的现实需要出发，法律的作用仍获得统治者尤其是开明君主的重视。“贞观之治”的盛世景象，在一定程度上和唐太宗李世民重视法治有紧密关系。而明太祖朱元璋也将法律看作是治理国家的头等大事。在他看来，礼法是国家的纲纪，“经纲法度，为治之本”，为此就要重视法律的制定，“立法立，则人志定，上下安”[⑦]。清朝顺治皇帝对朱元璋重视法律的态度颇为赞赏，称“明太祖立法可垂永久，历代之君皆不及也”[⑧]。他效仿明朝法律，在顺治三年即颁布了清王朝的第一部律例

① 摘自《中国共产党第十九届中央委员会第四次全体会议公报》。

② 亚里士多德：《政治学》，吴寿彭译，商务印书馆 1965 年版，第 199 页。

③ 亚里士多德：《政治学》，吴寿彭译，商务印书馆 1965 年版，第 138 页。

④ 刘旺洪主编：《社会主义核心价值观研究丛书——民主篇》，江苏人民出版社 2015 年版，第 197—198 页。

⑤ 孙国华主编：《社会主义法治论》，法律出版社 2002 年版，第 3 页。

⑥ 刘旺洪主编：《社会主义核心价值观研究丛书——民主篇》，江苏人民出版社 2015 年版，第 201 页。

⑦ 《明太祖实录》第 21 卷。

⑧ 《清史稿·世祖本纪》。

即《大清律集解附例》，为清王朝最初统治的稳固奠定了基础。[①]

社会主义法治是对历史上有关法治思想和理论的延续和发展。它是中国共产党在综合马克思主义经典作家的法律理论的基础上，结合我国国情，依据社会主义的本质，从党领导人民执政治国的历史使命的角度，对法治思想的发展和创新。社会主义与法治的结合是其理论核心。[②] 社会主义法治概念的形成有着自身的发展历程。有关社会主义法治的历史渊源，最早可追溯至马克思、恩格斯等革命导师的思想中。马克思和恩格斯在他们的著作中曾明确提出，所有通过革命取得政权的政党或阶级，究其本性说，都要求由革命创造的新的法律基础得到绝对承认，并被奉为神圣的东西。[③] 在苏维埃打退敌人军事进攻，国家政权得以巩固之时，列宁更是鲜明地提出："我们的政权愈趋向巩固，民事流转愈发展，就愈加需要提出加强革命法制这个坚定不移的口号。"这一主张无疑集中体现了革命导师对于国家治理的法治要求，成为社会主义法治概念发展的历史源头，为我国社会主义法治概念提供了重要的理论资源。[④]

在中国革命和建设的过程中，历代领导人在不同程度上提出的法治观点，正是中国共产党人探寻社会主义法治真义的集中表现。早在革命根据地时期，毛泽东同志就提出了许多重要的司法原则。[⑤] 在《中华苏维埃共和国宪法大纲》中，他就提出了"法律面前人人平等"的原则。在宪法制定过程中，他更是指出宪法是劳动人民自己制定的。全国公民每一个人都实行，特别是国家机关工作人员更要带头实施。[⑥] 邓小平同志在总结历史经验，尤其是"文革"经验教训的基础上，深刻地认识到法治的重要性。他针对当时法律体系粗疏的缺陷，提出现在的问题是法律很不完备，很多法律还没有制定出来。应该集中力量制定刑法、民法、诉讼法和其他各种必要的法律，做到有法可依、有法必依、执法必严、违法必究。[⑦] 邓小平同志关于法律必要性以及社会主义法制原则的论述，集中代表和反映了人民的愿望，体现了时代的要求，中华人民共和国成立以来的治国方略由此开始了转变。江泽民同志在邓小平理论的基础上，进一步

---

① 刘旺洪主编：《社会主义核心价值观研究丛书——民主篇》，江苏人民出版社 2015 年版，第 201—202 页。

② 孙国华主编：《社会主义法治论》，法律出版社 2002 年版，第 149 页。

③ 《马克思恩格斯全集（第 36 卷）》，人民出版社 1975 年版，第 238 页。

④ 刘旺洪主编：《社会主义核心价值观研究丛书——民主篇》，江苏人民出版社 2015 年版，第 202—203 页。

⑤ 刘旺洪主编：《社会主义核心价值观研究丛书——民主篇》，江苏人民出版社 2015 年版，第 203 页。

⑥ 《毛泽东选集（第五卷）》，人民出版社 1977 年版，第 129 页。

⑦ 《邓小平文选（第二卷）》，人民出版社 1994 年版，第 147 页。

发展了社会主义法治的理论。1997 年，在党的十五大报告提出“依法治国”的方略以后，又经过宪法修改，“依法治国，建设社会主义法治国家”被郑重写入了宪法。这是社会主义法治发展历史上标志性的事件，社会主义法治由此成为一个具有法律意义的概念。

回顾社会主义法治概念形成与发展的历史可以看出，“新民主主义法制是中国特色社会主义法治道路的前奏，从中华人民共和国成立初期到党的十一届三中全会 30 年间社会主义法制建设的初步经验和深刻教训为中国特色社会主义法治道路的形成奠定了根本政治前提和法制基础。”① 以宪法对社会主义法治这一治国方略的确定为基础，我国法治政府建设的不断推进，中国特色社会主义法律体系的初步建成，法治国家、法治政府、法治社会一体推进，无不是社会主义法治阔步前行的表现，社会主义法治在新的时代背景下焕发出无限生机与活力。② 在今天，“社会主义法治”已经成为中国特色社会主义的组成部分和主要标志。它与社会主义民主政治、社会主义先进文化等共同构成了中国特色社会主义核心价值观的基本元素。作为法治在社会主义社会的发展与创新，社会主义法治真正实现了法治与社会主义的有机结合。③

改革开放以来，中国坚定不移走中国特色社会主义法治道路，不断建设和完善中国特色社会主义法治体系，人民群众切实感受到依法治国在体现人民利益，反映人民愿望、维护人民权益、增进人民福祉中所发挥的重要作用。因此，公众对于全面推进依法治国、建设更加公平正义的社会主义现代化国家充满期待。④ 依法治国是社会主义法治的核心内容。所谓依法治国，就是广大人民群众在党的领导下，依照宪法和法律规定，通过各种途径和形式管理国家事务，管理经济文化事业，管理社会事务，保证国家各项工作都依法进行，逐步实现社会主义民主的制度化、法律化。执法为民是社会主义法治的本质要求。社会主义社会是人民当家做主的社会，社会主义法治自然应以人民的利益为最终依归。公平正义是社会主义法治的价值目标。公平和正义，向来是人类社会的崇高追求。社会主义法治不仅要实现形式的公平和正义，更要追求实质的公平和正义。坚持法律面前人人平等、程序正当、及时高效等法治原则，是实现公平

---

① 张文显：“论中国特色社会主义法治道路”，载《中国法学》2009 年第 6 期。

② 刘旺洪主编：《社会主义核心价值观研究丛书——民主篇》，江苏人民出版社 2015 年版，第 204 页。

③ 刘旺洪主编：《社会主义核心价值观研究丛书——民主篇》，江苏人民出版社 2015 年版，第 203—204 页。

④ 周素丽、司文君、王茂磊：“关于推进国家治理体系和治理能力现代化，公众有哪些新期待”，载《国家治理周刊》2019 年第 37 期。

正义的目标，保障社会主义法治前进方向的基本要求。服务大局是社会主义法治的重要使命。法律是国家统治阶级意志的体现。法律的产生离不开国家，而法律的运作也与国家职能的实现密切相关。党的领导是社会主义法治的根本保障。中国共产党是中国特色社会主义事业的领导核心。党的领导地位的确立，既根植于中国共产党自身的先进性之中，而且也为中国革命和建设的历史经验所证明。社会主义法治是中国特色社会主义的有机组成部分，中国社会主义法治的建设，同样也就无法离开党的领导，而党对法治的领导，也要求党必须自觉地在宪法和法律的范围内活动。①

1954 年 9 月 15 日至 28 日，第一届全国人民代表大会第一次会议在北京举行。这标志着人民代表大会制度作为中华人民共和国根本政治制度的成功实行。这是我们党带领人民长期奋斗的结果，在中国政治发展史乃至世界政治发展史上都具有划时代意义。这次会议通过的中华人民共和国历史上第一部宪法，坚持人民民主和社会主义两大原则，在《共同纲领》的基础上，以国家根本法形式，对人民民主专政的国家性质和人民代表大会制度的根本政治制度，对中国共产党领导的多党合作和政治协商制度、民族区域自治制度等国家基本政治制度作了更为完备的规定，为中国人民通过这些政治制度来保证国家沿着社会主义道路前进，奠定了根本政治前提和制度基础。②

在 2011 年全国"两会"上，吴邦国同志向世界庄严宣告，中国特色社会主义法律体系已经形成。根据 2011 年 10 月 27 日国务院新闻办公室发表的《中国特色社会主义法律体系白皮书》，中华人民共和国成立以来特别是改革开放 30 多年来，中国的立法工作取得了举世瞩目的成就。截至 2011 年 8 月底，中国已制定现行宪法和有效法律共 240 部、行政法规 706 部、地方性法规 8600 多部，涵盖社会关系各个方面的法律部门已经齐全，各个法律部门中基本的、主要的法律已经制定，相应的行政法规和地方性法规比较完备，法律体系内部总体做到科学和谐统一，中国特色社会主义法律体系已经形成。"中国特色社会主义法律体系，是以宪法为统帅，以法律为主干，以行政法规、地方性法规为重要组成部分，由宪法相关法、民法商法、行政法、经济法、社会法、刑法、诉讼与非诉讼程序法等多个法律部门组成的有机统一整体。"③

全面依法治国是国家治理的一场深刻革命。2014 年，十八届四中全会通过

① 刘旺洪主编：《社会主义核心价值观研究丛书——民主篇》，江苏人民出版社 2015 年版，第 204—206 页。

② 徐永军："新中国 70 年国家政权建设的光辉历程、伟大成就和经验启示"，载中国人大网。2019 - 09 - 17。

③ 国务院新闻办公室：《中国特色社会主义法律体系（白皮书）》。

《中共中央关于全面推进依法治国若干重大问题的决定》。这是党的历史上第一次专题研究法治建设的中央全会。全会对全面依法治国作出部署，法治建设特别是司法体制等改革以前所未有的力度展开。2017 年，十九大对深化依法治国实践作出新部署，明确提出加强宪法实施和监督、推进合宪性审查工作、维护宪法权威等要求。2018 年，十九届三中全会决定组建中央全面依法治国委员会，负责全面依法治国的顶层设计、总体布局、统筹协调、整体推进、督促落实。十三届全国人大一次会议通过宪法修正案，确立习近平新时代中国特色社会主义思想在国家政治和社会生活中的指导地位，把十九大确定的重大理论观点和重大方针政策纳入国家根本法。这一系列战略举措，使推进全面依法治国迈出坚实步伐。①

从宏观层面来看，全面依法治国是国家治理领域一场广泛而深刻的革命，也是坚持和发展中国特色社会主义的本质要求和重要保障，事关我们党执政兴国，事关人民幸福安康，事关党和国家长治久安。我们党深刻认识到，法治是治国理政不可或缺的重要手段。法治兴则国家兴，法治衰则国家乱。什么时候重视法治、法治昌明，什么时候就国泰民安；什么时候忽视法治、法治松弛，什么时候就国乱民怨。②

党的十八届四中全会提出全面推进依法治国的总目标是建设中国特色社会主义法治体系，建设社会主义法治国家，要坚持依法治国、依法执政、依法行政共同推进，坚持法治国家、法治政府、法治社会一体建设，实现科学立法、严格执法、公正司法、全民守法，促进国家治理体系和治理能力现代化。从微观层面来看，公平正义是党和社会公众共同追求的崇高价值。如果无法做到“一碗水端平”，就会影响社会的和谐稳定。因此，对于未来的国家治理，公众期待“社会公平正义”这一法治价值追求能够贯穿到立法、执法、司法、守法的全过程和各个方面，并希望能够在每一项法律制度、每一个执法决定和每一宗司法案件中都感受到公平正义的实现。③

党的十九大报告指出：全面依法治国是中国特色社会主义的本质要求和重要保障。必须把党的领导贯彻落实到依法治国全过程和各方面，坚定不移走中国特色社会主义法治道路，完善以宪法为核心的中国特色社会主义法律体系，

---

① 徐永军：“新中国 70 年国家政权建设的光辉历程、伟大成就和经验启示”，中国人大网。2019 - 09 - 17。

② 周素丽、司文君、王茂磊：“关于推进国家治理体系和治理能力现代化，公众有哪些新期待”，载《国家治理周刊》2019 年第 37 期。

③ 周素丽、司文君、王茂磊：“关于推进国家治理体系和治理能力现代化，公众有哪些新期待”，载《国家治理周刊》2019 年第 37 期。

建设中国特色社会主义法治体系，建设社会主义法治国家，发展中国特色社会主义法治理论，坚持依法治国、依法执政、依法行政共同推进，坚持法治国家、法治政府、法治社会一体建设，坚持依法治国和以德治国相结合，依法治国和依规治党有机统一，深化司法体制改革，提高全民族法治素养和道德素质。①

党的十九届四中全会提出，坚持和完善中国特色社会主义法治体系，提高党依法治国、依法执政能力。建设中国特色社会主义法治体系、建设社会主义法治国家是坚持和发展中国特色社会主义的内在要求。必须坚定不移走中国特色社会主义法治道路，全面推进依法治国，坚持依法治国、依法执政、依法行政共同推进，坚持法治国家、法治政府、法治社会一体建设。要健全保证宪法全面实施的体制机制，完善立法体制机制，健全社会公平正义法治保障制度，加强对法律实施的监督。②

（三）我国国家制度和国家治理体系具有多方面的显著优势

2016 年 12 月 26 日、27 日，习近平同志在中共十八届中央政治局民主生活会上的讲话指出：治理好我们这个大党、治理好我们这个大国，保证党的团结和集中统一至关重要，维护党中央权威至关重要。中央政治局的同志要牢固树立政治意识、大局意识、核心意识、看齐意识，坚持以党的旗帜为旗帜、以党的方向为方向、以党的意志为意志，当政治上的明白人。“四个意识”不是空洞的口号，不能只停留在口头表态上，要切实落实到行动上。③

2017 年 10 月 18 日，习近平同志在中国共产党第十九次全国代表大会上的报告《决胜全面建成小康社会　夺取新时代中国特色社会主义伟大胜利》中明确提出新时代党的建设总要求是：坚持和加强党的全面领导，坚持党要管党、全面从严治党，以加强党的长期执政能力建设、先进性和纯洁性建设为主线，以党的政治建设为统领，以坚定理想信念宗旨为根基，以调动全党积极性、主动性、创造性为着力点，全面推进党的政治建设、思想建设、组织建设、作风建设、纪律建设，把制度建设贯穿其中，深入推进反腐败斗争，不断提高党的建设质量，把党建设成为始终走在时代前列、人民衷心拥护、勇于自我革命、经得起各种风浪考验、朝气蓬勃的马克思主义执政党。④

---

① 习近平：《决胜全面建成小康社会夺取新时代中国特色社会主义伟大胜利——在中国共产党第十九次全国代表大会上的报告》，2017－10－18。

② 摘自《中国共产党第十九届中央委员会第四次全体会议公报》。

③ “习近平同志《论坚持党对一切工作的领导》主要篇目介绍”，载《河南日报》2019 年 10 月 28 日。

④ “习近平同志《论坚持党对一切工作的领导》主要篇目介绍”，载《河南日报》2019 年 10 月 28 日。

2018年2月28日，习近平同志在中共十九届三中全会第二次全体会议上指出：坚持和加强党的全面领导，既是深化党和国家机构改革的内在要求，也是深化党和国家机构改革的重要任务，是贯穿改革全过程的政治主题。党和国家大政方针的决定权在党中央，必须以实际行动维护党中央一锤定音、定于一尊的权威。这次深化党和国家机构改革，着力点就是要对加强党对一切工作的领导作出制度设计和安排。处理好党政关系，首先要坚持党的领导，在这个大前提下才是各有分工，而且无论怎么分工，出发点和落脚点都是坚持和完善党的领导。①

2019年7月9日由党中央召开中央和国家机关党的建设工作会议，在党的历史上是第一次。习近平同志在会上指出：带头做到"两个维护"，是加强中央和国家机关党的建设的首要任务。"两个维护"要体现在坚决贯彻党中央决策部署的行动上，体现在履职尽责、做好本职工作的实效上，体现在党员、干部的日常言行上。带头做到"两个维护"，从根本上讲就是要做到对党忠诚，既要体现高度的理性认同、情感认同，又要有坚决的维护定力和能力。中央和国家机关要在深入学习贯彻新时代中国特色社会主义思想上作表率，在始终同党中央保持高度一致上作表率，在坚决贯彻落实党中央各项决策部署上作表率。②

习近平同志在党的十九大报告中强调："中国特色社会主义是改革开放以来党的全部理论和实践的主题，是党和人民历尽千辛万苦、付出巨大代价取得的根本成就。"习近平同志在省部级主要领导干部"学习习近平总书记重要讲话精神，迎接党的十九大"专题研讨班上也指出："中国特色社会主义是改革开放以来党的全部理论和实践的主题，全党必须高举中国特色社会主义伟大旗帜，牢固树立中国特色社会主义道路自信、理论自信、制度自信、文化自信，确保党和国家事业始终沿着正确方向胜利前进。"历史和现实一再表明，只有社会主义才能救中国，只有中国特色社会主义才能发展中国。坚持和发展中国特色社会主义，是实现中华民族伟大复兴的必由之路。在新的长征路上，我们必须深刻认识坚持和发展中国特色社会主义对于党和国家事业发展的极端重要性，准确把握中国特色社会主义自信的核心要义、深刻内涵和现实基础，始终高举伟大旗帜、坚定"四个自信"，不断夺取中国特色社会主义新胜利。③

---

① "习近平同志《论坚持党对一切工作的领导》主要篇目介绍"，载《河南日报》2019年10月28日。

② "习近平同志《论坚持党对一切工作的领导》主要篇目介绍"，载《河南日报》2019年10月28日。

③ 吴桂韩："高举伟大旗帜　坚定'四个自信'"，载《理论学习》2017年第11期。

坚定中国特色社会主义道路自信，就是要深刻认识中国特色主义道路是实现社会主义现代化的必由之路，是创造人民美好生活的必由之路；坚定中国特色社会主义理论自信，就是要深刻认识中国特色社会主义理论体系是指导党和人民沿着中国特色社会主义道路实现中华民族伟大复兴的正确理论；坚定中国特色社会主义制度自信，就是要深刻认识中国特色社会主义制度是当代中国发展进步的根本制度保障，集中体现了中国特色社会主义的特点和优势；坚定中国特色社会主义文化自信，就是要深刻认识在五千多年文明发展中孕育的中华优秀传统文化，在党和人民伟大斗争中孕育的革命文化和社会主义先进文化，积淀着中华民族最深层的精神追求，代表着中华民族独特的精神标识，是激励全党全国各族人民奋勇前进的强大精神力量。①

党的十九届四中全会提出，中国特色社会主义制度是党和人民在长期实践探索中形成的科学制度体系，我国国家治理一切工作和活动都依照中国特色社会主义制度展开，我国国家治理体系和治理能力是中国特色社会主义制度及其执行能力的集中体现。全会认为，中国共产党自成立以来，团结带领人民，坚持把马克思主义基本原理同中国具体实际相结合，赢得了中国革命胜利，并深刻总结国内外正反两方面经验，不断探索实践，不断改革创新，建立和完善社会主义制度，形成和发展党的领导和经济、政治、文化、社会、生态文明、军事、外事等各方面制度，加强和完善国家治理，取得历史性成就。② 实践证明，中国特色社会主义制度和国家治理体系是以马克思主义为指导、植根中国大地、具有深厚中华文化根基、深得人民拥护的制度和治理体系，是具有强大生命力和巨大优越性的制度和治理体系，是能够持续推动拥有近十四亿人口大国进步和发展、确保拥有五千多年文明史的中华民族实现“两个一百年”奋斗目标进而实现伟大复兴的制度和治理体系。我国国家制度和国家治理体系具有多方面的显著优势，主要是：坚持党的集中统一领导，坚持党的科学理论，保持政治稳定，确保国家始终沿着社会主义方向前进的显著优势；坚持人民当家做主，发展人民民主，密切联系群众，紧紧依靠人民推动国家发展的显著优势；坚持全面依法治国，建设社会主义法治国家，切实保障社会公平正义和人民权利的显著优势；坚持全国一盘棋，调动各方面积极性，集中力量办大事的显著优势；坚持各民族一律平等，铸牢中华民族共同体意识，实现共同团结奋斗、共同繁荣发展的显著优势；坚持公有制为主体、多种所有制经济共同发展和按劳分配为主体、多种分配方式并存，把社会主义制度和市场经济有机结合起来，不断

---

① 吴桂韩：“高举伟大旗帜　坚定‘四个自信’”，载《理论学习》2017年第11期。

② 摘自《中国共产党第十九届中央委员会第四次全体会议公报》。

解放和发展社会生产力的显著优势；坚持共同的理想信念、价值理念、道德观念，弘扬中华优秀传统文化、革命文化、社会主义先进文化，促进全体人民在思想上精神上紧紧团结在一起的显著优势；坚持以人民为中心的发展思想，不断保障和改善民生、增进人民福祉，走共同富裕道路的显著优势；坚持改革创新、与时俱进，善于自我完善、自我发展，使社会充满生机活力的显著优势；坚持德才兼备、选贤任能，聚天下英才而用之，培养造就更多更优秀人才的显著优势；坚持党指挥枪，确保人民军队绝对忠诚于党和人民，有力保障国家主权、安全、发展利益的显著优势；坚持“一国两制”，保持香港、澳门长期繁荣稳定，促进祖国和平统一的显著优势；坚持独立自主和对外开放相统一，积极参与全球治理，为构建人类命运共同体不断作出贡献的显著优势。这些显著优势，是我们坚定中国特色社会主义道路自信、理论自信、制度自信、文化自信的基本依据。①

社会主义的实践发展永无止境，对社会主义的认识永无止境，社会主义的理论创新永无止境。我们党必须要勇于实践、勇于变革、勇于创新，把握时代发展要求，顺应人民共同愿望，不懈探索和把握中国特色社会主义规律，永葆党的生机活力，永葆国家发展动力，在党和人民的创造性实践中奋力开拓中国特色社会主义更为广阔的发展前景。我们必须胸怀理想、坚定信念，不动摇、不懈怠、不折腾，顽强奋斗、艰苦奋斗、不懈奋斗。我们一定要在理性自觉的基础上，认清中国的基本国情和社会发展的规律，坚定经过理性思考和选择的道路自信、理论自信、制度自信、文化自信。在实践探索和理性自觉基础上的自信，就是我们成功的秘诀和法宝！②

① 摘自《中国共产党第十九届中央委员会第四次全体会议公报》。

② 韩震：《社会主义核心价值观新论——引领社会文明前行的精神指南》，中国人民大学出版社2014年版，第24页。

第八章

社会主义核心价值观融入法治中国建设路径安排

2016 年底，中共中央办公厅、国务院办公厅印发了《关于进一步把社会主义核心价值观融入法治建设的指导意见》（以下简称《意见》），要求在新形势下全面贯彻党的十八大和十八届三中、四中、五中、六中全会精神，深入贯彻习近平同志系列重要讲话精神，坚持依法治国和以德治国相结合，把社会主义核心价值观融入法治国家、法治政府、法治社会建设全过程，融入科学立法、严格执法、公正司法、全民守法各环节，强调以法治体现道德理念、发挥法律对道德建设的促进作用，推动社会主义核心价值观深入人心。① 从法治规律看，将社会主义核心价值观融入法治建设，既要把社会主义核心价值观体现在社会主义法治体系各个环节当中，推动构建完备的法律规范体系、高效的法律实施体系、严密的法治监督体系，又要以法治思维和法治方式推进和引领社会主义核心价值观建设。②

社会主义核心价值观融入法治体系不是孤立的，而是与立法、执法、司法、守法等环节紧密相连，其中科学立法是前提，严格执法是关键，公正司法是生命线，全民守法是基础。社会主义核心价值观融入国家法规，是指国家立法"要坚持以社会主义核心价值观为引领，恪守以民为本、立法为民理念，把社会主义核心价值观的要求体现到宪法法律、法规规章和公共政策之中，转化为具有刚性约束力的法律规定"。我国大约有 800 多部以上的法律、法规是由行政

① 冯玉军："把社会主义核心价值观融入法治建设的要义和途径"，载《当代世界与社会主义（双月刊）》，2017 年第 4 期。

② 冯玉军："把社会主义核心价值观融入法治建设的要义和途径"，载《当代世界与社会主义（双月刊）》2017 年第 4 期。

机关执行的，规范公正文明执法，强化行政执法机关严格依法履行职责观念、法律面前人人平等观念、尊重和保障人权观念，深入推进依法行政，加快建设法治政府，公众对执法行为和结果的感受，直接影响其对社会主义核心价值观的倾向。司法公正是法律公正的最后防线，也是社会主义核心价值观落地生根的重要屏障。坚持法治宣传教育与法治实践相结合，建设社会主义法治文化，推动全社会树立法治意识、增强法治观念，形成守法光荣、违法可耻的社会氛围，使全体人民都成为社会主义法治的忠实崇尚者和自觉践行者，是社会主义核心价值观融入法治建设的重要组成部分。①

一、融入国民教育全过程

培育和践行社会主义核心价值观要从小抓起。坚持育人为本、德育为先，围绕立德树人的根本任务，把社会主义核心价值观纳入国民教育总体规划，贯穿于基础教育、高等教育、职业技术教育、成人教育各领域，落实到教育教学和管理服务各环节，覆盖到所有学校和受教育者，形成课堂教学、社会实践、校园文化多位一体的育人平台，不断完善中华优秀传统文化教育，形成爱学习、爱劳动、爱祖国活动的有效形式和长效机制，努力培养德智体美全面发展的社会主义建设者和接班人。适应青少年身心特点和成长规律，深化未成年人思想道德建设和大学生思想政治教育，构建大中小学有效衔接的德育课程体系和教材体系，创新中小学德育课和高校思想政治理论课教育教学，推动社会主义核心价值观进教材、进课堂、进学生头脑。完善学校、家庭、社会三结合的教育网络，引导广大家庭和社会各方面主动配合学校教育，以良好的家庭氛围和社会风气巩固学校教育成果，形成家庭、社会与学校携手育人的强大合力。

人的成长是一个连续的生命过程，只有从启蒙开始就接受社会主义核心价值观的沐泽熏陶，青少年才能把理想信念的根基筑牢。社会主义核心价值观是社会的主导价值观，要求所有的社会成员都以这些价值观为基本的遵循。社会主义核心价值观不是对少数人的要求，而是对所有领域、所有人的价值规范。因此，我们还必须注重发挥社会实践对青少年价值观的养成作用，完善实践教育教学体系，开发实践课程和活动课程。②

拓展青少年培育和践行社会主义核心价值观的有效途径。注重发挥社会实

---

① 李泽泉：《培育和践行社会主义核心价值观理论与实践探索》，人民出版社 2018 年版，第 321—323 页。

② 韩震：《社会主义核心价值观新论——引领社会文明前行的精神指南》，中国人民大学出版社 2014 年版，第 80 页。

践的养成作用，完善实践教育教学体系，开发实践课程和活动课程，加强实践育人基地建设，打造大学生校外实践教育基地、高职实训基地、青少年社会实践活动基地，组织青少年参加力所能及的生产劳动和爱心公益活动、益德益智的科研发明和创新创造活动、形式多样的志愿服务和勤工俭学活动。注重发挥校园文化的熏陶作用，加强学校报刊、广播电视、网络建设，完善校园文化活动设施，重视校园人文环境培育和周边环境整治，建设体现社会主义特点、时代特征、学校特色的校园文化。

建设师德高尚、业务精湛的高素质教师队伍。实施师德师风建设工程，坚持师德为上，完善教师职业道德规范，健全教师任职资格准入制度，将师德表现作为教师考核、聘任和评价的首要内容，形成师德师风建设长效机制。着重抓好学校党政干部和共青团干部，思想品德课、思想政治理论课和哲学社会科学课教师，辅导员和班主任队伍建设。引导广大教师自觉增强教书育人的荣誉感和责任感，学为人师、行为世范，做学生健康成长的指导者和引路人。

二、落实到经济发展实践和社会治理中

确立经济发展目标和发展规划，出台经济社会政策和重大改革措施，开展各项生产经营活动，要遵循社会主义核心价值观要求，做到讲社会责任、讲社会效益，讲守法经营、讲公平竞争、讲诚信守约，形成有利于弘扬社会主义核心价值观的良好政策导向、利益机制和社会环境。与人们生产生活和现实利益密切相关的具体政策措施，要注重经济行为和价值导向有机统一，经济效益和社会效益有机统一，实现市场经济和道德建设良性互动。建立完善相应的政策评估和纠偏机制，防止出现具体政策措施与社会主义核心价值观相背离的现象。

法律法规是推广社会主流价值的重要保证。要把社会主义核心价值观贯彻到依法治国、依法执政、依法行政实践中，落实到立法、执法、司法、普法和依法治理各个方面，用法律的权威来增强人们培育和践行社会主义核心价值观的自觉性。厉行法治，严格执法，公正司法，捍卫宪法和法律尊严，维护社会公平正义。加强法制宣传教育，培育社会主义法治文化，弘扬社会主义法治精神，增强全社会学法尊法守法用法意识。注重把社会主义核心价值观相关要求上升为具体法律规定，充分发挥法律的规范、引导、保障、促进作用，形成有利于培育和践行社会主义核心价值观的良好法治环境。

要把践行社会主义核心价值观作为社会治理的重要内容，融入制度建设和治理工作中，形成科学有效的诉求表达机制、利益协调机制、矛盾调处机制、权益保障机制，最大限度增进社会和谐。创新社会治理，完善激励机制，褒奖善行义举，实现治理效能与道德提升相互促进，形成好人好报、恩将德报的正向效应。

完善市民公约、村规民约、学生守则、行业规范，强化规章制度实施力度，在日常治理中鲜明彰显社会主流价值，使正确行为得到鼓励、错误行为受到谴责。

三、弘扬宪法权威、加强宪法宣传是社会主义核心价值观入法的基本前提

党的十九届四中全会提出，健全保证宪法全面实施的体制机制。依法治国首先要坚持依宪治国，依法执政首先要坚持依宪执政。加强宪法实施和监督，落实宪法解释程序机制，推进合宪性审查工作，加强备案审查制度和能力建设，依法撤销和纠正违宪违法的规范性文件。坚持宪法法律至上，健全法律面前人人平等保障机制，维护国家法制统一、尊严、权威，一切违反宪法法律的行为都必须予以追究。①

坚持依法治国首先要坚持依宪治国，坚持依法执政首先要坚持依宪执政。宪法是党和人民意志的集中体现，是通过科学民主程序形成的根本法。全国各族人民、一切国家机关和武装力量、各政党和各社会团体、各企业事业组织，都必须以宪法为根本的活动准则，并且负有维护宪法尊严、保证宪法实施的职责。一切违反宪法的行为都必须予以追究和纠正。② 细加考察，社会主义核心价值观所提倡的大多数概念范畴、理念精神都已在宪法文本上体现出来，是落实宪法精神的题中应有之意。

2014 年 10 月，党的十八届四中全会通过了《中共中央关于全面推进依法治国若干重大问题的决定》（以下简称《决定》），“将每年十二月四日定为国家宪法日。在全社会普遍开展宪法教育，弘扬宪法精神。建立宪法宣誓制度，凡经人大及其常委会选举或者决定任命的国家工作人员正式就职时公开向宪法宣誓。”③

2015 年 7 月，全国人民代表大会常务委员会表决通过了《关于实行宪法宣誓制度的决定》，其中的 70 字宣誓誓词无不体现着社会主义核心价值观的根本精神。④ 因此，宣传核心价值观的基本前提就是宣传宪法、落实宪法，使当前社会主义核心价值观的宣传贯彻同国家宪法内容相一致。《决定》还提出：“完

---

① 摘自《中共中央关于坚持和完善中国特色社会主义制度、推进国家治理体系和治理能力现代化若干重大问题的决定》。

② 中共中央宣传部：《习近平总书记系列重要讲话读本》，学习出版社、人民出版社 2016 年版。

③ “中共中央关于全面推进依法治国若干重大问题的决定”，载《人民日报》2014 年 10 月 29 日。

④ 宣誓誓词为：“我宣誓：忠于中华人民共和国宪法，维护宪法权威，履行法定职责，忠于祖国、忠于人民，恪尽职守、廉洁奉公，接受人民监督，为建设富强、民主、文明、和谐的社会主义国家努力奋斗！”参见“全国人大常委会关于实行宪法宣誓制度的决定”，载《人民日报》2015 年 7 月 2 日。

善全国人大及其常委会宪法监督制度，健全宪法解释程序机制。加强备案审查制度和能力建设，把所有规范性文件纳入备案审查范围，依法撤销和纠正违宪违法的规范性文件，禁止地方制发带有立法性质的文件。”①

四、将社会主义核心价值观作为法律法规立改废释的指导思想是核心价值观入法的主要途径

把社会主义核心价值观融入立法程序具体有三个层次：第一，用社会主义核心价值观统摄中央和地方各项立法、统摄科学民主立法以及提高立法质量全过程，提高完善法律体系，并以此对照检查现行立法融入和体现核心价值观的实际状况；第二，采取逻辑推理的方式，将社会主义核心价值观的精神融入法律原则和具体法律规范条文当中；第三，加强社会主义价值观对行政执法、司法、守法、法律监督等法治环节的引领指导，通过法律解释、法律论证、法律推理等方法和途径彰显社会主义核心价值观。②

当前，中国社会治理的价值目标是倡导和追求国家的价值目标、社会的价值取向、公民的价值准则的高度融合和统一，引导人们自觉践行社会主义核心价值观。社会主义核心价值观不是抽象的社会共识，而是具体的规范指引，它来源于人民群众的生活观念、社会治理的经验提炼、国家治理的实践总结，与中华民族优秀传统文化一脉相承，也是中华民族智慧的结晶。自古以来，“情理入法”、“道德入律”一直都是我国立法的基本规律。常识常情常理就是最基本的法律。推动社会主义核心价值观入法入规，把社会主义核心价值观的要求体现到宪法法律、行政法规、部门规章和公共政策之中，转化为具有刚性约束力的法律规定，这既符合立法的科学要求，也是民意的集中体现。③

五、坚持依法执政、依法行政是社会主义核心价值观入法的关键环节

党在依法执政、政府在依法行政的过程中，要带头践行社会主义核心价值观，引领社会风气。党和政府要有效管理国家，首先要率先垂范，遵守法律法规，在法律框架内依据法律授权行事。对于一些行政机关或公务人员钓鱼执法、养鱼执法的现象，必须予以清醒认识、高度警惕，确立公正是法治生命线的法治思维。此外，需要明确的是，结果公正和程序公正缺一不可，在某些情况下，

① “中共中央关于全面推进依法治国若干重大问题的决定”，载《人民日报》2014年10月29日。

② 冯玉军：“把社会主义核心价值观融入法治建设的要义和途径”，载《当代世界与社会主义（双月刊）》2017年第4期。

③ 冯玉军：“把社会主义核心价值观融入法治建设的要义和途径”，载《当代世界与社会主义（双月刊）》2017年第4期。

程序是否公正决定着结果是否公正。结果不公正，必然会牺牲法治的意义；而程序不公正，则会损害法治的权威。要坚持公权力“法无授权不可为”、私权利“法无禁止即可为”的法治思维。当然，良法若得不到执行就是一张白纸。严格执法必须坚持平等、公正、和谐等“善治”原则。在执法中，平等意味着要消除特权，公正意味着要不偏不倚，和谐意味着要善于运用法律精神化解社会矛盾。严格执法，要求坚守法治底线、体现法律威严，同时要善于把握引导社会心态和群众情绪，综合运用法律、经济、行政等手段和教育、调解、疏导等方法，融法、理、情于一体，引导和支持人们合理合法地表达利益诉求，妥善化解各类社会矛盾，使社会治理的过程同时成为培育和践行社会主义核心价值观的过程。①

六、建设公正高效权威的司法制度是社会主义核心价值观入法的重要保障

公正是法治的生命线。司法公正对于社会公正具有重要引领作用，司法不公对社会公正具有致命破坏作用。必须完善司法管理体制和司法权力运行机制，规范司法行为，加强对司法活动的监督，努力让人民群众在每一个司法案件中感受到公平正义。②

司法专业化要求严格按规则治理，司法民主化则要求民众广泛参与。公正司法体现在司法民主化与司法专业化的结合中，对社会公正具有重要的引领作用。因此，让司法活动在阳光下运行，实现形式正义与实质正义的统一、法律效果和社会效果的统一，既是提升司法公信力的关键所在，也是国家倡导社会主义核心价值观的底气所在。惟有努力让人民群众在每一个司法案件中都感受到公平正义，才能真正推动社会主义核心价值观深入人心。公正司法既是工作理念，也是工作原则，必须遵循法、理、情的冲突—融合—平衡规律，而最终的平衡是建立在对社会主义核心价值观的认同基础上的，坚守法治底线，充分说情论理，促进法律秩序与自然秩序的和谐相融。③

七、建设社会主义核心价值观的文化传播阵地

用社会主义核心价值观引领社会思潮、凝聚社会共识。深入开展中国特色

---

① 冯玉军：“把社会主义核心价值观融入法治建设的要义和途径”，载《当代世界与社会主义（双月刊）》2017 年第 4 期。

② 冯玉军：“把社会主义核心价值观融入法治建设的要义和途径”，载《当代世界与社会主义（双月刊）》2017 年第 4 期。

③ 冯玉军：“把社会主义核心价值观融入法治建设的要义和途径”，载《当代世界与社会主义（双月刊）》2017 年第 4 期。

社会主义和中国梦宣传教育，不断增强人们的道路自信、理论自信、制度自信，坚定全社会全面深化改革的意志和决心。把社会主义核心价值观学习教育纳入各级党委（党组）中心组学习计划，纳入各级党委讲师团经常性宣讲内容。深入研究社会主义核心价值观的理论和实际问题，深刻解读社会主义核心价值观的丰富内涵和实践要求，为实践发展提供学理支撑。深入推进马克思主义理论研究和建设工程，发挥国家社科基金的导向带动作用，推出更多有分量有价值的研究成果。加强社会思潮动态分析，强化社会热点难点问题的正面引导，在尊重差异中扩大社会认同，在包容多样中形成思想共识。严格社团、讲座、论坛、研讨会、报告会的管理。

新闻媒体要发挥传播社会主流价值的主渠道作用。坚持团结稳定鼓劲、正面宣传为主，牢牢把握正确舆论导向，把社会主义核心价值观贯穿到日常形势宣传、成就宣传、主题宣传、典型宣传、热点引导和舆论监督中，弘扬主旋律，传播正能量，不断巩固壮大积极健康向上的主流思想舆论。党报党刊、通讯社、电台电视台要拿出重要版面时段、推出专栏专题，出版社要推出专项出版，运用新闻报道、言论评论、访谈节目、专题节目和各类出版物等形式传播社会主义核心价值观。都市类、行业类媒体要增强传播主流价值的社会责任，积极发挥自身优势，适应分众化特点，多联系群众身边事例，多运用大众化语言，在生动活泼的宣传报道中引导人们培育和践行社会主义核心价值观。强化传播媒介管理，不为错误观点提供传播渠道。新闻出版单位和从业人员要强化行业自律，切实增强传播社会主义核心价值观的责任意识和能力，将个人道德修养作为从业资格考评重要内容。

建设社会主义核心价值观的网上传播阵地。适应互联网快速发展形势，善于运用网络传播规律，把社会主义核心价值观体现到网络宣传、网络文化、网络服务中，用正面声音和先进文化占领网络阵地。做大做强重点新闻网站，发挥主要商业网站建设性作用，形成良好的网上舆论环境，集聚网上舆论引导合力。做好重大信息网上发布，回应网民关切，主动有效进行网上引导。推动中华优秀传统文化和当代文化精品网络化传播，创作适于新兴媒体传播、格调健康的网络文化作品。依法加强网络社会管理，加强对网络新技术新应用的管理，推进网络法制建设，规范网上信息传播秩序，整治网络淫秽色情和低俗信息，打击网络谣言和违法犯罪，使网络空间清朗起来。

发挥精神文化产品育人化人的重要功能。一切文化产品、文化服务和文化活动，都要弘扬社会主义核心价值观，传递积极人生追求、高尚思想境界和健康生活情趣。提升文化产品的思想品格和艺术品位，用思想性艺术性观赏性相统一的优秀作品，弘扬真善美，贬斥假恶丑。加强对新型文化业态、文化样式的引导，让不同类型文化产品都成为弘扬社会主流价值的生动载体。加大对优秀文化产品的推广力度，开展优秀文化产品展演展映展播活动、经典作品阅读观看活动。完善文化产品评价体系，坚持文艺评论评奖的正确价值取向。完善公共文化服务体系，提供均等优质的文化产品，开展多姿多彩的文化活动，丰富群众精神文化生活。

八、培养法学理论和法律实务人才是核心价值观入法的基础抓手

法学教育在加强法治队伍建设工作中发挥着基础性、先导性的作用。为了适应全面推进依法治国对法治人才培养提出的新要求，要做到以下三点：

第一，要转变法学教育理念。一是实现由粗放发展向追求质量提升的转变，二是实现由法学专业教育向法律职业教育的转变，从而形成完善的中国特色社会主义法学理论体系、学科体系、课程体系，推动中国特色社会主义法治理论进教材进课堂进头脑，培养造就熟悉和坚持中国特色社会主义法治体系的法治人才及后备力量。①

第二，要优化法学师资队伍。建设一支“有理想信念、有道德情操、有扎实知识、有仁爱之心”② 的高水平法学师资队伍是实现法治人才培养质量提升的重要保障。优化法学师资队伍，首先要坚定师资队伍的理想信念，让所有的法学专业的教师成为马克思主义法学思想和中国特色社会主义法治理论的坚定信仰者、积极传播者和模范践行者。其次要优化法学师资队伍的结构，培育高层次人才队伍和创新学术团队，推动法学理论研究的发展与法学人才培养机制的创新。习近平同志指出：“法治人才培养上不去，法治领域不能人才辈出，全面依法治国就不可能做好……法学专业教师要坚定理想信念，带头践行社会主义核心价值观，在做好理论研究和教学的同时，深入了解法律实际工作，促进理论和实践相结合，多用正能量鼓舞激励学生。”③

第三，要塑造青年学生的崇高道德追求。通过法学教育、法学研究和法律宣传，给青年学生提供丰富的法学理论和实践知识，使之学法、懂法、用法，成为法治建设的主力军。发挥核心价值观的价值导向功能，凝聚以青年学生为

---

① 冯玉军：“把社会主义核心价值观融入法治建设的要义和途径”，载《当代世界与社会主义（双月刊）》2017 年第 4 期。

② 习近平：“做党和人民满意的好老师——同北京师范大学师生代表座谈时的讲话”，载《人民日报》2014 年。

③ “习近平在中国政法大学考察时强调立德树人德法兼修抓好法治人才培养 励志勤学刻苦磨炼促进青年成长进步”，载《人民日报》2017 年 5 月 4 日。

先锋的整个社会法治化的共同意志和强大思想基础，扶正祛邪，激浊扬清。[①]

九、让守法成为全民真诚信仰是社会主义核心价值观入法的思想基础

社会主义核心价值观要真正发挥作用，必须融入实际、融入生活，让人们在实践中感知它、领悟它、接受它，才能达到潜移默化、润物无声的效果。法律的权威源自人民内心的拥护和忠实的信仰。法治既是一种理性的办事原则，体现为普通民众知法、懂法、用法、护法，更是一种文明的生活方式，体现为法治意识、法治观念、法治精神深入人心。[②] 可以说，融入的程度反映着宣传教育工作的力度和深度，决定着推动核心价值观融入法治工作的进展和成效。因此，我们首先要从思想上树立法律信仰，在全社会营造浓厚的法治氛围，将守法作为现代公民意识的重要组成部分进行塑造和培育，让守法成为全民的自觉意识和真诚信仰，使全体人民都成为社会主义法治的忠实崇尚者、社会主义核心价值观的自觉践行者。守法的前提是信法，而信法的关键是法律本身蕴含人民共同遵守的道德基础，执法充满人性关怀，司法维护公平正义，如此才能引导公民形成自觉守法、遇事找法、解决问题靠法的法治意识，才能使社会主义法治精神深入人心，才能使核心价值观成为“百姓日用而不觉”[③] 的行为准则。其次，人民的权益要靠法律保障，法律的权威要靠人民维护。习近平同志指出：“法律要发挥作用，需要全社会信仰法律。卢梭说，一切法律中最重要的法律，既不是刻在大理石上，也不是刻在铜表上，而是铭刻在公民的内心里。我国是个人情社会，人们的社会联系广泛，上下级、亲戚朋友、老战友、老同事、老同学关系比较融洽，逢事喜欢讲个熟门熟道，但如果人情介入了法律和权力领域，就会带来问题，甚至带来严重问题。”[④] 最后，要充分发挥社会主义核心价值观的价值导向功能和社会规范整合功能，在社会主义核心价值观的指导下，凝聚法治化的共同意志和强大思想基础，完善社会规范与制度规约体系，并在日常生活中彰显主流价值，增强法规制度执行力。[⑤]

---

① 冯玉军：“把社会主义核心价值观融入法治建设的要义和途径”，载《当代世界与社会主义（双月刊）》2017 年第 4 期。

② 冯玉军：“把社会主义核心价值观融入法治建设的要义和途径”，载《当代世界与社会主义（双月刊）》2017 年第 4 期。

③ “习近平在北京大学考察时强调 青年要自觉践行社会主义核心价值观与祖国和人民同行努力创造精彩人生”，载《人民日报》2014 年 5 月 5 日。

④ 《习近平关于全面依法治国论述摘编》，中央文献出版社 2015 年版，第 88—89 页。

⑤ 冯玉军：“把社会主义核心价值观融入法治建设的要义和途径”，载《当代世界与社会主义（双月刊）》2017 年第 4 期。

第九章

社会主义核心价值观融入法治中国建设的河南实践

党的十八大以来，以习近平同志为核心的党中央相继形成并统筹推进“五位一体”总体布局和“四个全面”战略布局，使培育和践行社会主义核心价值观和建设社会主义法治国家成为推进总体布局和战略布局的重要内涵，强调要将社会主义核心价值观融入法治国家、法治政府、法治社会建设全过程，融入科学立法、严格执法、公正司法、全民守法各环节，把社会主义核心价值观的要求体现到宪法法律、行政法规、部门规章和公共政策中，以法治体现理想精神和道德情操，强化法律对道德建设的促进作用，推动社会主义核心价值观更加深入人心。[①] 各级党委政府运用各种方式方法将社会主义核心价值观所倡导的24个字的精神和理念融入立法、执法、司法与法制宣传的全过程，取得了很好的社会效果和法律效果。

一、商水县典型做法

党的十八大以来，商水县委县政府高度重视社会主义核心价值观融入法治建设工作，坚持一手抓法治、一手抓德治，积极运用法治手段向社会传递正确的价值取向。他们在工作中注重运用法治理念和法治方法，并融入道德理念和人文关怀，为创造良好的法治营商环境夯实了基础。

商水县坚持法治和德治相结合，重视发挥道德教化和法治规范的双重作用。县委县政府高度重视，把培育和践行社会主义核心价值观提到全局高度加以规划；对规范性文件的审查融入社会主义核心价值观，保证了公共政策的“良

① 李泽泉：《培育和践行社会主义核心价值观理论与实践探索》，人民出版社2018年版，第313页。

法”品质；重视发挥德治在维护社会公正、推动社会诚信、嘉奖见义勇为、推动志愿服务、表彰孝老爱亲等方面的作用；坚持公正司法，守住社会公正的最后一道防线。

（一）把培育和践行社会主义核心价值观提到全局的高度加以规划

商水把培育和践行社会主义核心价值观纳入县“十三五”规划之中，作为县委、县政府的工作要点之一。在《商水县委宣传部县司法局县依法治县工作领导小组办公室关于在全县公民中开展法治宣传教育的第七个五年规划（2016－2020年）》中，在法治县、法治乡镇创建工作意见中，均充分体现了社会主义核心价值观的要求，要求把法制宣传与法治创建工作与文明县、文明村镇、文明行业创建工作相结合，把学法、守法、用法作为精神文明创建工作的重要指标。

（二）把社会主义核心价值观融入规范性文件审查监督

为保证公共政策具有“良法善治”的品质，商水强化规范性文件的审查监督工作。一是规范了规范性文件的制定程序和报备制度，严格落实“三统一”制度。二是做好规范性文件备案工作。三是积极开展规范性文件清理工作，对2009年1月1日以来县政府和县政府办公室制发的规范性文件，进行了全面清理，目前该项工作已圆满完成。在审查和清理规范性文件时，特别重视落实上位法蕴含的社会主义核心价值观要求，坚持形式合法与实质合法审查相结合，坚决清理不符合社会主义核心价值观的部分内容；以自由、平等、公正、法治、诚实信用为标准，对规范性文件中存在的问题予以纠正；当不同的规范性文件有价值冲突时，以确保社会主义核心价值观的实现为目标进行协调。

（三）重视德治对法治的补充促进作用

针对人民群众反映强烈的突出问题，商水在消除见危不救、贪污腐败、食品药品安全隐患、环境污染、医疗卫生乱象等领域依法开展重点治理工作。同时，商水县大力弘扬公民道德新风，把开展道德模范遴选、十佳百星评选、认星争优做美德少年评选、道德巡演等活动作为践行社会主义核心价值观的重要载体，全面推进“美丽商水人”文化建设。商水注重依法推动志愿者服务，传播社会正能量。该县依法设立和管理社会公益组织，先后建立了“阳城志愿者”等60个志愿者服务队，对千名志愿者进行了登记造册，统一了服装，统一佩戴标识，围绕扶贫济困、城市管理、环境整治等方面，组织开展了各类形式的志愿服务。通过一系列社会主义核心价值观融入工作，商水涌现出了勇斗盗贼，身负重伤，荣获2015年“中国好人”的出租车司机许立顺；面对20万巨款，毫不动心的“河南好人”黄东会等；在道德模范评选活动中，先后涌现出几十年如一日，照顾瘫痪丈夫和痴呆大儿子，还送小儿子去参军的“爱心妈妈”胡琴英；背着丈夫四处求医、以惊人的毅力和耐心照料丈夫，最终“激活”了植物人丈夫的“先进模范”杜五英等。

（四）注重司法公正引导社会公正

商水在司法工作中，全面贯彻社会主义核心价值观，重视情、理、法三者相统一，注重法律效果和社会效果的统一，坚守法律标准和道德底线，努力做到让人民群众在每一个司法案件中感受到公平正义。在依法构建社会诚信体系工作中，商水法院执行局加大对“老懒”的惩治力度。除了依法采取强制措施外，在城乡交通车辆、主要街道、商业步行街、大型商场、宾馆、饭店、阳城公园、学校、社区、公交站台等显著位置公布失信被执行人名单，对失信主体进行舆论惩戒，在全县推动了诚信体系的进一步完善。另外，商水坚持实施法律明白人工程，2017 年新建法律明白人活动室 57 个，累计建成法律明白人活动室 217 个，培养法律明白人 8 万多人。通过法律明白人工程，起到了法治宣传教育、法律服务的作用，推动了在社区和农村遇事找法、依法调解、依法办事，将矛盾纠纷及时化解在基层。

二、巩义市典型做法

巩义市紫荆实验学校积极践行社会主义核心价值观，学校将社会主义核心价值观教育融入校园、走廊、教室、办公室及各类活动阵地中。

（一）着重突出学校践行社会主义核心价值观“1334”工程

“1334”工程即“一个核心”，围绕深入践行社会主义核心价值观、全面提升未成年人思想道德水平为核心；“三项工作”，一是积极开展活动，营造良好氛围，丰富校园文化，做好文明校园建设；二是加强学校集会、主题班队会、社会实践活动、“我们的节日”系列活动、“道德模范”和“美德少年”专题学习活动等主题教育活动；三是弘扬雷锋精神，做优志愿者服务，积极组织师生志愿者团队参加“周六志愿者服务”“文明交通志愿者”“爱心妈妈志愿者服务”“关爱特殊群体志愿者服务”等活动。坚守“三块阵地”，一是依托学校完善的“紫荆心苑”心理辅导中心技术平台，扎实开展心理健康教育活动，重点做好留守儿童和困难学生的帮扶工作；二是通过学生餐厅公益广告、宣传版面、温馨提示等有效手段，深入开展“文明餐桌”活动、“三节（节水、节粮、节电）”教育，促使学生切实践行“节俭养德”观念；三是“小手拉大手”家庭教育，借助网站、微信公众号、班级群、博客群等数字传媒阵地，积极向家长宣传，并通过丰富多彩的亲子行动，充分调动家庭积极性。保障“四步进入”，入眼、入课堂、入头脑、入教材。

（二）积极开展“以班主任为核心的导师小班制”德育管理

学校全体学生与全体教职工导师们无缝隙对接，导师对学生每天一次观察、每周一次谈话、每月一次班会、每季度一次小结、每学期一轮家访，家长每天陪伴学生完成前置作业、每周与孩子一次真正意义的思想交流、每月与教师通一次电话、每季度对导师进行一次回访、每学期对导师进行一次评价的双向“五个一”导师小班德育工作。

紫荆实验学校立足自身实际，在校园文化建设、师生德育工作等方面积极培育和践行社会主义核心价值观工作的举措，特别是开展家长回访、导师小班德育工作、家长讲堂、紫荆论坛等方式保障未成年人健康成长，积极推动社会主义核心价值观的宣传教育和践行。

社会主义核心价值观建设，要以培养担当民族复兴大任的时代新人为着眼点，从细微入手，从孩子们的情感价值观入手，形成长效机制，常抓不懈。强化教育引导、实践养成、制度保障，使社会主义核心价值观融入学生成长全过程，贯穿到课堂、活动、家庭、社会各方面，为青少年的成长提供精神指引，弘扬中华传统美德，树立为祖国富强民族繁荣奉献的崇高价值观，切实增强师生道德观念和文明意识。

三、登封市典型做法

2016 年是司法改革的攻坚之年，在司法改革的攻坚战中，登封法院敢于啃“硬骨头”，将“基本解决执行难”作为“一把手工程”，进行了大胆探索和创新。在机制创新方面推出了“五化”执行工作机制，取得了显著成效。登封法院在总结经验，研究问题的基础上，争取形成一批能在全省基层法院可推广、复制的制度和经验。

（一）推行执行机构体制改革

登封法院探索实行审判权与执行权相分离的体制，完善执行裁判权与执行实施权相分离的执行工作机制，对执行机构设置进行了改革：一是设立执行裁判庭（配备 2 名法官），归属审判序列，承担原由执行局异议裁决组承担的职能。二是执行局内设两个执行组，分为执行查控组（10 名执行员）、执行裁决组（5 名执行员和书记员）。三是司法警察局设立执行实施中队（15 名司法警察），将财产查控和实施强制措施职能赋予司法警察局，实现了执行命令权和财产控制处分权的分离。四是保留执行局综合处（5 名执行员）。这一改革打破了传统的执行庭室建制，重新整合了现有的人力资源，组建起更加有效率的执行团队，为形成分工合理、相互监督制约的执行工作机制奠定了组织机构保障。这一改革基本实现了执行裁判权与执行实施权“两权分立”，并且将实施权里的调查权与控制权、处置权再分离。承办人员只负责流程的一段，做到有权决定的无权实施，有权实施的无权决定。改变了过去一个承办人一包到底的做法，避免了由于执行权过分集中造成的司法腐败现象发生。

（二）创新推出“五化”执行工作机制

1. 保全措施执行化

诉讼保全和先予执行案件由立案一庭统一立执行案号，移交执行局综合处完成网络查控后，由执行实施中队集中执行。改变过去分别由立案庭、审判庭和执行局保全组分别执行的状况，提高保全和先予执行案件的效率。

2. 风险告知全程化

建立立审执协调运转机制，随案发放诉讼、执行风险告知书，推行立案前、诉讼前、申请执行前全程风险告知，要求当事人申请财产保全等措施，提高当事人的风险意识。

3. 执行实施警务化

实行执行决定权与执行实施权的分离，在法警局设立执行实施中队，承担执行实施工作，负责执行案件财产控制、处置、变现、案款兑付和结案。

4. 执行裁决监督化

单独设置执行裁决庭，从执行局分离，归属审判序列，承担原由执行局异议审查组的职能，对当事人的执行异议进行审理，通过审查对执行行为进行监督。

5. 执行查控信息化

在高效利用现有“总对总”网络查控平台的基础上，与国土、房产和公安部门的网络端口进行对接，实现找人、找车、找房的网络化、信息化，提高财产查控的及时、准确、高效。

（三）配齐配强执行队伍

2016 年 7 月，登封法院贯彻落实省高院张立勇院长提出的执行队伍“15－6－6”工程，对执行局干警进行了轮岗交流。经过征求意见、自愿报名、双向选择、党组研究、任前公示等方式，原执行局人员轮岗退出 23 名，新进人员 45 名，新进人员中具有审判资格的 8 人，具有执行资格的占执行局总人数的 60%，平均年龄 32 岁，本科学历以上占 85%，实现了执行队伍的知识化、年轻化、专业化。同时在财、物上向执行一线倾斜，目前为执行局配置了 5 台车况较好的车辆，投资 10 万余元为执行人员配齐了执行记录仪、单兵作战装备、高拍仪等办公设备。

（四）加大信用惩戒力度和拒执犯罪打击力度

对失信被执行人依法纳入“黑名单”，限制其出国出境、乘坐飞机高铁等高消费行为，让老赖无心可安、无钱可赚、无福可享、无路可逃。对那些有能力履行而拒不履行生效法律文书，或恶意转移财产、藏匿财产、逃避执行的老赖，强力实行“四个一批”：即执行一批疑难复杂案件；拘留一批拒不执行老赖；向公安机关移送一批涉执犯罪；判处一批拒执犯罪。

四、宁陵县典型做法

在宁陵县人民法院受理的案件中，因为婚姻家庭关系引起的纠纷占据了约三分之一强的比重。基于审判实践的需要和审判专业化的要求，该法院在2014年成立了河南省第一个家事法庭，进行了一系列的家事审判改革，将社会主义核心价值观所要求的公平、公正、平等、和谐、诚信等法治理念和精神融入司法审判过程中，让人民群众在每一个司法案件中都感受到公平正义，取得了显著成效，达到了审判效果与社会效果的高度一致，因此也得到了法院系统的认可和媒体的广泛报道。

家庭是社会的细胞，亲密关系是家庭的核心。近年来，大量家事纠纷案件涌向法院，数量一直居于高位，且普遍呈现上升趋势。宁陵县人民法院管辖区人口65万人，年均受理民事案件近2000件，其中涉及离婚、赡养、抚养等家事纠纷案件就占到34.6%左右，且家事案件不断递增。审理好家事案件不仅关系到家庭和睦，还关系到社会和谐。为此，宁陵法院积极探索家事审判方式和工作机制改革，结合家事审判的特殊性，把专业审判作为发展方向，于2014年3月成立了河南省首个家事法庭，专门审理离婚、“三养”（赡养、抚养、扶养）、继承、家庭析产、收养关系、亲子关系、家暴遗弃、干涉婚姻自由、侵犯未成年人教育成长权利、家庭成员之间债务等10余类因家庭矛盾纠纷引发的案件。

宁陵法院结合家事纠纷的特点，采取五项专业审判措施，积极探索专案专办的专业化、规范化之路。

（一）围绕办案主体，打造专业化队伍

1. 家事审判机构的专业化

家事纠纷错综复杂，涉及身份、财产、情感、伦理等多种关系，用审理其他民事案件的理念和方式审理家事案件往往捉襟见肘。需要根据家事案件独有的特点，建立与之相对应的专门机构和诉讼程序。为此，法院成立了专门审理家事案件的“家事法庭”，把家事案件从普通民事案件中分离出来，实现了

“专业法庭办专案”。

2. 家事审判队伍的专业化

家事法官除了具备一定的法学理论知识和司法实践技能外，更重要的是熟悉家庭关系学、社会学，伦理学、心理学等相关知识。为此，法院挑选了4名审判经验丰富、性格温和、责任心强、善于做调解工作的女法官，专门审理家事案件，实现了审判人员的专业化。

3. 家事审判设施的专业化

法院建设了2个家事审判庭及附属设施，突出温馨和谐的环境氛围，淡化法庭的冷硬感觉。还设立了反家暴庇护室、儿童观察室、心理咨询室，社会介入室、茶座式调解室，布置了亲情课堂及亲情文化长廊等，为家事审判工作创造良好的条件。

（二）围绕办案过程，开展人性化司法

1. 法庭布置人性化

家事案件具有鲜明的血缘、亲情特点，所以更需要温馨的亲情氛围来化解。法院以此理念打造了“家庭式”审判庭，采取“圆桌式”“会客式”场景布置，代替传统的审判台；用“丈夫”“妻子”“儿子”“父亲”“母亲”等家庭成员称谓代替原告、被告等专业法律术语，避免刺激当事人对抗情绪；在家具摆设、灯光色调、法庭布置上都突出浓厚的家庭氛围，让当事人感觉到法庭像一个温暖的家，为矛盾化解增添了助力。

2. 调解方式人性化

家事案件具有强烈的伦理性，仅凭一纸判决，不能从根本上解决当事人之间的矛盾。基于此，法官把开庭流程家常化，交谈语言也说家常话，让当事人感觉“开庭就像拉家常”。调解中坚持“和”的理念，总结出“视频再教育、亲情齐规劝、社会同介入、诉讼冷静期、亲情必回访”的亲情弥合法。

3. 亲情教育人性化

家事纠纷不是简单的你输我赢，也不是绝对的谁对谁错，法院为当事人开辟了亲情教育课堂，邀请婚姻情感专业人士开展亲情讲座，或者把结婚录像资料、旅游照片、生活情景照片等制作幻灯片播放，让他们重温过去美好的时光。在审判庭外布置了以家文化为主题的文化长廊，营造亲子情、手足情、夫妻情的氛围。

（三）围绕纠纷预防，搭建社会化平台

1. 完善诉调对接机制

在各乡镇和社区设置诉调对接中心，挑选当地有威望、热心调解、群众信

服的居民作为调解员。对到家事法庭起诉的案件，先委托给诉调对接中心进行调解。如果能够调解和好，家事法庭可根据其要求经审查后出具调解书或司法确认决定书。如果不能调解和好，及时审理并作出判决。

2. 完善纠纷预防机制

在民政部门婚姻登记处设立宣传栏，举办法官讲堂。同时，充分发挥村民委员会和人民调解委员会职能作用，对婚姻家庭中出现的矛盾及时发现、及时疏导、及时调处，减少离婚案件的发生。家事法官还不定期走进社区、乡村，开展法律讲座及街头普法活动。

3. 完善家事纠纷多元化解机制

整合资源，强化社会参与。设立“法官+”社会介入工作室，广泛邀请妇联、共青团、民政部门、司法部门及村委或街道办人员等多方力量参与陪审、调解、调查及未成年心理修复、法律咨询等，实现民间力量、行政力量、司法力量无缝隙对接，情、理、法相互融合。

（四）围绕效果评价，探索专业化程序

1. 坚持“家事必调”原则

把调解作为优先结案方式和庭审前置程序，聘请心理专家作为人民陪审员、特邀调解员和家事调查员参与案件的调解，提倡以调撤方式结案，以达到案结、事了、人和的效果。

2. 坚持不公开审理原则

家事纠纷案件，大多涉及当事人的家庭隐私，坚持不公开开庭的原则，既可以照顾到当事人的隐私秘密，也有利于当事人畅所欲言，让审判员充分掌握事实和证据。

3. 坚持不利人群隔离原则

家事的和谐最终要依靠的是双方当事人，离婚案件更是如此。为了减少外界的不利干预和诱导，在案件调解参与人员选择上，对一些容易激化双方当事人矛盾的亲属朋友等不利人群进行隔离或排除，避免他们对当事人产生不利诱导。

（五）围绕家事特点，推进改革创新

1. 探索和完善“离婚诉讼冷静期”

县法院出台了《关于适用“感情冷静期”处理离婚纠纷案件的实施意见》，设立离婚诉讼冷静期，即对离婚案件不急于开庭或下判，适当的推迟2~3个星期开庭或开完庭之后推迟2~3个星期再作出判决，给当事人留出一定的时间和空间思考；对有婚姻危机但不至于“死亡”的离婚案件，探索适用“6个月

‘感情冷静期’内不再要求离婚”的调解方法和结案方式。

2. 注重妇女儿童老人权益保护

一方面联合妇联开展反家暴宣传工作，并在诉讼中及时给对方下达人身安全保护令，另一方面，在法院内设立家暴庇护室，在情况紧急时，可以为遭受家庭暴力的受害人提供基本的生活服务和安全保障。为切实降低离婚纠纷对儿童的心理伤害，建立了儿童观察室，在处理家事案件特别是离婚案件涉及孩子抚养权和查明案件事实时，单独倾听儿童的意愿和想法，对儿童的不良情绪进行疏导。

3. 完善和探索家事审判证据规则

由于家事案件具有私密性和人身依附性，存在举证难、认定难等问题，对于家事纠纷不能片面的套用证据规则，有必要适当地降低证明标准，同时充分的吸纳当事人亲属朋友的意见，融入法官的自由心证，综合进行裁判。

4. 建立多元化纠纷解决机制

由于家事案件错综复杂，单靠法律、法院、法官的力量很难案结事了人和，必须建立多元化化解家事案件的长效机制，调动社会各方力量，共同参与家事纠纷的化解工作。建立“法官 +”社会介入模式，聘请司法调解所、妇联、律师、社会法官、社区志愿者等，参与化解家事矛盾纠纷，并以社会介入工作室为载体，把社会介入工作打造成“普法教育平台、诉与非诉分流平台、诉调对接平台，困难救助平台，社会监督平台、心理矫治平台”六大平台一体。

五、汤阴县典型做法

妥善化解涉军维权难题，是新时期深入推进国防和军队改革必须面临的重大现实问题。汤阴县法院在诉内维权、诉外调解、涉法服务等方面探索而形成的“汤阴经验”，为军人军属权益维护撑起了一片蓝天。然而随着涉法维权难题日益增多，协调解决难度不断增大，必须借鉴和优化“汤阴经验”，通过加强涉法维权组织领导、加速涉法维权网络运行机制、完善多元化纠纷解决机制等举措，构建全方位、立体化的涉军维权格局，不断夯实司法拥军实效。

维护国防利益和军人军属合法权益，是人民法院肩负的一项重要政治任务。1996 年 11 月，汤阴县人民法院成立全国首家“维护军人军属合法权益巡回法庭”，开辟了和平时期司法拥军的新路子，并逐渐形成了一整套集审理、调解、服务、军民融合四位一体的涉军维权工作机制，被誉为“汤阴经验”在全国予以推广。当前，军队建设环境发生深刻变化，涉军维权工作面临诸多新情况新问题。谢伏瞻同志在河南省第十次党代会上指出：“支持国防和军队改革，持续开展双拥工作，推动军民融合深度发展。”河南作为中部战区的驻军大省、兵源大省，做好涉军维权工作负有特别的责任。

20年来，汤阴县人民法院牢固树立“涉军案件无小事”的理念，围绕“诉内维权、诉外调解、涉法服务”的工作机制，认真处理每一起涉军维权案件，切实维护军队及军人军属的合法权益。2012年，汤阴县人民法院荣获“全国拥军模范单位”称号。截至目前，“维军法庭”共审理涉军案件234件，审执结率100%，达到了“零超限、零错案、零信访”。

（一）健全诉内维权平台和举措，依法维护军属合法权益

为依法公正高效审理涉军案件，汤阴县人民法院推行“五个一”维权工作模式，成立一个涉军工作办公室，统筹涉军维权组织领导和事务协调。建立一个涉军立案窗口、一张涉军案件流程表、一个涉军案件专用章、一份案件转办函，确保涉军案件快立、快审、快结、快执。此外，汤阴县人民法院还对经济确有困难的军人军属免、减诉讼费用，并聘请部分退伍转业军人、在职军官为人民陪审员，在合议庭讨论时充分听取其意见，以求最大限度地维护好军人军属合法权益。

（二）强化诉前调解力度，依法化解社会矛盾

汤阴县人民法院着眼于“源头预防、前端疏导、共同化解”的原则，通过向军人军属提供法律咨询、释明等服务，力求将矛盾化解在萌芽状态。法院还实行司法调解、人民调解、行政调解“三调联动”，建立调解室，选聘调解员，以社会力量的“情理式”劝解，达到案结事了的目的。法院在做好地方当事人调解工作的同时，也力争通过部队做好军队方当事人的思想工作，引导军地双方当事人达成共识、消除纷争，最大限度实现达到法律效果、社会效果、政治效果的统一。

（三）延伸司法服务功能，注重司法社会效果

汤阴县人民法院不断延伸司法服务功能，适时组织人员走访所结案件当事人，及时到部队及军属家中回访，广泛听取各方面的意见，增强涉军维权工作的思想认识和情感认同。与此同时，该县法院与驻军部队达成了军民共建协议，除定期组织法官到部队进行军训和国防知识培训外，每年还定期开展庭审观摩、法律咨询、法律培训“三进军营”活动。据统计，五年来，法院共为驻军部队上法制课20余次，受教育官兵达2万余人次，送法律书籍3000余册。

六、安阳市典型做法

安阳法院在司法人员分类改革方面先行先试，为这项工作作出了有益的探索。新的改革举措确立了各类人员的单独序列管理，从制度上明确了各类别人

员的工作职责，并且以司法人员分类为基础推行了员额管理和任职交流。2015年10月，安阳市中级人民法院及其下辖一区一县（北关区、汤阴县）法院被确定为全省第一批司法改革试点单位。按照中央及省委司法体制改革的精神和部署，安阳市中级人民法院及下辖试点法院启动了以完善审判权运行机制为中心的，以司法人员管理制度、司法人员责任制度以及司法职业保障制度为内容的改革试点工作。安阳法院紧扣中央顶层设计，贯彻以审判为中心、以法官为重心的指导方针，将司法人员分类管理确立为当前司法改革试点的基础性工作，按照分类科学、结构合理、职责明晰、管理规范的要求，划分法院工作人员分类管理序列，明确各分类序列人员具体的工作职责，建立符合各分类序列人员特点的管理制度。安阳法院先期的实践探索，为全省法院今后这项工作的推进积累了宝贵的实践经验。

（一）确立各类人员单独序列管理制度

安阳法院依据司法履行功能的内在要求，着力把握法院职业要求和岗位特征，贯彻中央关于法官、审判辅助人员、司法行政人员职务序列分类管理的指导方针，对三类人员各自的构成人员、职责行使，以及相应的选拔、任免、奖惩、职业保障、等级评定和晋升等予以明确。为了纠正以往法官人员与公务员管理相混同的弊端，新的司法人员分类管理试点对法官实行有别于公务员的管理制度，法官被列入单独职务序列，并且选拔、奖惩以及职业保障等管理制度均体现法官身份及职业的特点。对司法辅助人员以及从事司法行政事务的人员，都实行与各自职业岗位相匹配的分类序列管理，法官助理、执行员、书记员分别确立单独序列管理，司法警察实行单独警察职务序列，司法技术人员按照专业技术类公务员管理，政工党务、司法行政、后勤管理等岗位的人员，则按照综合管理类公务员的序列类别进行管理。通过人员序列的类别划分，法院人员管理的思路及架构进一步得以明晰，人员组成结构不断得以优化，共同推动了司法团队效能的提升。

（二）厘定各类司法人员工作职责

安阳法院以分类定岗、明晰职责的举措为抓手，以岗位定责激发工作效能，全力打造以审判为中心，分工明确、协同配合的司法工作格局。安阳市中级人民法院对组成审判团队的承办法官、其他法官、审判长等人员的角色加以明晰，对他们各自的职责作出规定，努力构筑与审判权独立行使要求相适应的法官组成架构。北关区人民法院对法官助理、执行员、司法警察等司法辅助人员各自的职责加以明确，尤其是对法官助理职责的设计，体现维护审判权高效行使的宗旨和原则，将其职责分解到诉前、诉中、诉讼外等环节，通过对诉前阶段材料审查、庭前调解等职责的分配，以及对财产及证据保全、鉴定委托及评估、案审资料准备以及起草裁判文书等职责的授予，对以往审判工作所涉及的辅助事务加以剥离，使法官留出精力更加专注于审判核心权能的行使，更加专注于提升裁判的质量和效率。汤阴县人民法院针对传统司法行政部门职责交叉模糊等问题，在改革中强化对司法行政人员的岗位管理，在优化内设机构设置的基础上，科学配置政工、纪检、财政等行政人员岗位设置及工作职责，推动建立权责清晰、运转协调、配合有力的行政管理机制。

（三）实行员额管理以及任职交流

安阳法院在司法人员分类的框架下，实行各分类序列的员额制管理，通过加大人才的选任和培育力度，推动法院干部队伍的专业化、精英化。试点单位坚决贯彻员额制改革的指导思想和基本方针，本着严格标准、精准选拔、宁缺毋滥的精神，严把法官选任的质量标准，在中央及省确定的员额比例范围内选任本单位的司法队伍组成人员，切实做到了不超额、不增编。安阳市中级人民法院在省法院为其确定 78 名员额的情况下，实事求是地衡量及评估法官队伍的现状，坚持精选优选的要求，实际入额法官人数仅为 50 名，为以后员额法官的增选留下了足够的空间。员额制管理保证了那些业务能力强的人员能够被选录到一线，同时也激发了整个干部队伍竞争进取的主观能动性。以员额制为基础，试点法院还推行了院内外人员任职交流制度，通过畅通院内不同序列人员交流任职的渠道，以及开拓法院与其他部门人员交流的途径，推动了法院人才队伍的动态管理和有序流动。

七、许昌市典型做法

近年来，许昌市始终坚持以人民为中心的发展思想，把德治与法治紧密结合起来，推动社会主义核心价值观融入社会治理和群众生活全过程，努力构建共治共享、和谐共生的幸福许昌。工作中，主要做到了“四抓”：

（一）抓引领，突出以文化人

以社会主义核心价值观为引领，让德治理念、法治思想深入人心，充分发挥“以文化人、润物无声”的作用。依托许昌的厚重历史文化积淀，深入挖掘和弘扬：以关公“夜读春秋”“灞陵送别”为代表的诚信文化；以蔡顺“拾葚奉母”、黄香“扇枕温衾”和郑庄公“掘地见母”为代表的善孝文化；以韩非子为代表的法治文化。推动诚信、善孝和法治理念进机关、进学校、进家庭、进企业、进社区、进农村，在全市培育形成了以“诚信、包容、开放、创新”为核心的许昌精神和“孝老爱亲、遵德守法”的良好社会风尚。统筹理论、新闻、文艺、网络、社会等宣传形式，构建“五位一体”的大宣教格局。尤其是充分发挥理论宣讲的作用，围绕中国特色社会主义、中国梦和社会主义核心价值观，精心组织重大主题宣传，进基层宣讲巡演1400多场，及时把党的创新理论送到基层；充分发挥公益广告的作用，在主次干道、广场游园、社区庭院、中小学校、商场宾馆等关键部位，宣扬理想信念、法治精神、传统美德、文明风尚，让公益广告融入生活、成为风景；充分发挥新兴媒体的作用，连续两年开展核心价值观公益微视频评选活动，推出精品力作70余部，6部作品入围全国核心价值观主题微电影征集活动展播，廉政微电影《寿宴》荣获首届中原微电影节银奖，法治微电影《我不赖》被评为“全国法院第四届十佳微电影”。注重典型示范，大力开展身边好人、道德模范评选活动，全市先后有3人被评为全国道德模范，4人被评为河南省道德模范，24人荣登中国好人榜，19人荣登河南好人榜，刘英家庭入选第一届全国文明家庭。特别是推出了“时代楷模”燕振昌，被树为全国“两学一做”先进典型，拍摄的电影《燕振昌》在全国公映，创作的现代大型豫剧《燕振昌》在河南省各地巡演130多场，场场爆满，许多观众都被感动得热泪盈眶，真正起到了“点亮一盏灯、照亮一大片”的作用。

（二）抓规范，做到执法为民

牢固树立法德共治、执法为民的理念，以法治体现道德理念、以道德滋养法治精神，不断提升社会治理的能力和水平。把法律权威与道德约束紧密结合起来，充分用好全国人大赋予设区市地方立法权的重大契机，依法组建法制委员会，推动社会主义核心价值观融入立法工作，颁布《许昌市城市市容和环境卫生管理条例》首部地方性法规，把乱扔乱倒、乱堆乱设、乱写乱挂等失德、违法行为上升至法律规范层面，树立了依法管理、德法共治的权威。把严格依法行政与提升服务效能紧密结合起来，强力推行政府权力清单、责任清单制度建设，市县两级权责清单制度建立运行，切实做到“法无授权不可为，法有规定必须为”。持续深化“放管服”改革，制定了进一步深化简政放权放管结合优化服务改革的实施意见、15项重点改革任务和7个配套文件，努力实现企业和群众办事“只进一次门、只找一个人、只跑一次腿”，把硬性律令与柔性规范紧密结合起来，在城市管理中大力实施柔性执法、文明管理，使文明和严管找到了最佳契合点。践行“柔”的理念，开设商户微信群，定期发布城管信息，接受监督投诉、业务咨询，拉近城管和商户距离，构建“鱼水关系”；提供“柔”的服务，按照“便民利商、疏堵结合”的原则，设立85个农副产品便民点，引导商贩进场、进店经营，既让城市有“面子”，也让商贩饱“肚子"，对症下药治顽疾；加强"柔"的管理，组织1040家商户成立自我管理委员会，通过老干部督导团、青年志愿服务队和"以小手拉大手，共建文明城"活动等方式，把城市管理从"要我做"变成"一起做"。特别是注重依靠先进的技术手段和管理流程，规范执法、文明管理的理念落到实处、增强效果，市区划块网格"责任田"，对17万多个公共设施建立电子"身份证"，实行12319热线免费服务，年均受理事项40多万件，办结率100%，荣获"中国人居环境范例奖"，是全省唯一的"数字化城市管理示范城市"。

（三）抓基层，注重落细落小

坚持把道德要求、法律约束落到基层，贯穿到和谐社区建设全过程。（1）以道德浸润生活。在城市街道全面建成综合性文化服务中心，设立标准化活动室、图书室、电子阅览室等阵地，定期组织唱红歌、广场舞、电影放映等文体活动，把社区群众组织起来，把业余生活丰富起来，形成健康向上的精神风貌。持续推进"善孝莲城"主题实践活动，组织开展"百乡千村评孝星"、"好媳妇、好公婆"、和谐邻里、最美家庭、文明楼栋等评选活动，开设"道德讲堂"，设立善孝义举榜，把善孝纳入村规民约，融入日常生活，营造崇德向善、文明健康的社区氛围。位于许昌经济技术开发区长村张乡的罗庄社区，曾经是一个有名的差村、乱村、上访村，通过组织开展道德讲堂、集体祝寿、孝亲尊师等群众文化活动，短短两年时间，成为现在的孝心示范社区、零上访社区、和谐稳定社区，起到了示范带动作用。（2）以法律强化保障。围绕社区治理法治化，引导群众自觉守法、遇事找法，依法维护正当权益，坚持把普法、德育和法律援助紧密结合起来，组织法学会会员和法律工作者积极参与乡（镇、办）法律服务站建设，明确岗位职责，建立服务制度，制作律师联络卡，开通一键服务平台，让群众自主选择法律顾问，特别是加大对弱势群体的法律支持力度，不断加强对援助案件的质量管理，制定评估办法，建立监督制度，实行案件全程跟踪，将法律援助置于当事人和相关部门的严格监督之下，确保提供优质、高效、暖心的援助服务。（3）以调解妥处纠纷。在各办事处、社区设立矛调工作站，将每个社区至少划分5个网格，成立矛盾纠纷排查调处小组，形成区、街道、社区、网格四级大调解网络；组建"和事佬"和品牌调解员、专家调解员、信息员、网格员队伍，选配工作能力强、有责任心的"五老"人员担任调解员，实现了全市农村和社区信息员、调解员的全覆盖；将普遍排查与重点排查有机结合，定期召开矛盾纠纷排查化解工作协调会，确保各类问题及时掌握、提前介入、妥善处置，最大限度把矛盾纠纷化解在基层，实现"小纠纷不出街道社区、大纠纷不出办事处、疑难纠纷不出大区域"。

（四）抓载体，推进社会共治

按照“人人参与、人人尽力、人人享有”的要求，坚持德法并举，用好载体抓手，积极构建全民共建共享的社会治理新格局。加强诚信许昌建设，制定和实施《关于加快推进全市社会信用体系建设的实施意见》，建立健全诚信“红黑榜”发布制度，完善信用信息共享和不文明行为曝光机制，积极构建全方位监督考核体系，全面推进政务诚信、商务诚信、社会诚信和司法公信建设，让守信者一路绿灯、失信者处处受限。近年来，全市参与“文明诚信经营”活动的主体总数达到128 996户，打造文明诚信典型492家，建立红黑榜130个。特别是加强失信老赖治理，先后开展了“百日执行风暴”“春雷行动”等失信惩治专项行动，集中执行行动150余次，执结各类案件5 098件，拘留“老赖”1488人，判处拒执罪34人，社会诚实守信风尚逐步形成。突出重点行业领域，深入开展“践行价值观、文明我先行”系列活动，积极推进“文明服务、文明执法、文明经营、文明交通、文明餐桌、文明旅游”行动，提升全社会文明素养和水平。特别是围绕“文明餐桌”行动，实施了“明厨亮灶”工程，对市区大中型集中就餐场所全部安装视频监控系统，实行动态监督、公示曝光，推动了食品安全的社会共管共治；围绕“文明交通”行动，组织开展了“礼让斑马线”“不文明交通行为随手拍”活动，促进了谦恭礼让、文明出行良好交通习惯的养成。抓好志愿服务项目，大力推进志愿服务制度化项目化建设，按照“六有一落实”标准完成“文明使者”志愿服务站建设项目413个，发展志愿者队伍逾892支，注册志愿者人数达14.5万，2014年9月以来累计向社会提供316万小时的志愿服务，“关爱他人、关爱社会、关爱自然”“微心愿”“红红火火过大年”等一批志愿服务项目已深入人心、逐步形成品牌. 禹州市任万祥、魏都区大同社区被评为全国最美志愿者、全国最美志愿服务社区，全社会“我为人人，人人为我”的氛围日益浓厚。

八、郑州市典型做法

郑州市委宣传部多次开展调研座谈，并牵头组织市直各有关单位，从立法、执法、司法及法制宣传等各环节入手，结合郑州市实际，积极探索将社会主义核心价值观融入法治建设。

（一）领导重视，集思广益研究制定实施方案

市委高度重视核心价值观融入法治建设工作，认真组织学习了中央《关于进一步把社会主义核心价值观融入法治建设的指导意见》和省委《关于进一步把社会主义核心价值观融入法治建设的实施意见》两个文件精神。市委主要领

导先后作出批示，要求市委宣传部牵头制定市本级的实施方案并组织实施。按照市委要求，宣传部先后多次组织人大、公检法司、组织、纪检及各行政执法部门，就细化落实中央、省委意见精神进行座谈研讨。各部门分工协作，立足部门职责，列出了重点项目，提出了具体措施，加上从网上学习借鉴到的外省市经验，汇总整理后，拟订出了郑州市的实施方案。目前，方案经过三次修订已经定稿，正准备以“两办”名义印发。

（二）推进有力，以“四个融入”为重点狠抓工作落实

1. 推进核心价值观融入立法立规

郑州市现行有效地方性法规 64 件，其中涉及社会文明规范的地方性法规 32 件，涉及诚信文化和诚信体系建设的有 10 余件。去年以来，围绕生态文明建设，公布实施了《郑州市湿地保护条例》，明确了湿地保护的管理体制，细化规范了湿地保护措施，建立了黄河湿地保护联席会议制度，对黄河湿地进行了特别保护；围绕城市精细化管理，对《郑州市户外广告和招牌设置管理条例》进行了废旧立新，新条例鼓励、支持社会各界参与公益广告宣传，并明确规定“户外广告和招牌内容应当合法、健康、诚信，不得违背公序良俗”。同时，《郑州市文明促进条例》《郑州市城市雕塑管理办法》《郑州市餐厨废弃物管理办法》《郑州市非物质文化遗产管理办法》等一批体现核心价值观要求的法规、规章正在制定过程中。

2. 推进核心价值观融入社会治理

首先是政府带头依法行政。在确立经济发展目标和发展规划、出台经济社会政策和重大改革措施过程中，能够严格按照公众参与、专家论证、风险评估、合法性审查、集体讨论决定的程序进行决策。市政府法制办定期对政府规章和规范性文件进行清理，对与社会主义核心价值观要求不相适应的，及时进行修改或废止。其次是狠抓重点领域执法。近年来，郑州市对暴力恐怖、民族分裂和邪教活动保持高压态势，侦办了一批涉稳专案，妥善处理了一批涉政治类敏感事件，切实维护了国家安全和社会稳定；成功破获了一批“两抢一盗”、非法集资、电信诈骗案件，有力维护了人民群众生命财产安全；坚持开展“扫黄打非”，依法加强网络监管，有效维护了文化安全和意识形态安全。最后是统筹推进多领域协调治理。去年郑州市印发了《郑州市公共文明素养提升三年行动方案（2016—2018）》，按照“统筹协调、分步推进、长效常态”的整体思路，确定了 18 项专项工作，力争经过三年努力，显著提升市民文明素养和城市文明水平。

3. 推进核心价值观融入司法实践

首先是不断提高司法公信力。用司法公正引领社会公正，严格执行防止

干预司法“三个规定”，重点纠正有罪不究、程序违法、量刑畸轻畸重、刑罚执行不当、民事裁量不公、执行违法等问题，不断提升执法司法公信力和满意度。加强弱势群体合法权益司法保护，连续八年开展农民工专项维权活动，健全讨薪维权快速处理机制，完善优先清偿、司法救助措施，切实保障农民工群体的合法利益。其次是大力推进司法体制改革。积极开展以司法责任制为核心的四项基础制度改革，刑事案件速裁程序试点任务圆满完成，试点经验得到中央高度肯定。刑事案件认罪认罚从宽制度改革试点工作于2017年12月份启动，现已取得初步成效。全市法院完成人民陪审员数量三倍增计划，法官检察官入额工作圆满完成。行政案件异地管辖、社区矫正工作机制等改革任务持续有力推进。最后是不断完善法律服务体系。全面推行法律援助精细化管理，积极构建“市、县、乡、村”四级法律援助网络，法律援助的覆盖面以及办案质量不断提升。以2016年为例，全年共办理法律援助案件11 628件，为受援人挽回经济损失4764万元，郑州市被司法部确定为全国法律援助案件质量评估试点城市。

4. 推进核心价值观融入法制宣传

首先是广泛开展普法教育。健全普法宣传教育机制，构建全社会共同参与的“大普法”格局。广泛开展法律进机关、进校园、进企业、进农村、进社区、进单位活动，深入学习宣传以宪法为核心的中国特色社会主义法律体系，推动社会主义核心价值观的实践养成。2017年以来，全市累计开展“法律六进”活动5100余场次，发放法制宣传资料220万余份。大力倡导领导干部和国家工作人员带头学法用法，以考促学，组织开展年度全市国家工作人员法律法规知识考试。其次是大力加强法治文化阵地建设。市县乡三级不断加大财政投入，完善硬件建设，为法制宣传提供物质保障。目前，全市已建成法制宣传电子屏幕1273介、法制宣传栏2558个、法制宣传长廊74个、法制宣传广场（公园）52个，农村（社区）法治宣传教育中心915个，营造出了浓郁的尊法学法守法用法舆论氛围。最后是不断夯实法治的道德底蕴。把法治教育与道德教育结合起来，以道德滋养法治精神、支撑法治文化。市文明办连续三年组织开展“道德模范故事汇”巡演活动，将郑州市“道德模范”和“身边好人”的先进事迹搬上舞台，通过“本色天然、不假修饰”的原创真演，涤荡人们的心灵，弘扬崇德向善的正能量。

（三）抓手明确，围绕突出问题持续深入做好下一步工作

推动核心价值观融入法治建设是一项长期工程，需要久久为功，常抓不懈。下一步，郑州将坚持问题导向，重点从三个方面着手，持续深入抓落实。

1. 以核心价值观引领环境治理

近年来，郑州市在防止环境污染，改善人居环境方面，坚持不懈做了大量工作，取得了阶段性成效。但是与生态文明建设的标准相比，还存在一定差距。下一步，郑州将以学习塞罕坝精神为契机，从细化环境保护措施、加大执法检查力度等方面入手，大力整治大气污染等问题，不断提升省会环境质量。

2. 以核心价值观引领城市管理

2018 年 9 月份，郑州市城市管理委员会正式挂牌成立，郑州市将尽快制定出台《郑州市城市综合执法办法》及其他相关法规规章，彻底改善以往城市管理中存在的权责不清、多头执法状况，提高城市精细化管理水平。

3. 以核心价值观引领诚信建设

2018 年 7 月份，郑州市已出台《郑州市公共信用信息管理暂行办法》，今后全市范围内的公共信息征集、披露、维护都将纳入社会信用信息平台进行管理，企业和个人的失信情况将被统一记录，并向社会提供查询服务。这将有力加强郑州市诚信建设水平。

九、焦作市典型做法

（一）家事审判改革助力基层综合治理

家是最小国，国是千万家，家事纠纷是社会矛盾的主体性因素之一，约占法院受理案件的 35%。焦作法院通过家事审判改革，设立家事审判庭和家事调解工作室，组建家事审判团队，强调诉前化解纠纷，诉中亲情修补，导入心理咨询，法官走出去，调解员请进来等一系列做法，走出了专业化、人性化和社会化的审判之路，主动把审判纳入社会综合治理，充分发挥了法官的引领带动作用。焦作市中级人民法院是全国多元化纠纷解决机制改革示范法院，由焦作法院主导的多元化解决家事矛盾纠纷工作被纳入党委、政府综治“一盘棋”，成为平安建设考核项目。

1. 制度建设先行保障工作开展有条不紊

焦作市中级人民法院先后出台了《关于进一步深入推进家事纠纷多元化解工作的指导意见》《关于进一步加强家事纠纷多元化解实施意见》，强调家事审判团队专业化。《焦作市中级人民法院家事案件审判规程》等规范性文件，构建了离婚冷静期、心理咨询师疏导、婚前财产申报、家庭财产申报、人身安全保护裁定等一系列制度，极大地优化了家事审判程序，提高了家事审判质效。在焦作市委政法委领导下，焦作市中级人民法院牵头联合其他 13 家相关单位共同出台了《焦作市中级人民法院关于建立家事审判方式和工作机制改革联席会议制度的意见》，强化了统筹协调能力。

2. 体制改革到位保障团队建设专业化

家事调解委员会下设家事调解工作室和家事审判庭。在全市10个基层法院建立了以优秀法官命名的家事审判团队，采用1+2+3工作模式，即1个员额法官加两个法官助理加三个书记员，负责本辖区家事审判和调解及调解指导工作。在全市组建43个家事调解工作室（站），成立专门的家事纠纷调解团队，包括调查员、调解员和心理咨询师。建立调解员库，精心打造金牌调解员队伍。

3. 确立指导思想强调五个坚持保障工作大方向

焦作市中级人民法院确定的家事矛盾纠纷多元化解的指导思想是，以维护婚姻家庭稳定，保护未成年人、妇女和老人的合法权益为目的，对符合立案条件的纠纷进行诉前、诉中全程调解，在强化家事纠纷诉前调解的同时延伸调解其他民事纠纷，以解决实际问题为终结，主动参与社会综合治理。要求工作中做到五个坚持：坚持维护婚姻家庭稳定与婚姻自由并重的原则，坚持未成年人利益最大化原则，坚持保护好老年人的合法权益原则，坚持家事纠纷化解过程的柔性和程序的弹性原则，坚持家事矛盾纠纷多元化解的原则。

4. 制定十大举措细化具体要求保障工作扎实有效

焦作市中级人民法院根据家事审判改革的实际情况，研究制定出“十大举措”，保障工作扎实有效落到实处。这些举措分别是：构建家事纠纷诉调对接工作平台，在诉讼服务大厅设立诉调对接中心和家事纠纷服务窗口；落实诉前、诉中调解记录在案制度，全程留痕；落实巡回审判制度，选择典型家事案件，就地办案；落实委派、委托调解机制，法院委派、委托给有关调解组织或者家事调解员进行调解，为调解员配备法官、律师直通热线；引入心理疏导、情感修复专业手段，聘请、组建具有资质的心理咨询师队伍；引入离婚案件的冷静期制度；完善人身安全保护措施；落实调解协议司法确认制度；落实财产申报制度；落实离婚证明书制度。

5. 温馨法庭柔性司法保障家事审判特色

全市十个基层法院以“李玉香家事审判工作室”为样本，分别组建了以优秀法官名字命名的家事审判工作室，始终秉承“柔情司法、调判促和”的家事工作理念，灵活运用李玉香调解20法以及“五心”工作法（耐心、细心、爱心、交心、公心），融合人民调解、行政调解、行业调解等多种调解形式，通过完善亲属会议和家事调查员等“家事”制度，营造柔性司法氛围，聘请金牌调解员，使大量激烈冲突的家事案件得以化解。形成了以“引导家庭认知、纠偏心理障碍、修复家庭关系”为特点的“家事”审判与调解模式。“家庭式”审判庭、“拉家常式”调解，让家事审判显得与众不同。同时，还专门设有儿童探视中心、心理咨询室等场所，让当事人更多地感受到家事审判特有的司法柔性。

6. 打造综治平台形成纠纷多元化解格局保障和谐稳定

焦作市中级人民法院以人民法院加社区家事调解工作室为主干，形成从上至下的家事矛盾化解网络。既充分体现法院在化解家事矛盾中的专业性，又通过选任专职调解员，吸纳社会力量参与，实现了专业性与广泛性的有机结合。坚持以“和”为主旋律，以“情”为主基调，开启了“家事”调解的新模式。家事调解工作室这一诉前和诉外工作机构，已经成为焦作社区综合治理的标配平台。2014 年以来，焦作市中级人民法院形成了“党委领导、政府支持、法院主导、综治协调、社会参与”的家事纠纷多元化解工作格局，维护了婚姻家庭稳定，促进和保障了社会和谐发展稳定。

焦作法院系统大胆探索家事纠纷的专业化、社会化和人性化解决方式，推动建立司法机关、行政机关和社会力量相结合的家事纠纷综合协调解决机制，家事纠纷解决呈现出体系化、建制化、多元化的特点，为法院参与社会综合治理探索出了一条可行的路子。

一是应正确认识家事审判改革的方向和意义。家事纠纷多元解决是前进方向，融入社会综合治理是重要意义，实现“案结、事了、人和”的良好法律效果和社会效果是理想目标。家事纠纷起诉到法院，是纠纷演化过程中的一个关键节点，法院的工作至关重要，进行诉前调解，可以实现“为社会减压、为法院减负、为家庭疗伤”的目标。关照家事特点，注重柔性司法，引进心理咨询和心理评估，既彰显人性化，又提升科学化。在创新精神指引下，家事审判改革不仅可以更好地解决婚姻家庭方面的纠纷，而且可以成为法院主动参与社会治理的一场大变革。二是应设置特殊的家事审判制度和考核标准。在现行制度框架下，专门的家事审判程序法缺失，家事案件审判程序没有与其他民事案件程序区分，造成实践与制度的冲突，比如冷静期与审限制度冲突等。需要加快家事案件审理特别程序的立法，以适应家事案件的特殊性。另外，对家事案件与普通民事案件同样考核有失公允，家事案件涉及较为复杂的情感问题，工作量大，耗费时间长。应改进法院家事案件绩效考核体系，体现出家事审判的特殊性。三是应注重审判制度体系化外部协调翔实化。通过工作意见和审判流程，创新出行之有效的制度体系。特别是心理咨询师疏导和评估制度、人身安全保护裁定制度，提升了审判工作的科学性，凸显了扶弱抑强、抑暴安良的价值导向。对于人身安全保护裁定，许多法院怕麻烦怕隐患基本不作，焦作法院给出了很好的榜样。法院应成立家事调解委员会，广泛吸收成员单位，通过多部门力量整合，协同开展家事案件调解工作。应确定家事审判方式和工作机制改革联席会议的成员单位，并详细列出各成员单位职责以及具体责任人名单，预防消极应付和流于形式。四是应普遍引入心理咨询师提升审判科学化。科学化是对审判工作的新要求。过去审判的科学性是一块短板，制度没有强调，法官也很难注重。俗语说，清官难断家务事，显示了家事纠纷的复杂性和私密性，对于家事审判这一特殊的民事审判领域，心理科学的介入至关重要。家事案件当事人普遍存在认识偏颇、观念错误、言行失当等现象，并由此带来情绪激烈、矛盾加剧、利益纠缠等不利于案件解决的情况。通过心理咨询师专业的判断评估和疏导引领等一系列心理干预措施，不仅能化解心结，也能够帮助法官澄清事实，助益法律事实与客观事实的接近。可考虑把这项制度由当事人自愿变更为强制，可进一步构建心理咨询专家证人制度。五是应设置家事调查员制度破解举证难题。由于家事的私密性强，案件审理中仅依靠“谁主张、谁举证”的举证责任分配原则，多数情况下难以查明关键事实。可以通过完善家事调查员制度解决举证难问题，弥补法官时间和精力不足的缺陷。法院应建立家事调查员团队，严格选任条件、调查事项和工作纪律，制作家事调查员名册，对特定事项进行调查。对调查员要进行定期的证据科学培训，保证其提交的调查报告、证据材料可用、好用，对家事法官审判调解提供有力辅助。

（二）建立“两分三化一惩戒”执行工作长效机制切实解决执行难

探索建立执行工作长效机制，是人民法院贯彻落实党的十八届四中全会关于切实解决执行难决策部署的阶段性重大举措。2019 年 8 月，河南省社会科学院调研组对焦作两级法院执行长效机制建设工作进行了专题调研。近年来，焦作市中级人民法院对标执行评估指标，谋划从法院内部破解执行难的基本思路，陆续出台《关于建立“两分三化一惩戒”执行工作长效机制的实施办法（试行)》《执行案件流程节点管理规定》《执行案件监控管理规定》《执行案件团队流转管理规定》等 6 项配套制度，规范流程节点，强化惩戒措施，加强监控管理，提升信息化水平。2019 年上半年，焦作“两分三化一惩戒”长效工作机制被最高法院确定为可复制、可推广的经验做法。

1. 实行繁简分流和分段执行的“两分”执行办案基本模式

执行案件立案后，由专业综合团队按照案件类型和网络查控情况进行繁简分流。对简单案件，如财产保全、裁定不予执行或驳回申请、小标的仲裁案件、执行立案前已经采取财产保全措施或立案后经网络查控有足额现金、银行存款、网络资金等可供执行的案件，由快执团队一个月内执结；其他案件均按规定分段执行，分别由查控团队和处置团队相继开展传统查控与约谈、财产处置等工作。

截至 2019 年 6 月 30 日，焦作市中级人民法院执结首执、保全案件 207 件，占执结案件数的 45.2%。武陟法院在推行该工作机制后，快执团队 4 名法官，半年执结标的额 5 万元以下案件 420 起，执行案件的平均用时由 120 天缩短到 70 天。

2. 执行信息化、节点账册化和监管即时化的“三化”执行管理措施

一是执行信息化，即推进智慧法院建设，对执行硬件加大科技投入。在全省法院系统，率先建设指挥应急调度服务平台，首批试用最高法院推出的执行指挥应急调度服务平台，成为全省第一家覆盖全市法院的运行单位；率先建设“移动执行 APP”，执行干警只需在手机上下载该 APP，即可在外出办案时录入案件信息，开展现场取证、信息查询、网络查控、远程审批等操作；率先建设“阳光执行”微信小程序，及时向当事人同步推送执行节点信息，主动接受监督。二是节点账册化，即建立台账，对案件主要节点的办理时限和要求实行账册管理。全市两级法院执行法官按照《执行案件流程节点管理规定》要求办理案件，及时在执行案件管理系统录入和流转案件节点信息，做到执行行为、纸质卷宗、系统录入的“三同步”。三是监管即时化，即监管人员依照《执行案件监控管理规定》，对执行案件的主要节点实行同步即时管控。对节点流转不及时、执行行为不规范、即将超期的案件等进行随时督办，充分发挥监管即时化的提示、预警和督导作用，对督办后不整改的，不予以结案，并将有关情况定期通报，纳入绩效考核。

3. 将纳入失信名单、限高、罚款、拘留等惩戒措施贯穿执行工作全过程

对违反财产申报制度的被执行人，实行拘留、罚款常态化。对申请人信访案件和长期未结案件，进行专项督办检查，深挖拒执线索。建立健全打击拒执工作“立审执”协作配合机制，运用好公诉与自诉两种渠道追究拒不履行法定义务被执行人的刑事责任。

2019 年以来，焦作两级法院共开展集中执行 300 余次，通过开展执行办案百日竞赛、涉民生案件执行、涉金融案件执行等专项执行活动，司法拘留 670 人次，打击拒执犯罪 87 人，集中优势警力实施大规模强制清场活动 16 次，纳入最高人民法院失信人员名单 10 755 人次，3406 名被执行人自动履行义务，执行举措取得显著成效：一是执行监管队伍初步建成。在长效机制运行过程中，焦作两级法院设置专门的监督管理团队，各县区法院均有 2 名以上监督管理人员。监管团队通过动态分析研判、每周通报、个性化指导督导等举措，不断摸索行之有效的监管办法，逐步建成一支作风严谨、业务精通的执行监管队伍。二是执行信息化公开明显提升。今年以来，全市法院全面上线运行“阳光执行”APP，并结合“移动执行”APP 的应用，向当事人公开执行节点，有效保

障了当事人的知情权、参与权和监督权。截至 2019 年 6 月 30 日，全市法院“移动执行” APP 留痕案件 7482 件，使用率 75% ，“移动执行”留痕证据 19 829件，留痕率 76. 8% 。三是执行工作进入良性循环。该机制运行以来，焦作两级法院执行工作综合排名保持在全省法院先进位次。截至 6 月 30 日，全市两级法院 18 项质效指标中，包括实际执结率、实际执行到位率、法定期限内结案率和执行完毕率在内的 12 项指标位于全省第一方阵。与 2018 年同期相比，实际执结率提升 2 个百分点，法定期限内结案率提升 15 个百分点，结案平均用时减少 53 天/件，保全率提升 93 个百分点。在执结案件结构性指标中，实际执结案件占结案比例的 78. 36% 。

焦作市中级人民法院的执行长效工作机制给公正司法、司法为民以深刻的启示：

一是党委领导、政府支持是建立长效机制的政治基础。焦作两级法院党组积极向当地党委、党委政法委作执行工作专题报告，各级政府积极出台《关于支持人民法院推进解决“执行难”问题的意见》，解决焦作法院解决执行难存在的突出问题。党委的坚强领导，政府的坚定支持，扫清了解决执行难的拦路虎，夯实了法院解决执行难的政治基础。二是优化执行队伍建设是建立长效机制的核心任务。以员额法官为核心，构建执行团队，执行过程中的各种裁定、决定和命令依法均应由法官签发，员额法官负责统筹、管理和协调团队日常工作是高效发挥团队作用的关键。合理配置法官助理、书记员、法警等辅助人员完成事务性工作，书记员负责事务工作、助理辅助员额法官开展文书制作，员额法官签发文书，法警负责拘传、拘留、搜查等执行强制措施。辅助人员与员额法官形成补强效应，执行团队更加高效快速地完成执行工作。三是科学安排执行力量是建立长效机制的关键环节。对执行案件按照工作量大小等方式实施繁简分流，对执行启动、财产查控、财产变现、强制措施、执行和解和担保等简单执行实施案件，集中到执行实施小组；对执行工作力量需求较大、需要采取多种执行措施的疑难复杂案件，发挥群体力量，安排团队展开攻坚。执行力量的科学安排，使有限的执行人员工作效率最大化，大大提升执行工作质效。四是建立执行联动网络是建立长效机制的外部条件。执行工作需要社会各方的积极参与，建立执行联动中心，开展执行联动是解决执行难的重要外部保障。与执行工作密切相关的公安、银行、房管、不动产登记、铁路、民航、车辆管理、公积金管理等部门，需要有与执行工作相衔接的联动制约机制，对不能主动依法履行裁判义务的被执行人，列入失信被执行人名单，并且对失信人员真正采取限制措施，真正让其在履行义务前“经营无门路、财产被冻结、自由受限制”，形成部门联动，限制制约失信被执行人的体制机制。五是加强执行行为监管是建立长效机制的重要保障。执行工作的“网络化”“阳光化”“智能化”，是实现执行工作提档升级、建立执行工作长效机制的重要手段。执行流程节点化管理、办案流程监控即时化，即是执行工作长效机制有效运行的重要抓手，也是推进各项具体监管措施落实的重要保障。节点控制，可以让执行措施的采取更加及时，执行权的运用更加规范，流程监控确保案件的依法流畅进行。

（三）延伸司法职能，助推社会治理

创新发展新时代“枫桥经验”，完善“诉源治理”机制是最高人民法院“五五改革纲要”提出的深化多元化纠纷解决机制改革的关键和重点。焦作解放区人民法院为推进多元化纠纷解决机制改革向纵深发展，在学习借鉴“枫桥经验”的基础上，结合自身工作实际大胆创新，建立了诉源治理“2431”工作机制，实现了源头解纷、分流提速、简案快审、繁案精审，让人民群众享受到了方便、快捷、高效的司法服务。2019 年 8 月，河南省社会科学院调研组赴焦作法院就诉源治理工作开展了专题调研。2018 年，解放区人民法院诉前调解及速裁团队结案 2362 件，占同期民商事案件结案总数的 49. 3%；2019 年以来，诉前调解和速裁团队结案 1884 件，占同期民商事案件结案总数的 66. 8%。

解放区人民法院通过长期探索，逐步建立对外多元分流、对内繁简分流的“两分”模式，实现了矛盾纠纷的科学分流。在矛盾纠纷化解中实现对接专业化、队伍网络化、培训经常化、监管规范化，发挥“四化”积极作用，以司法质效提升为核心，做到“三个快速”，同时全力打造“线上”调解这“一个平台”，建立诉源治理“2431”工作机制。

1. 建立“两分”模式，坚持矛盾纠纷诉前化解优先

“社会调解优先，法院诉讼断后”。2018 年年初，解放区人民法院在立案庭成立案件分流小组，建立“对外对内两级分流”机制，对所有民商事案件科学有序分流，将诉讼服务中心打造成纠纷疏导的“立交桥”、审前调解的“过滤器”、综合服务的“大平台”，努力构建起分层递进、衔接配套的纠纷解决体系，从源头上减少诉讼增量。一是对外多元分流，滤纠纷于诉外。对诉前可能化解的矛盾纠纷，征得当事人的同意，全部分流到诉调对接中心，经中心再次筛选分流，对传统民事纠纷、家事纠纷、简易借贷类纠纷等“简案”按照“就近原则、地域原则、专业原则”分流到辖区各矛盾调解组织调解。这些案件按照流程先由社区主任先调，调解不成的交由办事处的行业组织、综治部门再调，第三站才到法院调解或者速裁。为兼顾效率，对此类分流案件一个月内调解不成的，将迅速立案进入正常审理程序。对外分流实现了矛盾纠纷解决的多元化，

借助社会力量，用最短的时间、最少的费用，在诉前和庭外解决大量的矛盾纠纷。调解成功后，按照当事人意愿或出具调解书，或出具司法确认书，使调解内容具有法律强制力。据统计，2018 年至今，该院通过诉讼服务中心对外委派调解案件 5879 件，占民商事案件收案总数的 72.2% 。其中，诉调对接中心向社会各调解组织再分流案件 1795 件。二是对内繁简分流，止纠纷于诉内。案件立案后，对简单案件（小额诉讼案件和简易程序案件）适用速裁程序，疑难复杂案件则直接分流到普通审判团队审理。期间如出现“简单”变“复杂”的情况，及时转换为普通程序审理。对内繁简分流实现了案件难易分离、轻重分离、快慢分离，真正做到简案快审，繁案精审，最终让案件审理提速，降低群众诉累。据统计，2018 年至今，解放区人民法院对内向速裁分流 2522 件，占受理民商事案件的 52.2% ，向普通审判团队分流 1664 件，占受理民商事案件的 36.4 % 。

2. 发挥“四化”职能，构建诉前纠纷化解网络

解放区人民法院强化对诉前调解组织的培训指导，逐步形成以法院诉调对接中心为枢纽，以各种调解工作站（室）为前端的多层次宽领域诉前矛盾纠纷化解网络。一是调解“枢纽”专业化。早在 2017 年年初，解放区人民法院就成立了诉调对接中心，组建了专业的诉前调解团队。团队由 1 名经验丰富的老庭长负责日常工作，1 名审委会委员、员额法官负责司法确认和业务指导工作，5 名综合业务能力强的调解员和 5 名书记员组成专业化团队专司调解工作。同时依托智慧法院建设，为调解团队配齐信息化硬件设备，如电脑、扫描仪、高拍仪等各种现代化装备，充分实现信息多跑腿，人工少跑路。二是调解队伍网络化。在区党委、政府的帮助下，解放区人民法院先后指导建立 8 个社区调解室、3 个行业调解组织，形成以 20 名专职调解员为主力，213 名人民调解员为补充的调解工作队伍，解放区人民法院与区司法局综合协调，对人民调解员每月发放工作补助，稳定调解队伍。目前已经在全区协调建立了区法院诉调对接中心、解放区和各街道矛盾纠纷调处中心、社区调解室、专业调解组织“四级调解网络”，将社会各界纠纷解决力量进行有效整合，全区实现了调解网络全覆盖。三是调解培训经常化。为打造一支调解领域里的“正规军”“王牌军”，该院建立了对民调人员的指导培训机制。诉调对接中心所有工作人员每个工作日早上安排半小时的时间集中学习业务知识，交流调解经验、调解技巧，商讨解决遇到的各种问题。信息化工作人员就如何运用微信调解、视频调解、线上调解对所有工作人员不断进行演示、模拟，对出现的问题予以现场指导、解决。同时还不定期对辖区所有调解组织进行巡回指导，不定期培训，定期对辖区 213 名人民调解员进行集中培训；每周对具备线上调解条件的社区调解组织人

员进行现场指导和培训。四是监督管理规范化。全区民商事案件从接受立案委托到调解、结案等所有程序均设台账管理，专人跟踪负责，做到所有案件在诉前调解各阶段规范有序。强化诉前调解信息化建设，所有诉前调解案件除制作纸质卷宗外均要求形成电子卷宗，方便管理查询，并为司法确认和下一步审判工作打下坚实基础。

3. 做到“三个快速”，提高纠纷化解效率

解放区人民法院积极推进“分调裁审”机制建设，先后成立四个速裁团队，按照1名员额法官、2名法官助理、3名书记员的“1+2+3”工作模式，配强团队力量，提高审判效率。2018年至今，该院四个速裁团队共受理案件3846件，审结3661件，平均审理期限为18天，上诉95件，服判息诉率为97.4%，结案数占全院民商事案件结案数的48.1%，达到了质效双赢的目标。

一是快速审理案件。案件立案后，由员额法官主持双方当事人做好庭前准备，提早介入分析争议焦点，圈定审判难点，找准审判突破点。在庭审模式上，打破传统束缚，采取“门诊式庭审”和“要素式庭审”等特色审判模式。证据交换在庭审前由法官助理主持完成，庭审中主审法官集中精力审理焦点问题，对双方无争议的证据，直接当庭予以确认，不受法庭调查、举证质证、法庭辩论等程序限制，庭审效率大大提高。二是快速制作裁判文书。解放区人民法院积极探索裁判文书改革，适用“类案智能专审”平台，利用人工智能及大数据技术，自动生成庭前文书和结案文书，大大减少审判人员工作量的同时，办案效率大幅提升。在文书格式上，积极推行要素式、表格式等简式裁判文书，简化程序，简化制作，提高效率，让当事人“判决拿得快，文书看得懂”。三是快速送达法律文书。解放区人民法院建立了集约化送达机制，在诉讼服务中心成立了由10名干警组成的集中送达组，保证专门车辆，加大送达力度。中国邮政入驻诉讼服务中心，确保邮寄送达中存在的问题随时解决。与三大运营商联合建立协调机制随时调取当事人手机号码信息，根据手机号码状态，针对简易和小额程序案件向被告发送开庭短信，解决被告规避送达问题。依据执行网络查控系统调取被告身份信息，通过审判流程管理系统查询被告一年内在省内关联案件信息，调取关联地法院案件的地址确认书全面提高送达效率。

4. 打造“一个平台”，实现“线上+线下”共治

解放区人民法院坚持“集约高效、便民利民、智慧精准”的工作思路，大力推进信息化、智慧化建设，全力打造“线上”调解平台。积极与街道社区沟通联系，主动为社区调解室和法律事务所配备信息化设备，为每个社区调解室聘请1名懂电脑、会调解、知民情、负责任、能力强的人员作为社区调解员，并在调解技巧、信息化技术等方面进行全方位培训指导，形成网上立案、网上

司法审查、网上确认、网上加盖电子签章、现场送达法律文书等“一站式”工作流程，当事人不出调解室就能拿到法律文书。信息化调解室的建立，实现了源头解纷、分流提速，让辖区群众享受到了方便快捷的司法服务。自全区4个信息化调解室成立以来，共成功调解案件123件，网上立案53起，现场出具法律文书2起，一网办理逐步形成常态。

焦作市解放区人民法院全力探索推进“2431”工作机制，加快构建多元化纠纷解决体系，在审判机制创新和纠纷化解上，走出了一条可推广可复制的新路，给探索诉源治理，进一步助推社会治理工作以深刻的启示。

一是诉前调解有机融入社会调解综合治理体系是推进诉源治理的重要前提。法院要把“党委领导、政府负责、社会协同、公众参与、法治保障”要求具体化，在内部设立调解纠纷分流中心，根据纠纷类型及当事人意愿合理配置调解资源。法院案件普遍应用诉前调解，又能从源头减少可能进入法院的诉讼案件，真正实现把矛盾化解在萌芽，让纠纷止步于诉前。诉前调解避开法院审判的刚性力量，散发出社会关怀的独特柔性，真正符合社会调解综合治理的节奏。二是诉讼案件繁简分流，实现快审与精审有效配合是推进诉源治理的制度基础。繁简分流、快慢分离，更加科学地配置了审判资源，实现了案件审理周期的全面提速。能够当场立案的简单案件，当场立案并及时转入速裁团队快速审理、裁判，及时辨明是非，定分止争。对案情重大复杂的疑难案件，科学分流到普通审判团队，按照程序精细审理，依法公正裁判。快慢结合，繁简精准适用，让法院公正不仅得到实现，还以当事人看得见的方式实现。三是分层调解细化分工，法院与社区诉前调解互为补充是推进诉源治理的关键抓手。法院把诉前调解作为立案的蓄水池，可以有效缓解诉讼案件增量，同时减轻当事人诉累。社区诉前调解撑起行政调解工作，党委、政府、法院、司法局共同协作，建立起社区诉前调解室，对暂时不能满足法院立案条件或不宜进入法院诉讼程序的矛盾纠纷，由社区调解室先行调解，解决法院之前无调解程序问题，从源头化解矛盾纠纷。四是以老带新培训交流，不断提升调解员业务水平是推进诉源治理的永续动力。对辖区内人民调解员，通过法院集中培训与法官带案下社区个别指导，强化诉讼业务培训学习，让他们不但熟悉了案件详情，还准确把握了法院诉讼流程及法律规定。在充分学习法律知识的前提下，社区调解程序和调解结果就会更接近法定程序，也便于法院后期的司法确认。另外，充分利用信息化手段，建立调解员与员额法官微信等社交媒体群，调解员足不出户随时请教调解中出现的法律问题，交流调解心得体会，也为他们提供了可持续的强大后援力量。五是多措并举保障履职，保持社区诉前调解组织人员稳定是推进诉源治理的组织保障。推动政府通过购买社会服务、法院投入诉讼调解专业人员、司法局协调行政调解人员等方式，将调解等多元解纷服务纳入政府采购目录，促进民间解纷力量发展。大力支持和鼓励发展行业调解、商事调解、专业调解，加大对调解的专项经费支持力度，推动构建“人民调解和行政调解国家保障，行业调解协会支持，商事调解市场运作”的经费保障模式，稳定矛盾纠纷调解人员队伍。

（四）繁简分流改革的锐意尝试与制度突破

繁简分流是法院受诉日益增多背景下推进司法资源优化配置、提升解纷质量效率的重要改革举措。焦作法院在河南省率先试行了诉前鉴定等助推办案效率提升的改革举措，该地在繁简分流渠道建设、繁简审理团队建设以及繁简考核激励制度建设方面进行了有益的探索和尝试，这些经验为推行此项改革提供了可资借鉴的样本。

1. 着力把握分流节点、畅通制度化分流渠道

精准地把握诉讼繁简分流的节点，是推进诉讼服务及诉讼裁断科学化、效率化的关键。焦作市中级人民法院多年来始终围绕繁简分流的制度化、规范化建设，不断探索推进繁简分流的完备的平台和渠道，先后开发推行了诉源分流、诉前分流、立案分流、速裁分流等多种分流制度和分流途径，通过致力于到诉讼源头阶段化解矛盾纠纷，在诉讼前多个节点组建分流力量，以及在法院诉讼服务和裁断机制上构筑有力的分流机制，有效推进了诉讼的源头分流、超前分流和过程分流，促进了解纷资源的优化和裁断效益的提高。

2. 着力抓好诉调对接、保障分流有序化实施

焦作市中级人民法院透过诉调对接中心的组织平台，与矛盾纠纷最初的发生地——各街道社区及各乡村的调解组织实现广泛对接，形成覆盖全市矛盾纠纷发生点的诉源调解网络。焦作市解放区人民法院组建了由资深法官、专职调解员构成的诉源调解团队，与全区 9 个街道办事处调解工作站、53 个社区（村）调解工作室，10 个行业调解工作站、23 个行业调解工作室，9 个家事调解工作室，1 个涉侨矛盾化解中心紧密无缝对接，搭建起了诉源调解分流向一线延伸扩展、诉源调解分流向纠纷发生地铺开的立体化、网格化、协作化的分流系统。

3. 着力锻造速裁团队、提升分流后裁判质量

立足于法院公正高效裁判案件的中心职能，焦作市中级人民法院从人员力量配备、专业素质保障、制度规定优化等方面，加大对速裁工作的全方位支持，使简案速审获得应有的质量和效率保证。山阳区人民法院按照“1＋1＋1”“1＋2＋1”或“1＋1＋3”等灵活方式，共组建 17 支速裁审判团队；温县人民

法院适应专业化速裁的工作要求，组建了专门审理财产保险合同纠纷案件的速裁团队。速裁团队建设专攻简小案件的快速审理，很快收到了减轻审判负担、节约诉讼资源的效果。

4. 着力优化考核激励、打造长效化运行机制

鉴于考核激励问题在繁简分流改革中的关键性，焦作市中级人民法院率先探索出台了《焦作市基层人民法院分调裁工作考核规定（试行）》，对立案分流、调解分流、速裁分流及相应的保障机制建设纳入考核计分管理，特别是重点加大了对速裁团队组建、速裁审理期限、速裁案件当庭宣判、小额诉讼程序适用等速裁机制重要环节，以及对诉调对接管理、专职调解员配备、委托调解司法确认、调解期限等重要内容的考核权重设计，以此形成精准有效的激励导向和制度约束。

焦作市中级人民法院的经验做法取得了很好的成效：

一是有效引流了纠纷及推进了和谐解纷。焦作市法院应对基层矛盾纠纷的新形势，搭建诉前调解分流的工作平台，努力将纠纷化解在源头阶段。温县法院自 2018 年到 2019 年 6 月，诉前调解团队共引流案件 1912 件，调解成功 742 件，司法确认 428 件。解放区人民法院 2018 年至今通过诉讼服务中心引流案件 5879 件，分流规模达该院民商事案件收案总数的 72. 2% 。焦作当地诉前调解团队已经成为化解群众身边纠纷的主阵地。2019 年 1—6 月，焦作法院民商事案件采用简易程序审理的一审民事案件 14 445 件，简易程序适用率又较 2018 年同期有较大增长，达到 88. 5% 。二是有效缓解了受诉压力及推进了人案匹配。焦作法院的多节点、多渠道分流机制，为法院在较大受诉规模环境中凝结司法资源、聚力审理质效开辟了新路。焦作山阳区人民法院 2018 年以来适用速裁程序审理的案件达到受案总量的 97. 81% ，法院人案结构得到大幅度的优化，对简案实现了快速化、批量化、类型化的处理，对繁案实现了精审化、专门化、典型化的处理，有效推进了“繁案精审、简案快审”。三是有效扩大了案件速裁及推进了效率提升。焦作市依照改革精神，把握繁简分流要素标准，将更多的案件应用于速裁程序，提升了案件审理效率。焦作修武县人民法院将事实清楚、争议不大的政府信息公开、行政处罚、行政非诉执行等案件纳入速裁程序审理。2019 年行政案件审理周期较 2018 年相比缩短了 8% 。2019 年上半年，焦作全市法院 27 个速裁团队，适用速裁程序审结民事案件 14 445 件，适用率达到 88. 50% ，刑事案件适用简易速裁程序审理 1467 件，适用率提升至 64. 77% 。

焦作市中级人民法院推进的诉讼繁简分流改革给公正司法以及为民提供司法保障方面以深刻的启示：

一是强化繁简标准要素的指引。（1）制定裁判制度指引。吸收审判实践有

关繁简标准要素判断及裁判的经验，在总结和归纳基础上发布繁简分流识别、要素归纳、类型确定等方面的司法政策文件。（2）发布裁判案例指引。发布有关繁简案件标准要素构成的指导性案件，并随案公布类型化审理指引。（3）开发裁判技术指引。开发繁简案件裁判的相关法规、同类案例、裁判说理数据库，向法官智能推送电子链接及文件资源，就案件要素、争议焦点等提供裁判信息参考。二是把握繁简案件的平衡布局。（1）强化诉源介入和制度配置。分流是制度整合及前后贯穿的分流。诉源分流阶段要提前布局相关诉讼前置事项，预先开展相应的权利告知、程序导入和信息采集。（2）完善类型化审理及相关配套。确立与类型化审理相匹配的诉讼流程、团队组建以及管理制度，探索类型化案件集中审判日制度。（3）改进繁简管理和绩效激励。推进繁简分流精细化管理，明确繁简分流工作量的科学计算方法，完善相应的指标体系设置和激励机制。三是探索多项诉讼程序的前置。（1）推广鉴定保全前置。焦作温县试行的鉴定前置改革，将这一程序事项向纠纷前沿延伸，收到了缩短审理期限、提高审判效率的好效果。结合巡回法庭机构建设布局，将鉴定提伸至纠纷一线和基层环节，及早开展诉前鉴定的释明、告知，并开通相应的快捷申请渠道和工作流程，从而使诉讼流程与解纷实际、使诉讼解纷与调解纠纷达成紧密协同和无缝对接。（2）借鉴及应用送达前置。借鉴北京等地法院开展送达前置的工作经验，在纠纷的基层调解和行政调解阶段即着手诉讼文书的送达，通过诉讼程序事项与调解进程的科学紧密的结合，实现程序事务的前瞻式的嵌入，同时还为后续司法速裁创造了有利条件。四是提升繁简分流的技术支持。（1）构筑繁简分流标准识别技术系统。包括构建司法大数据系统，提取、存储及分析繁简案例中的案情要素信息、裁判规则信息、程序进程信息，以此提升繁简分流识别判断的精准度。（2）完善繁简案件审理数据支持系统。开发带有繁简分类、类案识别的电子化诉讼裁判辅助系统，向法官推送繁简分流相关的要素梳理、规则提炼以及裁判方法和技巧的总结，进而为法官公正高效审理案件提供强有力的辅助。（3）推行繁简分流电子化送达等参诉应诉系统。适时增加强制性的制度供给，诸如受送达人身份认证及信息共享制度，扩大多渠道信息资源的交互，延展司法大数据布局，大力开拓受送达人信息资源；扩大电子送达适用领域和范围，加强电子送达平台建设，强化电子送达的宣传和普及。

（五）焦作市检察机关提起公益诉讼的实践探索

2014 年 10 月 23 日，中国共产党第十八届四中全会通过的《中共中央关于全面推进依法治国若干重大问题的决定》中提出“探索建立检察机关提起公益诉讼制度”。建立检察公益诉讼制度是党中央作出的重大决策部署，对于加强公益保护、促进依法行政和完善司法制度具有重大意义。近两年来，焦作市检察机关多措并举对公益诉讼作出了积极的探索，取得显著成效。

1. 加大办案力度，强化责任落实

焦作市检察机关对公益诉讼工作高度重视，把公益诉讼工作列为强化检察体制改革、推动检察工作创新的重点工作，抓好、抓实、抓细。市、区两级检察机关通过加强业务培训、调配执法力量等方式提高公益诉讼办案水平。市检察院在加大自身执法办案力度的同时，深入各区检察院督促指导工作，有针对性地排忧解难，指明方向，帮助各区公益诉讼工作顺利开展。市检察院还落实工作责任，制定工作台账，按月公布各区检察院公益诉讼工作情况进度，各区检察院化压力为动力，公益诉讼工作齐头并进。

2. 整合执法资源，促进内外联动

焦作检察机关整合内外执法资源，内联外动，无缝链接，形成推动公益诉讼工作的合力。一方面是强化检察机关内部资源整合，即检察机关发挥机关内部、上下级之间一盘棋作风，广泛采集公益诉讼案件线索，为全面推动公益诉讼奠定良好的工作基础。全市检察机关建立“一体化”办案机制，实行人员统一调度、线索统一管理，统一分组划片指导充分整合了办案资源，加强办案力度，提高办案质效。焦作市检察院办理的焦作市城市垃圾处置管理站污染环境案，是焦作市检察院公益诉讼部门设立以来办理的第一起公益诉讼案件，该案线索由中央环保督导组移交，市院灵活运用一体化办案机制，成立市县两级检察院专案组，通过现场无人机取证、调查走访附近群众、询问相关人员、查询垃圾运输处置方面的法律法规及相关操作规程、咨询有关专家等调查，向焦作市城市管理局公开送达督促履职检察建议书。建议焦作市城市管理局应依法履行监督管理职责，采取有效措施对焦作市城市垃圾处置管理站在垃圾处置过程中，扬尘、恶臭气体污染的行为以及垃圾运输车辆垃圾遗撒、液体滴漏的行为依法予以整改，消除环境污染隐患，目前市城管局正在积极整改中。此外，全市两级检察院建立检察内部案件线索共享移送机制。在案管部门受案阶段，凡是发现涉及公益诉讼线索方面的案件，在移送给有关部门的同时，及时通知公益诉讼部门，优化了“两法衔接”办公室的职能，检察内部合成作战，效果初显。孟州市检察院公益诉讼部门对该院侦监、公诉部门办理的涉及黄河环境及资源保护的案件进行了梳理，监督行政机关对非法采砂行为进行系统调查，具体提出对黄河河段非法采砂专项整治工作检察建议。孟州市河务局积极响应，并强化整改，追缴非法所得880余万元，严厉惩治非法采砂行为，恢复河道原有生态，保护了黄河生态环境，该案入选河南省“清四乱”专项活动九大典型案例。另一方面深化横向协作配合机制。全市两级检察院院主动与环保、水利、自然资源、市场监管等部门座谈沟通、交流合作、开展联合行动，建立案件线索相互移送机制，为下步工作开展奠定坚实基础。在“清四乱”专项活动中，市检察院积极督导沿黄各县级检察院积极行动，与各地河长制办公室、河务局组织召开专项行动联席会，成立专项行动领导小组，进一步细化专项行动工作措施。修武院、沁阳院成立人民检察院驻河长制办公室检察官联络室，密切配合、协调联动，形成协作配合齐抓共管的良好局面，保护好生态环境和公共资源，取得了良好的效果。

3. 聚焦热点公益，部署专项行动

一是以监督治理沿黄“四乱”为重点，维护黄河生态安全。焦作市检察机关开展“携手清四乱 保护母亲河”专项活动，共查办“清四乱”案件线索 74 件，立案 17 件，发出诉前检察建议 15 件，行政机关纠正违法或履行职责 9 件。共督促行政机关清理污染和非法占用河道 0.5 公里，清理生活垃圾 700 方，整改拆除违法建筑 10 360 方。沁阳检察院办理的“天成马业”违建案，主动出击，通过联合多部门会诊、约谈当事人、两级检察院统一对策，向沁阳河务局和王曲乡人民政府下发检察建议。900 余平方违建被清除，12 余亩耕地被恢复，推动了沁河桥秸秆乱堆、柏香镇伏背建筑垃圾乱堆等“四乱”问题的解决，该案入选河南省“清四乱”专项活动九大典型案例。二是以监督食品、网络餐饮安全为重点，确保百姓舌尖安全。焦作市检察机关开展“保障千家万户舌尖上安全”公益诉讼专项活动，共查办食品药品安全领域案件线索 9 件，立案 8 件，发出诉前检察建议 4 件，行政机关纠正违法或履行职责 2 件。修武检察院积极与市场监督管理局对接，对辖区内的食品药品经营加工企业进行联合检查，办理了五里源丑鸭蛋和澍青培训学校食堂食品安全公益诉讼案，针对检查中发现的问题向市场监督管理局发出检察建议 2 件，纠正了行政机关违法行使职权和不作为，打击了侵害众多消费者合法权益违法行为。三是以加强和推进涉农检察工作为重点，协助政府解决土地闲置问题。按照省检察院安排部署，自 2019 年 6 月起开展“闲置土地”公益诉讼专项监督活动。焦作市检察院高度重视，认真组织谋划，要求各基层检察院结合本地实际拿出有力方案和措施，积极与相关政府部门联系沟通，开展协作；详细了解监管部门已掌握的土地闲置问题和情况，并围绕监督重点，广泛摸排问题线索，为下一步集中整治做好准备工作。

4. 加强建章立制，提升办案质效

一是建立“月通报、季点评”制度。焦作市检察院每月下发全市公益诉讼工作情况通报，横向对比各基层检察院主要办案指标，分析研判工作短板和下步工作重点和目标，通报送市检察院主管检察长和基层检察院检察长，也为下步领导决策提供参考依据。同时也对基层检察院填录案卡不及时、不准确、错填、漏填的情况进行通报，严格规范统一业务应用系统的填报工作，也是对办案全过程进行规范化监督最直接、最有效的方式。二是建立检察建议“回头看”常态化机制。按照省检察院“回头看”专项活动工作安排，全市公益诉讼部门对2018年办理的公益诉讼案件集中开展检查审视，针对行政机关履职整改不到位的问题和诉前检察建议制发不规范、不合理，司法化不足、质量不高问题提出整改措施并限期督促整改，取得了良好的效果。专项活动结束后，市检察院通过“清四乱”案件周报、“舌尖上的安全”案件月报、对省检察院交办案件的检察建议进行备案审查，开展检察建议制作竞赛等措施跟踪检察建议落实情况，提高检察建议制作质量，提高干警法律文书制作水平，推进检察建议“回头看”常态化、制度化。三是建立卷宗质量评查制度。焦作市检察院根据《公益诉讼办案指南》，制定了卷宗评查计分细则，采取以交叉评查为主，市检察院抽查为辅的形式，做到办结案件的全覆盖评查，并对发现的问题进行限期整改，倒逼案件质量规范化。

公益诉讼的特殊性决定了检察机关在诉讼中既有特殊的地位和权力，又遭遇特殊的阻力和困难。焦作市检察院通过不断完善工作机制，稳步提升办案规模，营造良好外部环境，提高公益诉讼质效，真正发挥出了检察机关作为公益诉讼主体提起公益诉讼的主体优势：

一是完善了工作机制，增强了公益保护的合力。在省级层面建立由党委政府牵头、检察机关主导、人民法院和重点行政执法部门参与的联席会议工作机制，促进形成“党委领导、人大监督、政府支持、各界协同”保护公益的社会整体合力；及时总结司法实践经验，收集相关问题进行分析论证，提请人大立法机关开展公益诉讼重点领域执法检查、视察、调研，推动在地方立法层面完善公益诉讼法律制度；与相关行政机关、高校、社会组织协商建立全省统一的公益诉讼相关领域的鉴定机构名录、专家咨询库；加强和法院系统的沟通，就公益诉讼审理程序的相关问题交换意见并达成共识。二是持续推进专项活动，稳步提升了办案规模。焦作市检察院应持续办好省检察院部署开展的“清四乱”、“舌尖上的安全”“闲置土地”等专项活动案件，针对案件分布不均衡、个别检察院办案数量较少的问题，市检察院应结合区县各院实际，通过线索交办、案件领办等方式加强对下指导。适时开展具有当地特色的小型专项活动，有针对性地发现一批有价值的线索，指导基层检察院办理一批有影响的案件。三是营造了良好的外部环境，持续推进了行政公益诉讼。行政公益诉讼的制度目标就是实现特定领域内检察机关对执法行为的监督，促进严格规范执法，强化行政权对公共利益的保护功能。行政公益诉讼的目的就在于通过检察权对行政权的监督，促进行政执法规范化，加大公益保护力度。因此，既然目前借助司法力量推进严格执法的共识已经初步达成，行政公益诉讼作为推进依法行政、严格执法的重要手段应该说是大势所趋，所以，检察机关应树立起开展行政公益诉讼的信心和决心，加强与行政机关的沟通，坚持把推进问题解决作为履职尽责的首要目标，在监督中寻求配合，努力为公益诉讼的开展营造良好的外部环境。四是加强机构队伍建设，提升了司法办案水平。结合检察机关内设机构改革，单设公益诉讼检察机构或组建公益诉讼办案组，配齐配强公益诉讼办案人员。挖掘内部潜力，整合队伍力量，建立公益诉讼人才库。加强公益诉讼办案岗位技能培训，通过举办培训班、以会代训、外出学习、组织观摩、抽调办案等多种形式，不断提高检察办案人员发现线索、调查核实、庭审应对等能力，打造一支懂行政、会调查、善公诉的公益诉讼专业办案队伍。

十、问题与不足

社会主义核心价值观是社会主义核心价值体系最深层的精神内核，具有强大的感召力、凝聚力和引导力。法治由于其强制性的规范作用，对于培育和弘扬社会主义核心价值观具有特殊的重要作用。但从河南省现实情况来看，现行法律、政策对推动核心价值观建设还存在“保障不力、支持不足”的问题，引导性、激励性、约束性不够，在一些重要领域和环节明显滞后，对人民群众反映强烈的一些热点难点问题缺乏强有力的法律、政策措施。如，信用缺失、行为失范，特别是一些经济案件执行难等问题，严重影响着经济运行秩序；腐败高发，败坏党在人民心中的形象，损害党的执政基础；空巢老人数量较大，老无所养甚至被遗弃的现象时有发生；网络上的暴力、黄赌毒信息以及网络谣言对青少年的危害严重，等等。这些问题的产生，除了道德与诚信体系建设不完善的因素之外，法治建设薄弱、对一些违法乱纪行为惩戒不力也是重要原因。①

① 尚长风：“社会主义核心价值观融入法治建设的意义与路径”，载《安徽日报》2017 年 10 月 17 日。

第十章

社会主义核心价值观融入法治中国建设对策建议

党的十八大提出"二十四字"社会主义核心价值观将国家价值目标、社会价值取向与公民价值规则贯通于国家建设、社会发展与公民自治的各个领域，形塑着我国社会主流价值观念、国家精神、思维品格、公民性格。社会主义核心价值观深深地影响着法治中国建设进程，构成法治中国建设的理念引领、价值根基与生态环境。社会主义核心价值观与法治中国建设犹如全面推进依法治国的车之两轮与鸟之两翼。一方面，社会主义核心价值观贯穿于法治国家、法治政府与法治社会三位一体建设的过程始终；另一方面，"科学立法、严格执法、公正司法、全民守法"的十六字法治建设方针也闪烁着社会主义核心价值观的理论智慧与道德光辉。因此，践行与培育社会主义核心价值观是法治中国建设的题中应有之义。①

一、把社会主义核心价值观融入重点领域立法

社会主义核心价值观入法入规，是全面依法治国和社会主义核心价值观建设的必然要求。从人类社会的历史进程来看，社会核心价值体系融入立法不仅必要而且正当。然而，随着社会的发展与进步，法律与道德、伦理、宗教等其他社会规范之间的分离已成常态。基于社会主义核心价值观融入立法的现实必要性和理性考量，科学的路径选择可以从"价值软法化"和"道德法律化"两个层面入手，将社会主义核心价值观或转化为自觉遵守的软法规定，或落实为具有法律强制意味的硬性规范。②

① 公丕祥："社会主义核心价值观是建设法治中国的内在驱动力"，载《知与行》2018 年第 5 期。

② 蒋传光："关于推动社会主义核心价值观入法入规的思考"，载《学习与探索》2017 年第 8 期。

用社会主义核心价值观统摄河南省重点领域立法工作，将核心价值观的精神融入河南法律原则和具体法律规范当中，是推进社会主义核心价值观入法入规的关键所在。法律法规具有鲜明的价值导向，积极推进河南省关系群众切身利益的重点领域立法，注重将具有道德属性的软性约束转化为具有刚性约束力的法律规定，可使法律法规更好地彰显河南的价值目标及价值导向以及中原人民的价值准则，实现法律发挥与道德建设的良性互动，真正落实依法治省的要求。具体而言，要加快完善体现权利公平、机会公平、规则公平的法律制度，切实保障公民权利。要进一步完善河南省市场经济法律制度，建立健全民事基本法律制度，推进形成平等交换、公平竞争、保护产权、维护契约、有效监管的市场体制。要加强河南省信用体系建设，完善规范政务诚信、公民诚信、科研诚信等的法律法规。同时，要积极推动河南省生态文明法律制度的完善，有效应对大气污染、资源浪费、生态破坏等问题，营造天蓝地绿水清的生存和发展环境。

加强顶层设计把社会主义核心价值观融入立法。2018 年 5 月，中共中央印发了《社会主义核心价值观融入法治建设立法修法规划》。《规划》强调，“要以习近平新时代中国特色社会主义思想为指导，坚持全面依法治国，坚持社会主义核心价值体系，着力把社会主义核心价值观融入法律法规的立改废释全过程，确保各项立法导向更加鲜明、要求更加明确、措施更加有力，力争经过 5 到 10 年时间，推动社会主义核心价值观全面融入中国特色社会主义法律体系”。

良法是善治的前提。尽管县级不具有立法权，但是，基层政府制定的规范性文件俗称“红头文件”，在日常管理中发挥着落实中央政策的具体作用。在基层把社会主义核心价值观融入规范性文件的审查和清理，是一项重要工作，是保障基层规范性文件具备“良法善治”品质的关键。在审查和清理时，各级政府需要建立严格的规范性文件备案审查制度和合法性审查制度。要按照社会主义核心价值观的要求纠正规范性文件中存在的问题。同时，需要加强把社会主义核心价值观融入重点领域立法。也就是在老百姓关注的领域建立和完善有关法规，主要是在保障和改善民生、保护弱势群体权益等方面立法。大力推进“民主立法”。立法前要充分征求社会各方意见，通过线上线下各种方式扩大人民群众有序参与立法活动。

二、把社会主义核心价值观融入公共政策

公共政策作为国家治理体系建设的重要组成部分，其内在理念与实践运行必然需要社会主义核心价值观的精神引领与深层驱动，其推广和实践也必然深入促进社会主义核心价值观的社会化、大众化。以平等、公正为标志，社会主

义核心价值观赋予公共政策以精髓。对平等与公正的追求是社会主义核心价值观的重要内容。公共政策很好地贯彻了这一点，河南省委省政府在公共政策的制定过程中，坚持以公正为出发点，对城乡之间、不同地区之间、不同人群之间的权利均衡考量，与此同时，将老年人、未成年人、残疾人、农民工、农村留守妇女儿童、生活困难群众列为公共政策服务的重点对象。通过对资源的整合与调配，让平等、公正的价值理念深入人心。以民主为标志，社会主义核心价值观赋予公共政策以导向。

第一，制定有利于践行社会主义核心价值观导引的公共政策。规范公共政策制定程序，提高公共政策的合法性；提升政策制定者素质，提高公共政策质量；集思广益，优化公共政策内容。第二，建立有利于践行社会主义核心价值观导引的公共政策评估机制。建立公共政策评估制度；优化公共政策评估过程。第三，完善有利于践行社会主义核心价值观导引的公共政策执行路径。建立高效的公共政策传播机制；加强公共政策的物质和组织准备；建设积极健康的公共政策执行文化；提高公共政策的认同感。第四，健全有利于践行社会主义核心价值观导引的公共政策监督考核机制。完善公共政策的监督控制机制；重视舆论对公共政策的监督作用。①

三、把社会主义核心价值观融入党内法规制度建设中

社会主义核心价值观不但要体现在宪法法律中，而且特别要体现在党内法规制度之中。第一，把社会主义核心价值观融入党内法规制度建设中，是对党员提出了更高的道德要求。要管理好我们党8600多万名党员和430多万个基层党组织，并且发挥先锋模范作用，必须要加强党内法规制度建设。党内法规制度不是最低限度的道德要求，不是管理社会和普通群众的一般法律规范，而是需要融入社会主要核心价值观的高标准规范制度。第二，把社会主义核心价值观融入党内法规制度建设中，是对道德要求的细化和落实。第三，把社会主义核心价值观融入党内法规制度建设中，要着重把握依规治党和以德治党相统一。

四、既要靠良法又要靠善治

社会主义核心价值观是良法与善治的灵魂，应在立法领域引领方向，贯彻始终。良法引导善治的方向，善治玉成良法的活力，良法与善治共同构成法律之治，共同培育和践行社会主义核心价值观。

---

① 张继红：公共政策在导引社会主义核心价值观践行中存在的问题及对策，南华大学2017年硕士学位论文。

1. 良法是法治建设的源头和基础，是社会主义核心价值观的规范性表达

法治是良法之治，创设优良的法律是法治的第一步，而良法的标准就是立法的宗旨和立法的原则是否体现了二十四字的社会主义核心价值观，科学立法就是要把正确的价值观贯彻到法律条文之中。良法的实现，也就是法律的实施，需要各种位阶的规范性文件进行协助，需要方方面面的治理措施合力辅成。国家治理体系和治理能力现代化，是实现善治的基础性工作，为此，国家必须进行体制改革，对人才知人善任，让人才各展所长。管理必须赏罚分明，价值观鲜明。

中央决议强调，“法律是治国之重器，良法是善治之前提”。社会主义核心价值观是良法与善治的灵魂，应在立法领域引领方向，贯彻始终，在治理领域充分体现，指导行动。立法者价值观错误会产生恶法，污染规则的源头，导致社会治理的混乱和不公。执法者和司法者价值观错误会消弭法律的权威，败坏社会的风气，使法律形同虚设，善不扬，恶难惩，乱象丛生。良法引导善治的方向，善治玉成良法的活力，良法与善治共同构成法律之治即法治，共同培育和践行社会主义核心价值观。

2. 良法是善治的前提

良法即内容、价值、形式、制定程序都符合核心价值观的法，展现出内在和外在的双重公正。法律制度如果贯彻了正确的价值观，并与成熟的立法技术相结合，将共同成就良法之“良”的品性。法律制度如果贯彻了错误的价值观，比如权力本位，对主观恶性行为惩罚不足等，将难以达成善治。“法乃公平正义之术”，正义是法的实质和宗旨，法只能在正义中发现其适当的和具体的内容。中国古代的“法平如水”“法不阿贵”等，都表达了同样的思想，即法律应当以公平正义等价值理念为其正当性的来源，并且以实现公平正义为其主要目标。可将良法之良概括为“真、善、美”：“真”即法律内容的合规律性，“善”即法律价值的合目的性，法律是否体现人类正义，“美”即法律形式的合科学性，结构严谨、体系协调、语言规范。法律价值上要清晰准确，不论是宪法还是具体的法律体系，或是各个部门的法规规章，都应共享一套价值体系，保证其内部的价值统一性。价值观的适度引入使法律具备天然优质的施行基础，能够潜在地增强法律的接受度和可行性。

良法是社会主义核心价值观的规范性表达，塑造了社会心理学的法律面向，参与构建了社会文化和社会道德观念。在行政领域的立法中，应信息公开，鼓励监督，支持公益性社会组织；在经济领域的立法中，应保护产权，维护契约，规范竞争，惩治违法；在民生领域的立法中，应保护权利、保障弱势、均衡教育、优化医疗、保障食品安全、惩治欺诈、畅通道路；在环境领域的立法中，

应使监管有力，保赔偿到位；在诉讼领域的立法中，应审判公开，执行到位，当事人权利保护有力，公益诉讼得到鼓励；在综合治理领域的立法中，应明确规范对信访举报查处结果的反馈与公开。

3. 善治是良法的实现

徒法不足以自行，良法要走入人们的内心，再外化为人们的自觉行动，才算完成了法律的使命，即法律得到实现。良法要靠依法治党的统领保证、依法限权立责的善政保证、依法赋权独立的司法保证、依法遵循职业道德的执法保证而达成善治。一方面，善治是良法实施的良善结果，是社会组成部分各得其所的和谐状态；另一方面，善治是法治建设的路径和过程，是强化社会治理价值导向的有效行动。善治要求严格执法、公正司法和全民守法，其中全民守法主要是指权力机关及其工作人员特别是领导干部要守法，此所谓“官德如风”，能把权力关进法律的笼子就能够大大提高司法公正的程度。譬如公众对警察街头执法的监督，是法定的权利，然而现实并不乐观，往往是公众热情很高，相当多的警察却还很不适应，这说明善治仍然任重道远。联合国亚太经济社会委员会在其发布的《什么是善治?》中，对于善治提出了八项标准，分别为共同参与、厉行法治、决策透明、及时回应、达成共识、平等和包容 、实效和效率以及问责。

善治既是国与民之间最好的状态，也是一个有序的治理过程，还是实然的治理结果。善治是政治权威通过权力和社会治理使共同体成员更好地参与到共同事业之中的状态。善治体现为两个重要的方面，一是善治所提出的治理能力要求，二是善治所内生的制度性结构。善治首先意味着国家具备高超的治理能力，国家要致力于在经济、政治、环境保护和文化等各个领域探索和实现治理的现代化和科学化。而制度性结构则体现为治理的稳定性和机制化，因此善治不只是对治理主体所提出的价值性要求，也是治理者和被治理者共同所处的制度、文化和效益上的卓越状态。立法的完善、审判的公正、公民对于法律的忠实等法治成就，丰富了善治的内涵。譬如守法领域的善治，是指无特权发生，无恶人横行。“关键少数”恪守契约精神，把法律当作自己与岗位之间的契约来对待，用法治思维和法治方式统帅工作。普通公民敬畏规则，见义勇为，诚信友善。

4. 良法与善治都需融入价值观

价值观是社会成员对周围事物的是非、善恶和重要性的总体评价。价值观是世界观的核心，是驱使人们行为的内部动力。在良法与善治方面，正确的价值观表现为法治观。法治观是对法治的价值立场和实践意义进行理性构建的观念体系，包含了对法治是什么、法治在政治社会实践中的角色等问题的回答。

法治是良法之治，是最大的善治。法治既是规则治理的状态，也是规则治理的德行要求。在法治实践中，不同的价值发挥作用并且相互之间可能存在冲突，因此法治观要对展现法治之要旨的价值意义提出最佳的说明和理论构想。

法治观构建的三个要素，包括价值立场、方法论主张和政治意义。价值立场是对法律治理之价值实现形态的价值论和目的论说明，方法论主张是在方法论意义上寻求对合法性的价值结构和制度性特征进行解析的视角，价值立场和方法论主张相互结合而展现法治价值的技术蓝图。政治意义进入法律治理背后的政治文化塑造之中。法治观的四个要素从整体上体现了法治价值的元理论、实现方式和政治意义。法律是实现目的的手段，但法治并非实现任意目的的技术性过程，而是进入社会实践的丰富价值平台的多维度规则形态。

法治具有规范政治意义和社会政治意义，规范的政治意义体现为作为法治的理想社会诉求的良法，而社会政治意义则体现为在国家治理秩序中核心价值得以促进和实现的善治。核心价值是共同体中每个个体的繁荣和福祉的最基本方面，构建了道德推理和法律推理的价值基础，核心价值观提供了人的行动的基本依据，也塑造了政治和法律实践的话语空间。良法是法治的政治意义的最佳体现，善治是对权力的限制、对技术理性和实践智慧的依赖以及对法律机制设计背后的各种价值的尊重。国家治理现代化的目标是治理的良善化，而治理的良善化依赖于治理的法治化。“法立而能守，则德可久，业可大”。善治的依据是良法，善治以贯彻实施良法为核心。完备的法律规范体系、高效的法治实施体系、严密的法治监督体系和有力的法治保障体系，都离不开核心价值的支撑。良法善治，要求把融入了核心价值观的法治理念、法治精神贯穿到政治、经济、文化、社会和生态建设之中。不仅要具备“依法办事”的制度安排及运行机制，而且强调法律至上、制约权力、保障权利、程序公正、良法之治等精神价值。

五、用司法公正引领社会公正

司法是否正确践行社会主义核心价值观，成为检验裁判认同度的重要试金石。从实践来看，法院有意识地将社会主义核心价值观融入司法过程，以此凸显司法引导、保障、促进社会主流价值观念的功能。但司法裁判在核心价值观的融入层次上存在表面化、在融入方法上存在盲目性等问题，可资改进的方式方法包括克服机械法律教条主义和庸俗法律实用主义，妥善适用法律规则和法律原则，在司法理念上应更注重“向前看”，向社会释放正确的激励信号，在裁判依据上追求“天理人情国法”的统一。

2012 年 12 月 4 日，习近平同志《在首都各界纪念现行宪法公布施行三十周年大会上的讲话》中指出，“我们要依法公正对待人民群众的诉求，努力让人民群众在每一个司法案件中都能感受到公平正义，决不能让不公正的审判伤害人民群众感情、损害人民群众权益”。

社会主义核心价值观融入司法的原则是司法为民。一切司法活动都要以维护人民群众的合法权益为出发点和落脚点，做到合理与合法有机统一，做到法律效果与社会效果的统一，做到实体正义与程序正义的统一。在司法工作中，需要克服法条主义和法律形式主义。神圣的判决往往与常识常情常理相契合。推动社会主义核心价值观融入司法，需要进一步深化司法公开，少一些“和稀泥式”的调解和判决，不能牺牲公共利益来达到所谓少数当事人的“和谐”。大力推动网络直播庭审等做法，提高当庭宣判率，接受社会公众的监督。进一步完善诉前调解工作，避免走形式、拖时间的以拖代审。

用司法公正引领社会公正，一是要着重提高司法公信力。严格依照事实和法律办案，确保办案过程符合程序公正、办案结果符合实体公正。注重对弱势群体合法权益的司法保护，切实解决执行难问题，依法保障胜诉当事人能够及时实现权益。严格落实司法责任制，加强对司法活动的监督，让司法在阳光下运行。二是要建设完备的法律服务体系。加强司法救助、法律援助，畅通依法维权渠道，加快建设和完善巡回法庭和专门法院，最大限度发挥司法的人权保障功能。三要是加强和完善司法政策、司法解释和案例指导。遵循法律精神和原则，实行适应社会主义核心价值观要求的司法政策。发挥司法解释功能，正确解释法律。

党的十九届四中全会为我国司法制度发展和司法治理的现代化提出了新的要求，指明了发展方向。我国的司法治理是党的领导、人民当家做主、依法治国有机统一的国家治理体系的重要组成部分，全面融入“五位一体”总体布局和“四个全面”战略布局的总体系统内，展现着通过公正高效权威的司法推进全面依法治理的改革决心和改革定力，为凝聚我国国家治理合力、提升国家治理效能发挥着重大作用。

我国的司法治理正处在党领导人民奋力实现两个一百年目标的大局系统之内，司法治理服务并保障国家重大发展战略和打好三大攻坚战的中心任务，服务并保障优化营商环境、营造更高层次改革开放新格局、实现经济高质量发展的时代主题。新时代国家治理体系和治理能力现代化更加注重改革治理的系统性整体性协同性，这要求当前的司法体制改革进一步凸显“综合配套”这一主题，将司法人员、组织、权能、技术等多种因素的改革纳入司法系统内加以统筹考量，更加全面地把握改革整合性、一体性的目标特征，不断强化多领域改革方案、多步骤改革进程、多方面改革效果的协同。

新时代司法治理权能设计与配置是在正确政治方向指引下，立足于党和国家工作大局，坚持人民为中心及把握人民日益增长的美好生活需要，体现中国特色社会主义国家权力架构和治理逻辑，契合及遵循司法权力配置、保障及监督的运行规律，展现为以宽域司法、能动司法和服务保障型司法为主要特征的科学化的治理体系。着眼于构筑中国特色社会主义司法权力运行体系，体现独立行使审判权、检察权及加强权力间的监督和制约的要求，司法治理权能的改革要着力于不断优化司法的诉源治理、纠纷裁断、权力制约的权能设计，不断优化侦查权、检察权、审判权、执行权相互配合、相互制约的体制机制，不断优化审判权与执行权、审判权检察权与行政事务管理权的相互关系与权能配置。

司法治理的现代化以构建优化协同高效的治理组织体系和治理职能体系为目标，统筹及优化四级法院机构设置与职能设计，加强及改进专门法院、巡回法庭以及内设机构等组织机构设置和职能配套，推动司法组织及其职能全面适应新时代治理要求。新时代司法体制中司法委员会、司法会议等管理性机构的兴起，展现司法系统内加强意见协商的治理动向，司法审判组织则日益专业化、团队化及多中心化，反映司法组织致力于人案匹配的治理演进，而大部制改革方案的引入，则表露内设行管机构精简化、综合化、扁平化的治理要求。改革更加侧重于改进及优化多层级、多类型司法组织在案件受理范围及管辖办法、在裁判规则塑造及判例指导等方面职能设计，推动形成适应案件增长实际、满足群众诉讼需求、效能协同并进的司法治理组织及职能体系。

现代治理理念的精髓在于协商治理与多元参与。司法治理效能的增强有赖于司法同政府部门、社会组织及公众结成优化协同的治理关系，司法与政府部门之间既要明晰职权界限，又要瞄准高效能治理目标展开紧密高效的协同，同样，司法与各类社会主体在司法过程中的协商和参与也是达成公正高效司法的必备条件。多方主体所开展的调解、仲裁、行政裁决、行政复议等多元纠纷解决渠道，与司法系统形成紧密衔接、有效配合的协同治理系统，共同致力于纠纷的源头化、效率化的解决。司法庭审治理是公诉部门、律师、社会第三方机构有效沟通、精准互动、协同参与的产物，高质量庭审必然要求搭建相应的治理框架和治理制度。司法置身于开放性参与环境之中，司法与公众就诉讼交往、需求交流和信息交互也要结成相应的诉讼服务治理、需求导向治理以及信息公开性治理等多重治理关系。

制度建设是国家治理体系和治理能力现代化的中心指向。治理体系及治理能力最终表现为治理制度和制度执行能力。司法治理同样落脚于党领导司法制度、司法服务和保障大局的制度、司法公开和诉讼服务制度、司法组织和权力运行制度、司法人员管理及智慧法院制度等一系列制度内容。要围绕构筑公正高效权威的中国特色社会主义司法制度，不断推进司法制度体系的完备性、科学性和有效性，促使司法制度更加成熟、更加定型，推动司法治理能力、治理效能和治理公信力的全面提升。司法治理制度建设坚持具体精细、完整配套、紧密衔接的方针，注重司法制度制定、执行和监督实施中的制度配套，抓好多部门制度规则的对接和集成，促使具体司法领域和工作环节制度规则的细化和可操作性。

现代信息技术的日新月异，推动司法迈入技术治理的新阶段。大数据、云计算、人工智能等现代科技手段的普及，使司法在更深层次上与社会化信息平台、个人信息终端形成紧密联系与对接。未来智慧法院建设着力于庭审治理、公众参与司法的治理、司法诉讼服务治理等关键治理环节，开发语音及视频传输技术、案例及法规辅助裁判技术、多主体诉讼参与交互技术等技术手段，开发网络司法信息公开技术、公众庭审参审技术、司法与公众意见交互技术等技术平台，推动建成把握司法需求、精准施策的大数据治理保障系统，以及建成大数据与司法管理及服务相融合的司法治理运行系统。

司法制度建设是我国法治建设的重要组成部分，将社会主义核心价值观融入司法制度建设是时代的必然要求。公正作为一种最基本的诉讼价值理念，是法治国家发达、社会稳定进步的基础。公正即公平和正义。公正的司法是现代社会政治民主、法治社会进步的重要标志，也是现代国家经济发展和人民生活稳定的重要保证。历史上，自然正义原则是用以规范司法权运作的，完善司法制度建设，深化司法体制改革的重要目的之一就是要提高司法公信力，让司法真正发挥维护社会公平正义重要防线的作用。在完善司法制度建设的过程中，有关司法制度的立改废释要体现公平和正义的精神，充分发挥司法的权利保障、平息纠纷、限制权力、维护社会公平正义的基本功能，要让各类案件的当事人及其他诉讼参与人都能在制度中感受到实体公正和程序正义。与此同时，公正也应当是看得见的公正。也就是说，司法公正不仅应当得到实现，而还要以人们看得见的方式加以实现。①

六、加强法治工作队伍建设

党的十九届四中全会提出，坚持德才兼备、选贤任能，聚天下英才而用之，培养造就更多更优秀人才是我国国家制度和国家治理体系的显著优势之一。②

① 哈书菊："社会主义核心价值观融入司法制度建设的理论意蕴"，载《知与行》2018年第4期。

② 摘自《中共中央关于坚持和完善中国特色社会主义制度、推进国家治理体系和治理能力现代化若干重大问题的决定》。

社会主义核心价值观融入法治建设中，必须要打造一支德才兼备的高素质法治工作队伍。第一，打造高素质法治工作队伍，才能提高立法、执法、司法的质量和效率。全面推进依法治国的各项任务落到实处都离不开一支高素质的法治工作队伍。第二，打造高素质法治工作队伍，要注重思想道德水准和业务工作能力两个方面。品行、操守和业务能力二者同等重要，两手都要抓。第三，打造高素质法治工作队伍要加强法治专门队伍和社会法律服务队伍两个方面的建设。立法、行政执法、司法人员组成的法治专门队伍和律师、公证员、基层法律服务者、人民调解员组成的社会法律服务队伍，两个队伍互相配合，共同推动社会主义法治理念和社会主义核心价值观在国家生活的方方面面得到落实。

法治工作队伍处于法治实践的第一线，要用法律的权威使社会主义核心价值观这一“软性道德要求”转变为“硬性法律规范”，必须打造一支德才兼备的高素质法治工作队伍。在国家层面上，建设“富强、民主、文明、和谐”的国家，在社会层面上建设“自由、平等、公正、法治”的社会，均离不开德才兼备的高素质法治工作队伍，同时，在个人层面上，“爱国、敬业、诚信、友善”既是对法治工作队伍的要求，也是对全体社会成员的道德要求。并且，只有通过高素质的法治工作队伍，才能把“国家”“社会”“个人”这三个层面的社会主义核心价值观贯彻落实到依法治国、依法执政、依法行政的实践中去，落实到立法、执法、司法、普法和依法治理的各个方面。

改革开放之初，社会主义市场经济法律体系尚未建立起来，法治建设主要注重基本制度的建立。时至今日，要求进一步把社会主义核心价值观融入法治建设，这是在强调法治的时代精神和价值导向作用。只有做到“爱国、敬业、诚信、友善”的高素质法治工作队伍，才能对国家负责、对社会负责、对人民负责，在立法、执法、司法、普法、依法治理等各个方面，纠正近年来人民群众反应强烈、有悖社会公平正义、突破社会道德底线、丧失道德良知、造成人性坍塌的严重背离社会主义核心价值观的行为。在立法方面，将社会主义核心价值观融入立法的例子不胜枚举。例如，《刑法修正案（九）》新增了“终身监禁”，这一新的刑罚封堵了贪官“以权赎身的暗门”，加大了对群众深恶痛绝的贪污腐败犯罪的打击力度。《刑法修正案（九）》还增加了组织考试作弊罪，非法出售、提供试题、答案罪，代替考试罪，对有悖教育考试公平的行为加以打击。当我们被“冷漠的路人”伤得很深的时候，新出台的《民法总则》对“见义勇为”给予了立法上的支持。把社会主义核心价值观融入执法和运用公共政策依法治理方面，也有许多例子。针对房价贵、看病贵等社会焦点问题，政府适时出台严格的限购措施打击炒房，出台重疾救助措施，开展打击医药行业商业贿赂专项行动。在司法方面，老赖上“黑名单”等制度加大打击、制裁失信人，保护诚信主体。

打造高素质法治工作队伍要注重思想道德水准和业务工作能力两个方面。品行、操守和业务能力二者同等重要，两手都要抓。首先，打造高素质法治工作队伍，必须把思想政治建设摆在首位。忠于党、忠于国家、忠于人民、忠于法律，维护社会公平正义，这是法治工作队伍的首要担当。通过开展理想信念教育，开展社会主义核心价值观教育，可以在思想上正本清源。目前，以社会主义核心价值观提升法治工作队伍的素质，主要纠正以下几个突出问题：一是，缺乏理论自信、制度自信和道路自信，理想信念不坚定，盲目信奉西方政治制度和司法制度；二是，个别同志不懂国情、民意，无大局观念，制定法律夹杂部门利益；三是，纠正选择性执法、钓鱼执法，吃拿卡要、寻租牟利；四是，纠正司法不公，办人情案、金钱案，贪赃枉法，徇私舞弊。其次，打造高素质法治工作队伍，要大力提高业务工作能力。科学立法、严格执法、公正司法、全民守法，都依赖具有高水平专业能力的法治工作队伍。以《婚姻法》立法和司法实践为例，为了打击夫妻通过离婚恶意转移财产借以逃避债务的行为，出台了《婚姻法司法解释（二）》第24条，规定：债权人就婚姻关系存续期间夫妻一方以个人名义所负债务主张权利的，应当按夫妻共同债务处理。然而，第24条对于债权人的保护过于心切，在表述上极易让非法律专业人士的社会公众产生误解，似乎只要一方借债，配偶就有连带赔偿责任。并且第24条在表述上过于简单，把《婚姻法》第41条规定的“原为夫妻共同生活所负的债务，应当共同偿还”这一认定夫妻共同债务的重要条件未加强调。于是，近几年来，夫妻一方利用第24条串通第三人虚构债务损害配偶利益的情况时有发生，甚至非法债务也找上门来。为了纠正这种情况，2017年2月，最高人民法院针对第24条作出了《补充规定》，并下发了《最高人民法院关于依法妥善审理涉及夫妻债务案件有关问题的通知》，对目前出现较多的虚假债务、非法债务给配偶造成损害的情形进行遏制。并且，在司法实践中，法官如果业务水平足够高，能够认真履行核实债务真实性的职责，能够正确认识《婚姻法》及其司法解释的相互关系，则不会有非法债务被认定为夫妻共同债务的情形发生，并大大降低虚假债务、非法债务对配偶的损害。立法和司法作为一项专业性很强的技术性工作，对法治工作者的业务水平和专业能力要求很高，稍有不慎就会给人民群众的生产、生活造成意想不到的麻烦。

打造高素质法治工作队伍需要加强法治专门队伍和社会法律服务队伍两个方面的建设。立法、行政执法和司法人员组成的法治专门队伍与律师、公证员、基层法律服务人员和人民调解员组成的社会法律服务队伍，这两个队伍相互配合共同推动社会主义法治理念和社会主义核心价值观在社会生活的方方面面得到落实。打造高素质法治专门队伍，主要是积极推进法治专门队伍的正规化、专业化与职业化。完善法律职业准入制度，健全法律职业资格考试制度，提高法律职业者的品行、操守和专业技能。建立、完善法律职业人员相互流动制度。鼓励从律师、法学学者中选拔法官、检察官。加强与完善法治专门队伍职业保障，进一步推进司法去行政化，建立起法官、检察官、人民警察专业职务序列和工资制度，建立法官、检察官逐级遴选制度，进行员额制改革。打造高素质社会法律服务队伍，主要是引导律师、公证员、基层法律服务人员和人民调解员，运用法律专业技能为群众提供法律咨询，宣传普及法律知识，化解社会矛盾。

法治作为一种制度需要人来执行，并且法治体系本身也要靠人来构建。打造一支德才兼备的高素质法治工作队伍，则可以从立法、执法、司法、普法、依法治理等全方位，进一步把社会主义核心价值观融入河南的法治建设。为进一步全面推进依法治省，建设法治河南发挥作用。

七、把社会主义核心价值观融入严格执法

2014 年 2 月 24 日，习近平总书记在中央政治局第十三次集体学习时强调，“要用法律来推动核心价值观建设，注重在日常管理中体现价值导向，使符合核心价值观的行为得到鼓励、违背核心价值观的行为受到制约”。

执法是法律实施的主要过程，也是与群众接触最为密切、频繁的环节。从目前执法领域情况看，如与人民群众切身利益息息相关的食品药品、安全生产、环境保护等方面执法力度还比较薄弱，部分人员执法为民的意识有待加强，等等。因此，要以社会主义核心价值观为引领，推动执法制度逐步健全完善，为执法机关践行执法为民、促进社会公平正义提供制度保障。要坚持不懈狠抓执法规范化建设，进一步提高执法公信力。要改进对执法人员的教育培训，让执法者时刻意识到任何一项执法行为和执法活动都是践行社会主义核心价值观的过程。要依法严厉打击各种违法犯罪活动，保障群众利益，弘扬社会正气。①

坚持依法治国和以德治国相结合，需要发挥道德的教育感化作用，同时用法治的刚性把道德要求加以强制执行。通过提高人们的思想道德素质，可以提升整个社会的文明程度，为执法创造良好的人文社会环境。领导干部始终要学法、懂法、用法，做法治的捍卫者和领导者，要始终具有高尚的情操，要以德修身、以德服人，时时刻刻廉洁自律，成为全社会的道德标杆和守法模范，永

① 尚长风：“社会主义核心价值观融入法治建设的意义与路径”，载《安徽日报》2017 年 10 月 17 日。

葆人民公仆的本色。在见义勇为、食品药品安全、环境保护、交通文明行为等重点领域有必要持续推进依法治理，加大执法力度。

党的十九届四中全会提出，健全社会公平正义法治保障制度。坚持法治建设为了人民、依靠人民，加强人权法治保障，保证人民依法享有广泛的权利和自由、承担应尽的义务，引导全体人民做社会主义法治的忠实崇尚者、自觉遵守者、坚定捍卫者。坚持有法必依、执法必严、违法必究，严格规范公正文明执法，规范执法自由裁量权，加大关系群众切身利益的重点领域执法力度。① 推进国家治理体系和治理能力现代化，主要依靠法治的现代化，法治现代化的关键一环就是严格执法。严格执法，建设法治政府，全面深化改革，是完善和发展中国特色社会主义制度，推进国家治理体系和治理能力现代化的重要组成部分。国家治理体系和治理能力是一个相辅相成的有机整体，有了好的国家治理体系才能真正提高治理能力，提高国家治理能力才能充分发挥国家治理体系的效能。严格执法作为推进国家治理体系和治理能力现代化的关键环节之一，各级政府要真正做到严格执法，就必须从以下几个方面着手，形成统一、协调、可持续的法律实施体系。

严格执法，推进国家治理体系和治理能力现代化，坚持党的领导是根本要求。中国共产党的领导是中国特色社会主义的最本质的特征，也是中国特色社会主义制度的最大优势。严格执法，建设法治政府，党的领导是重要前提，也是重要依靠。对严格执法，推进法治政府建设重大政治工程，必须在党的领导下一体规划、一体建设、一体实施，保证整个法治政府建设过程的协调、统一、高效。

严格执法，推进国家治理体系和治理能力现代化，建设法治政府是重要前提。各级政府必须坚持在党的领导下、在法治轨道上开展工作，加快建设职能科学、权责法定、执法严明、公开公正、廉洁高效、守法诚信的法治政府。一是要有完备的行政法律体系。建设法治政府首先就是要形成完备的行政法律体系，实现所有政府行为都可以从法律规范中找到依据。而作为政府行政执法的相对人，也可以通过规范完备的行政法律体系来预知自身行为的相应后果，体现出法的指引作用，避免法律的否定评价。二是要限制政府行政权力随意行使。必须把存在随意行使、滥用可能的行政权力关进制度的“笼子”里，这个“笼子”就是政府权力清单。不同于民法等领域的公民权利法无禁止即可为，政府行使执法权必须遵守“法无授权不可为”规则。凡是政府权力清单没有列入的

① 摘自《中共中央关于坚持和完善中国特色社会主义制度、推进国家治理体系和治理能力现代化若干重大问题的决定》。

行为，都是不合法的，不可为的，这样就限制了行政执法权力的边界，让公众对行政执法权边界有了清晰认知。三是要大力推进政务诚信建设。随着我国法治进程的推进，越来越多的地方政府因为债务问题被人民法院列入失信名单，其负面影响也逐渐在地方政府招商引资、政府工程等项目上得到了验证。政务诚信事关民心得失、政府公信和国家安定，必须切实推进政务诚信建设，优化群众办事的每一个窗口，严格要求执法人员的每一次执法行为，真正打造责任政府。

严格执法，推进国家治理体系和治理能力现代化，深化行政执法体制改革是重要抓手。要通过深化行政执法体制改革，促进政府全面履行法定职能，正确实施法律法规，加强事中事后监管，增强行政执法效能，加快政府职能转变，推进法治政府建设，提高政府治理能力。一是要明晰执法权限，合理配置执法力量。坚持事权、财权和责任相统一原则，中央政府层面进一步简政放权，在十八大以来认真落实简政放权，削减大量非必要行政许可的基础上，减少事务性管理，着重宏观管理和制度设定。地方政府层面需要科学设置行政执法机构和政务服务部门，省级政府做好中央下放的部分重要领域行政审批和监督管理权，对市县政府及部门行政执法做好监督 指导。市县政府需要进一步加强执法部门建设，充实执法力量，提升队伍素质，强化直接面对企业和公民的行政执法职责。二是要大力推进综合执法，实现基层执法力量有机整合。要通过大幅减少市县行政执法队伍的种类、推行综合执法，解决执法一线人员少，执法力量薄弱的问题。从执法权的集中到执法相近领域部门的集中，就是集中行政处罚权、行政许可权和行政强制权，实现相近领域行政执法机构的有效整合。三是要创新执法方式，提高执法效能。为了实现国家治理体系和治理能力的现代化，适应现代经济社会发展需要，过去政府管理的落后思维方式和治理方式必须尽快转变。要从思想上舍弃全能政府、不计成本全员执法的传统落后方式，探索新型管理模式和执法方式，积极运用互联网、物联网、大数据等方式，推进行政执法信息一体化，进一步优化行政执法流程，真正实现政府行政执法效能提升。四是要健全行政执法和刑事司法衔接机制。通过行政处罚法的修订，制定行政处罚与刑事司法衔接的范围、途径、形式和程序等内容。避免群众反映强烈的民生热点领域出现行政执法的违法轻罚、有罪不究、以罚代刑、打击不力等情况，解决行政执法机关立案查处案件多、移送司法机关处理少的问题。

严格执法，推进国家治理体系和治理能力现代化，加强行政执法监督是重要保障。切实发挥好人大法律监督和政府行政执法监督作用，各级人民代表大会及其常务委员会，对本级行政执法活动和行政执法监督进行监督。行政监察、审计部门按照法律、行政法规的规定履行监督职能，县级以上人民政府负责本行政区域的行政执法监督工作。一是监督执法规范，保障执法程序正当性。现代化法治国家，执法不仅要追求实体意义上的正当性，还要更加注重执法程度的合法正当。程序正当性是严格执法的外在表现，就是要强调执法人员在执法过程中严格按照法律、法规、规章内容，依照法定程序开展执法活动，约束克制执法行为，严格遵守行政执法权力边界，使社会公众感受到执法的正当、公正和文明，从而提升执法结果确定性、稳定性。重点对先处理后取证、先处罚后裁决、先裁决后审批以及文书送达程序不规范等不当行为予以纠正规范。二是监督执法主体，保障行政执法主体和执法人员资格的合法性。对执法主体超越法定权限越界执法行为、无执法资格工作人员开展执法活动等作出的执法结果，不予认可其合法性，使其不具备法律强制力。在监督的同时，还要注重对执法人员专业知识和法律素养的提升，通过优化执法资格考试、开展执法合规培训等方式，切实提升执法人员法律素养和执法业务水平。三是监督执法行为，保证执法行为的正当合法。全面推进行政执法公开，接受社会公众普遍监督，坚持以公开为常态、不公开为例外原则，大力推进决策公开、执行公开、管理公开、服务公开、结果公开。充分发挥人大法律监督和政府行政监督作用，切实保证行政执法行为的合法正当。完善纠错问责机制，对执法行为错误导致的相对人损失予以赔偿，同时对执法行为不合法、存在故意或重大过失的执法人员启动问责机制，追究相应责任。

八、把社会主义核心价值观融入法治宣传教育

2018 年 5 月，中共中央印发的《社会主义核心价值观融入法治建设立法修法规划》指出，“要加强舆论引导，报道典型案例，弘扬法治精神，树立社会正气，鞭挞丑恶行为，引导人们自觉践行社会主义核心价值观”。

党的十九届四中全会提出，加大全民普法工作力度，增强全民法治观念，完善公共法律服务体系，夯实依法治国群众基础。各级党和国家机关以及领导干部要带头尊法学法守法用法，提高运用法治思维和法治方式深化改革、推动发展、化解矛盾、维护稳定、应对风险的能力。①

把社会主义核心价值观融入法治宣传教育的关键在于，在道德教育中突出法治内涵。法治宣传教育的侧重点在于引导全体社会公民树立对法律的信仰，增强法治观念，培育规则意识和秩序习惯。文明城市、文明村镇、文明行业创建工作中有必要加强法治教育，对尊法、学法、守法、用法情况进行考核，考

① 摘自《中共中央关于坚持和完善中国特色社会主义制度、推进国家治理体系和治理能力现代化若干重大问题的决定》。

核结果作为评价精神文明创建工作的重要指标之一。需要树立模范标杆，把身边的道德模范、新乡贤、好人等推选出来，成为全社会尊重和学习的榜样。依法保障道德品质高尚的人在获得精神奖励的同时也获得物质奖励。为了保证有德之人的权益，通过制定规范性政策文件明确其享受的待遇和在做好事过程中遭受身体和经济损失的基金保障和补偿。以此来推动建立社会诚信体系，推动扶危济困，推动见义勇为，推动志愿服务，推动尊老爱幼，推动保护生态文明，等等。

结　语

党的十九大报告提出，坚持社会主义核心价值体系。培育和践行社会主义核心价值观，发展社会主义先进文化，不忘本来、吸收外来、面向未来，更好构筑中国精神、中国价值、中国力量，为人民提供精神指引。[①] 价值观是人们心中的深层信念，是判断是非的尺度，是行动遵循的准则。是否拥有广泛认同的核心价值观，直接关系到一个民族、一个国家和一个社会的凝聚力和影响力。社会主义核心价值观是社会主义核心价值体系的内核，体现社会主义核心价值体系的根本性质和基本特征，反映社会主义核心价值体系的丰富内涵和实践要求，是社会主义核心价值体系的高度凝练和集中表达。富强、民主、文明、和谐、自由、平等、公正、法治、爱国、敬业、诚信、友善，这二十四个字是社会主义核心价值观的基本内容，是对中国优秀传统文化的传承和创新，是对世界文明成果的科学借鉴和吸收，体现了全国各族人民的共同意志，为培育和践行社会主义核心价值观提供了基本遵循准则。[②]

法治是治国理政的基本方式。社会主义核心价值观融入法治中国建设，是对传统法治思想的继承和超越，是以习近平同志为核心的党中央治国理政新理念新思想新战略的重要内涵。社会主义核心价值观与法治中国建设相融合，不仅反映了社会主义意识形态的本质，也体现出中国特色社会主义政治制度的特质。[③] 党的十九届四中全会提出，坚持全面依法治国，建设社会主义法治国家，切实保障社会公平正义和人民权利是我国国家制度和国家治理体系的显著优势，是我们坚定中国特色社会主义道路自信、理论自信、制度自信、文化自信的基

---

① 习近平：决胜全面建成小康社会夺取新时代中国特色社会主义伟大胜利——在中国共产党第十九次全国代表大会上的报告，2017－10－18。

② 郝青杰、杨志芳：《社会主义核心价值观导论——价值理想：自由平等公正法治》，安徽人民出版社2013年版，第1—4页。

③ 李泽泉：《培育和践行社会主义核心价值观理论与实践探索》，人民出版社2018年版，第313—315页。

本依据。这种法治优势、自信和依据只有转化为治理效能，才能真正建立起现代意义的中国特色社会主义法治体系，才能确保在法律面前人人平等，保障全体人民的共同富裕。

培育和践行社会主义核心价值观，尤其是把社会主义核心价值观融入法治中国建设是一项宏伟工程，是一项意义重大的时代课题。当今世界正在发生着广泛而深刻的变化。经济体制深刻变革，社会结构深刻变动，利益格局深刻调整，价值观念深刻变化。人们思想活动的独立性、选择性、多变性、差异性明显增强，社会思想空前活跃，价值观念呈现多样化趋势。① 实践没有止境，理论创新也没有止境。世界每时每刻都在发生变化，中国也每时每刻都在发生变化，我们必须在理论上跟上时代，不断认识规律，不断推进理论创新、实践创新、制度创新、文化创新以及其他各方面创新。②

推动社会主义核心价值观全面融入法治中国建设，涉及多个部门和各个方面，需要齐心协力，结合各自工作领域，发挥职能优势，主动开展工作，积极探索有效途径和方法，研究提出具体思路和政策举措。要统筹各方力量，协调各方职能，推动形成齐抓共管的工作合力，努力使社会主义核心价值观建设和法治中国建设相互促进、相互融合、相辅相成、相得益彰。

时代是思想之母，实践是理论之源。经过长期努力，中国特色社会主义进入了新时代，这是我国发展新的历史方位。③ 把社会主义核心价值观转化为强大力量融入法治中国建设的过程中，贯彻落实到中国特色社会主义伟大实践中来，是时代的要求和社会的需要。社会主义核心价值观融入法治中国建设，对于巩固马克思主义在意识形态领域的指导地位、巩固全党全国人民团结奋斗的共同思想基础，对于促进人的全面发展、引领社会全面进步，对于集聚全面建成小康社会、助力国家治理体系和治理能力现代化、实现中华民族伟大复兴中国梦的强大正能量，具有重要现实意义和深远历史意义！④

---

① 郝青杰、杨志芳：《社会主义核心价值观导论——价值理想：自由平等公正法治》，安徽人民出版社 2013 年版，第 1—4 页。

② 习近平：决胜全面建成小康社会夺取新时代中国特色社会主义伟大胜利——在中国共产党第十九次全国代表大会上的报告，2017 - 10 - 18。

③ 习近平：决胜全面建成小康社会夺取新时代中国特色社会主义伟大胜利——在中国共产党第十九次全国代表大会上的报告，2017 - 10 - 18。

④ 郝青杰、杨志芳：《社会主义核心价值观导论——价值理想：自由平等公正法治》，安徽人民出版社 2013 年版，第 1—4 页。

参考资料

1. 习近平：坚决贯彻全面深化改革决策部署　以自我革命精神推进改革，人民日报，2016 - 10 - 12。

2. 习近平总书记系列重要讲话读本，人民出版社，2014 年版。

3. 莫纪宏：论“法治中国”的价值目标，北京联合大学学报（人文社会科学版），2013（3）。

4. 李懏：社会主义法治与社会主义核心价值观，知与行，2015（2）。

5. 中共中央关于全面推进依法治国若干重大问题的决定，人民日报，2014 - 10 - 29。

6. 习近平：习近平关于全面依法治国论述摘编，中央文献出版社，2015 年版。

7. 习近平：青年要自觉践行社会主义核心价值观，人民日报，2014 - 05 - 05。

8. 中共中央办公厅，国务院办公厅：关于进一步把社会主义核心价值观融入法治建设的意见，人民日报，2016 - 12 - 26。

9. 李飞：中国特色社会主义法律体系辅导读本，中国民主法制出版社，2011 年版。

10. 习近平谈治国理政，外文出版社，2014 年版。

11. 关于培育和践行社会主义核心价值观的意见，人民日报，2013 - 12 - 24。

12. 谢晓娟：社会主义核心价值观研究，中国社会科学出版社，2012 年版。

13. 陈仁泽：官员对百姓都不信任，又如何奢求被信任，人民日报，2011 - 09 - 08。

14. 中国特色社会主义法律体系形成，人民日报，2011 - 01 - 26。

15. 柳千岸：核心价值观建设需要良法善策，人民日报，2015 - 03 - 05。

16. 刘风景：核心价值观建设的法治之维，中国社会科学院研究生院学报，

2015（4）。

17. 王利明：善治是法治之目标，北京日报，2015－06－08。

18. 党的十七届六中全会《决定》学习辅导百问，党建读物出版社、学习出版社，2011年版。

19. 习近平：青年要自觉践行社会主义核心价值观——在北京大学师生座谈会上的讲话，人民日报，2014－05－05。

20. 习近平总书记系列重要讲话读本，学习出版社、人民出版社，2016年版。

21. 李林：推进科学立法，完善分配正义的法律体系，中国人大，2014（8）。

22. 亚里士多德：政治学，吴寿彭译，商务印书馆，1965年版。

23. 王利明：法治：良法与善治，中国人民大学学报，2015（2）。

24. 马长山：法治中国建设的问题与出路，法制与社会发展，2014（3）。

25. 蒋传光：良法、执法与释法，东方法学，2011（3）。

26. 张德江：提高立法质量，落实立法规划，中国人大，2013（21）。

27. 庞德：通过法律的社会控制法律的任务，沈宗灵等译，商务印书馆，1984年版。

28. 《马克思恩格斯选集》（第3卷），人民出版社，1995年版。

29. 博登海默：法理学：法律哲学与法律方法，邓正来译，中国政法大学出版社，1999年版。

30. 李建国：关于《中华人民共和国民法总则（草案）》的说明，人民日报，2017－03－09。

31. 宋秀岩：关于《中华人民共和国反家庭暴力法（草案）》的说明，中国妇女报，2015－08－26。

32. 李适时：关于《中华人民共和国刑法修正案（九）（草案）》的说明，中华人民共和国全国人民代表大会常务委员会公报，2015（5）。

33. 张茅：关于《中华人民共和国反不正当竞争法（修订草案）》的说明，中华人民共和国全国人民代表大会常务委员会公报，2017（1）。

34. 周旺生：立法研究（第1卷），法律出版社，2000年版。

35. 冯玉军：社会主义核心价值观融入法治建设的要义和途径，紫光阁.2016（11）。

36. 莫纪宏：法安天下，德润人心——把社会主义核心价值观融入法治建设，中国特色社会主义研究，2017（5）。

37. 王湘萍：试论社会主义核心价值观融入法治建设全过程，新丝路，

2017（4）。

38. 印敏惠：社会主义核心价值观融入法治建设的网络平台探析，劳动保障世界，2017（30）。

39. 戴津伟：作为社会层面核心价值的“法治”探析，学习与探索，2017（8）。

40. 左高山、涂亦嘉：国家治理中的核心价值观与法治建设，当代世界与社会主义，2017（4）。

41. 江畅：把核心价值观融入国家治理过程，雷锋，2017（7）。

42. 焦艳：积极传播践行社会主义核心价值观，中国社会科学网，2014。

43. 王寿林、胡新艳：以法治文化引领法治建设，中国特色社会主义研究，2015（1）。

44. 李林：让法治与德治相得益彰，政府法治，2017（2）。

45. 李剑：社会主义核心价值观的培育路径探析，中共吉林省委党校2018年硕士论文。

46. 赵天睿：中国特色社会主义核心价值观的培育与践行研究，东北师范大学2017年博士论文。

47. 孙杰：当代中国社会主义核心价值观研究，中共中央党校2014年博士论文。

48. 公丕潜：社会主义核心价值观是建设法治中国的内在驱动力，知与行，2018（5）。

49. 蒋传光：关于推动社会主义核心价值观入法入规的思考，学习与探索，2017（8）。

50. 冯玉军：把社会主义核心价值观融入法治建设的要义和途径，当代世界与社会主义，2017（4）。

51. 张继红：公共政策在导引社会主义核心价值观践行中存在的问题及对策，南华大学2017年硕士学位论文。

52. 余萍：新时期我国法律核心价值观研究，西安建筑科技大学2008年硕士论文。

53. 汪庆军、邓淑华：怎样将核心价值观融入法治建设，人民论坛，2017（12）。

54. 佟川：社会主义核心价值观融入国家治理现代化研究，沈阳航空航天大学2018年硕士学位论文。

55. 尚长风：社会主义核心价值观融入法治建设的意义与路径，安徽日报，2017-10-17。

56. 韩春艳：践行社会主义核心价值观的策略研究，辽宁大学 2013 年硕士毕业论文。

57. 哈书菊：社会主义核心价值观融入司法制度建设的理论意蕴，知与行，2018（4）。

58. 王学江：人权入宪体现以人为本，沈阳晚报，2004－3－18。

59. 范传贵、李林：法律如何推动社会主义核心价值观建设，法制日报，2014－3－11。

60. 王燕文主编：社会主义核心价值观研究丛书——总论，江苏人民出版社，2015 年版。

61. 《建党以来重要文献》第 1 卷，中央文献出版社，2011 年版。

62. 《毛泽东选集》第 2 卷，人民出版社，1991 年版。

63. 《毛泽东选集》第 3 卷，人民出版社，1991 年版。

64. 戴木才：中国共产党积极培育和践行社会主义核心价值观的发展历程，光明日报，2013－12－30。

65. 《毛泽东选集》第 4 卷，人民出版社，1991 年版。

66. 《毛泽东文集》第 6 卷，人民出版社，1999 年版。

67. 《建国以来重要文献选编》第 7 册，中央文献出版社，l993 年版。

68. 《毛泽东文集》第 5 卷，人民出版社，1996 年版。

69. 《毛泽东文集》第 7 卷，人民出版社，1999 年版。

70. 《周恩来外交文选》，人民出版社，1990 年版。

71. 王立胜：晚年毛泽东的艰苦探索，陕西人民出版社，2008 年版。

72. 《邓小平文选》第 3 卷，人民出版社，1993 年版。

73. 《江泽民文选》第 1 卷，人民出版社，2006 年版。

74. 《建国以来重要文献选编》上卷，中央文献出版社，1996 年版。

75. 《十六大以来重要文献选编》中卷，中央文献出版社，2006 年版。

76. 《邓小平文选》第 2 卷，人民出版社，1994 年版。

77. 《江泽民文选》第 3 卷，人民出版社，2006 年版。

78. 《江泽民文选》第 2 卷，人民出版社. 2006 年版。

79. 《十一届三中全会以来重要文献选读》上册，人民出版社，1987 年版。

80. 《高举中国特色社会主义伟大旗帜　为夺取全面建设小康社会新胜利而奋斗——在中国共产党第十七次全困代表大会上的报告》，人民出版社，2007 年版。

81. 习近平在中共中央政治局第十三次集体学习时强调把培育和弘扬社会主义核心价值观作为凝魂聚气强基固本的基础工程，光明日报，2014－2－26。

82. 中共中央宣传部：习近平总书记系列重要讲话读本，学习出版社、人民出版社，2014 年版。

83. 贺亚兰主编：社会主义核心价值观若干重大理论与现实问题，人民出版社，2016 年版。

84.《中共中央关于坚持和完善中国特色社会主义制度、推进国家治理体系和治理能力现代化若干重大问题的决定》。

85. 曹东勃、宋锐：巩固扩大社会主义制度优势，解放日报，2019-10-29。

86. 韩震：社会主义核心价值观新论——引领社会文明前行的精神指南，中国人民大学出版社，2014 年版。

87. 中共中央宣传部、中共中央文献研究室：论文化建设一重要论述摘编，学习出版社、中央文献出版社，2012 年版。

88. 周素丽、司文君、王茂磊：关于推进国家治理体系和治理能力现代化，公众有哪些新期待，国家治理周刊，2019（37）。

89. 刘旺洪主编：社会主义核心价值观研究丛书——民主篇，江苏人民出版社，2015 年版。

90. 管向群主编：社会主义核心价值观丛书——和谐，江苏人民出版社，2015 年版。

91. 习近平同志《论坚持党对一切工作的领导》主要篇目介绍，河南日报，2019-10-28.

92. 熊玠：习近平时代：中国从以法而治走向良法善治-法律成为信仰，学习时报，2016-07-04。

93. 温红彦等：法治中国，走向更美好的明天——党的十八大以来我国全面推进依法治国综述，人民日报，2017-8-18。

94.《新时代公民道德建设实施纲要》。

95. 洪晓楠：推动中国话语体系强起来，人民日报，2019-8-14。

96. 罗伯特·F. 墨菲：文化与社会人类学引论，商务印书馆，1991 年版。

97. 章伟文、黄义华、蒋胜英编著：社会主义核心价值观·关键词——和谐，中国人民大学出版社，2015 年版。

98. 贾华强、马志刚、方栓喜编著：构建社会主义和谐社会，中国发展出版社，2005 年版。

99. 黄坤明：深刻理解“四个全面”的重要意义，新华网，2015-07-01。

100.《中共中央关于全面深化改革若干重大问题的决定》。

101. 郝青杰、杨志芳：社会主义核心价值观导论——价值理想：自由平等公正法治，安徽人民出版社，2013 年版。

102. 刘丹编著：社会主义核心价值观 · 关键词——敬业，中国人民大学出版社，2015 年版。

103.《中共中央关于构建社会主义和谐社会若干重大问题的决定》。

104. 黑格尔：《哲学史讲演录》第 1 卷，商务印书馆，1983 年版。

105. 倪霞等编著：社会主义核心价值观——富强，中国人民大学出版社，2015 年版。

106. 刘翔、薛刚编著：社会主义核心价值观 · 关键词——诚信，中国人民大学出版社，2015 年版。

107. 李荣、冯芸编著：社会主义核心价值观 · 关键词——友善，中国人民大学出版社，2015 年版。

108. 袁久红主编：社会主义核心价值观丛书——自由篇，江苏人民出版社，2015 年版。

109.《马克思恩格斯文集》第 9 卷，人民出版社，2009 年版。

110.《马克思恩格斯选集》第 1 卷，人民出版社，1995 年版。

111.《习近平关于全面依法治国论述摘编》，中央文献出版社，2015 年版。

112. 吴晓云编著：社会主义核心价值观 · 关键词——平等，中国人大学出版社，2015 年版。

113. ［古希腊］亚里士多德：政治学，商务印书馆，1981 年版。

114. 桑学成主编：社会主义核心价值观研究丛书——公正篇，江苏人民出版社，2015 年版。

115. 亚里士多德：政治学，商务出版社，1965 年版。

116. 王明生主编：社会主义核心价值观丛书——富强篇，江苏人民出版社，2015 年版。

117. 吕澄：党的建设七十年纪事，中共党史出版社，1992 年版。

118. 高放：马克思主义与社会主义新论，黑龙江人民出版社，2007 年版。

119. 王学江：人权入宪体现以人为本，沈阳晚报，2004 - 3 - 18。

120. 王淑芹：法治与德治相结合的现代意蕴，光明日报，2019 - 10 - 11。

121. 江必新、李沫：论社会治理创新，新疆师范大学学报，2014（2）。

122. 朱宁宁：推动重大改革举措落地全面推进落实依法治国——改革开放 40 年全国人大及其常委会工作综述，法制日报，2018 - 12 - 11。

123. 公丕祥：新中国 70 年社会主义法治建设的成就与经验，光明日报，2019 - 08 - 23。

124.《中国共产党第十九届中央委员会第四次全体会议公报》。

125. 徐永军：新中国70年国家政权建设的光辉历程、伟大成就和经验启示，中国人大网，2019－09－17。

126. 王静、祖博媛：法治中国的愿景，学习时报，2019－10－09。

127. 韩延龙、常兆儒编：《中国新民主主义革命时期根据地法制文献选编》第1卷，中国社会科学出版社，1984年版，第1－108页。

128. 《苏维埃中国》，苏联外国工人出版社编选，中国现代史资料编辑委员会翻印，1957年版。

129. 魏文章：中国共产党领导中国民主政治建设的历程及基本经验，理论导刊，2011（8）。

130. 高铭暄：新中国刑法立法的伟大成就——新中国法治建设成就与经验座谈会发言摘编，人民日报，2019－10－09。

131. 《全面建设小康社会，开创中国特色社会主义事业新局面——在中国共产党第十五次全国代表大会上的报告》。

132. 许安标：立法顺应实践发展、人民要求——新中国法治建设成就与经验座谈会发言摘编，人民日报，2019－10－09。

133. 姜伟：人民法院为经济社会发展保驾护航——新中国法治建设成就与经验座谈会发言摘编，人民日报，2019－10－09。

134. 陈国庆：人民检察与法治中国建设同行——新中国法治建设成就与经验座谈会发言摘编，人民日报，2019－10－09。

135. 张晋藩：大力弘扬中华法文化——新中国法治建设成就与经验座谈会发言摘编，人民日报，2019－10－09。

136. 景汉朝：推动政法领域法治建设——新中国法治建设成就与经验座谈会发言摘编，人民日报，2019－10－09。

137. 徐显明：新中国法治建设的宝贵经验——新中国法治建设成就与经验座谈会发言摘编，人民日报，2019－10－09。

138. 李泽泉：培育和践行社会主义核心价值观理论与实践探索，人民出版社，2018年版。

139. 《决胜全面建成小康社会夺取新时代中国特色社会主义伟大胜利——在中国共产党第十九次全国代表大会上的报告》。

140. 孙国华主编：社会主义法治论，法律出版社，2002年版。

141. 张文显：论中国特色社会主义法治道路，中国法学，2009（6）。

142. 《中国特色社会主义法律体系（白皮书）》。

143. 吴桂韩：高举伟大旗帜　坚定“四个自信”，理论学习，2017（11）。